ASAHI SENSHO
朝日選書
993

# ベトナム戦争と私

## カメラマンの記録した戦場

石川文洋



朝日新聞出版

# ベトナム戦争と私 カメラマンの記録した戦場 ●目次

第四章　メコンデルタの従軍

写真＝石川文洋
地図＝谷口正孝

ベトナム地図
雲南省
中国
カオバン
ラオカイ
ランソン
ディエンビエンフー
ハイフォン
ハノイ
タイビン
ラオス
ベトナム
トンキン湾
海南島
ヴィン
ヴィエンチャン
ハティン
ドンホイ
ホーサー（ヴィンリン）
ベンハイ川（北緯17度線）
コンチエン
ドンハ
クアンチ
ケサン
フエ
ダナン
ホイアン
タイ
タムキ
ソンミ
クアンガイ
コンツム
タムクアン
ボンソン
プレイク
クイニョン
アンケー
カンボジア
バンメトート
ダラット
ニャチャン
タイニン
カムラン
プノンペン
フオックロン
ビエンホア
クチ
アプバク
ファンティエット
ホーチミン（サイゴン）
ブンタウ
サデック
ミトー
シャム湾
カントー
南シナ海
メコン川（前江）
カマウ
バクリュウ
メコン川（後江）

# ベトナム戦争と私
## カメラマンの記録した戦場

石川文洋

## まえがき

一九六四年八月八日、初めて私がベトナムのサイゴン（現ホーチミン）の土を踏んでから二〇二〇年で五六年になる。サイゴンに住み、南ベトナム政府軍、米軍に同行撮影したのは六五年一月から六八年一二月までの四年間だが、二〇一九年も含めて、ずっとその後もベトナムへ通い関心を持ち続けてきた。

ベトナム戦争は第二次世界大戦後、世界各国で起こった戦争の中で最大規模の戦争となった。最高時五五万人近くという米兵の動員数、爆弾、砲弾、銃弾などの使用弾薬量、米兵、ベトナム人兵、ベトナム民間人の死者の数などどれを見ても厖大《ぼうだい》である。

今でも世界で戦争は起こっていて、将来戦争が無くなるという保証はない。どの時代でも「政治家が戦争を起こし民間人が犠牲になる」構図は変わらない。戦争は殺人であり、民間人が殺されるのはどの戦争でも同じだからである。

では、戦争を防ぐためにはどうしたらよいか。自国のかかわった戦争がどのようなものであったかを理解し、戦争の悲劇を想像することだと思う。そして戦争を防ぐために自分はどうしたらよいかを考える。日本人は日本の戦争についてもっと考えるべきだと思う。私がベトナム戦争の取材体験者としてベトナム戦争について書きたいと思ったのは、そのことである。日本にある米軍基地が最大限に利用された以上、日本人もベトナム戦争と無関係ではない。

私は現在、八二歳。当時ベトナム戦争を現地で取材していたジャーナリストのなかでは若い方だった。その頃、取材に当たっていた記者・写真家ももはや亡くなった方が多い。そんな先輩記者たちが体験し残した貴重な記録も含めて、戦場に立ったカメラマンとして分かり易くベトナム戦争を分析し、次の世代に伝えたいというのがこの本の目的である。これほど多くのカメラマン、記者によって克明に報道された戦争はほかにない。

この戦争ではベトナムとアメリカだけでなく、当事国以外の国の記者も、米軍の作戦に従軍取材することができた。それは米ケネディ大統領が各メディアの取材に協力するように在ベトナム大使に伝えたからだと言われている。それがMACV（米南ベトナム援助軍司令部）、ジョンソン大統領、ニクソン大統領にも引き継がれ、米軍は前線取材に協力した。南ベトナム政府軍は米軍のように広報係、前線にジャーナリストを運ぶシステムを持っていなかったので難しい点はあったが、取材を拒む姿勢ではなかった。

また、ジャーナリストは政府支配区の街や村へ行って自由に住民の話を聞くことができた。アメリカが協力的だったのは伝統的に報道に理解があるからだが、個人の自由のない共産主義は悪であり、自由主義を守るためにベトナムを支援しているアメリカの正義を、ジャーナリズムは世界に伝えるはずだという信念と目的があったと考えられる。

しかし、アメリカが支援した南ベトナム政府は、アメリカ政府の方針に従って農村を攻撃しており、農業国ベトナム住民の支持を得ることはできなかった。

南ベトナムに派遣された大規模米軍は徹底的に農村を攻撃し、子どもを含む多くの農民を殺害した。北ベトナムへの猛爆撃を見ても都市、農村を破壊し住民を殺傷した。このような戦争は正義とは言えない。世界のメディアはこの事実を報道、アメリカのベトナム政策はアメリカ本国の反戦運動も呼び起こし、世界の支持を失った。米軍の撤退はアメリカのベトナム介入の敗北を表している。

米軍は私のようなフリージャーナリストにも、身元保証書があればプレスカードを発給した。私の保証書は「琉球新報」が発行してくれたもので、深く感謝している。「琉球新報」には一九六六年四月五日から五月四日まで「戦乱のベトナム取材記」一六回、六六年八月三日から八月二五日まで「続戦乱のベトナム取材記」一六回を連載したのをはじめ、時々短信を送った。そのほか「週刊読売」、ほかの週刊誌、月刊誌などに写真と記事を掲載した。

私は大きな作戦には加わってないものの、ベトナム各地のさまざまな戦闘やその背後を撮影している。世界から多くのカメラマンが集まっていたが、南ベトナム政府軍の従軍は私がいちばん多かったと思う。

南ベトナムの戦場を撮影して、戦争終結前には北ベトナムへの入国を許可されたカメラマンは私だけだった。戦争中に南北ベトナムを撮影できてよかったと思っている。

# 第一章
# 「南ベトナム海兵大隊戦記」取材

解放区となっている村を南ベトナム政府軍海兵隊と装甲車部隊が攻撃する。村には砲撃された煙が上がる。ビンディン省　1965年

## ベトナム戦争従軍の始まり

一九六五年三月、「日本テレビ」の番組「ノンフィクション劇場」の取材班がベトナムのサイゴン（現在のホーチミン）に到着した。牛山純一プロデューサー、森正博、佐々木久雄の両ディレクター、木村明カメラマンの四人だった。「パナ通信」の岡村昭彦さんと私が日テレの皆さんと会い、私がそのメンバーに加わることになって、一〇日前まで岡村さんと一緒に従軍していた南ベトナム政府軍の海兵隊に再び従軍することにし、前線基地のあるビンディン省ボンソンへと向かった。

ボンソンの基地で、南ベトナム政府軍の海兵隊前線司令官、米将校軍事顧問と会い、牛山さんは取材班を三つに分けた。佐々木・木村班が第二大隊付の米将校軍事顧問を中心に撮影する、牛山・石川班は第二中隊の中隊長を中心に撮影、森・サイゴンで合流したフリーカメラマン（名前は失念）の班は兵士たちが妻や子どもとともにいる政府軍陣地の撮影と、三本の番組を製作することになった。

一個小隊は四個分隊で構成されていた。一個分隊は約一〇名、分隊長は軍曹、小隊長は米軍は

石川文洋カメラマンの同行を受け入れた南ベトナム政府軍海兵隊・第二中隊長グエン・ヴァン・ハイ大尉（左）。1965年

中尉だが政府軍は少尉が多かった。若い将校はアメリカ指導の士官学校を卒業して英語を話したが、第二中隊長のグエン・ヴァン・ハイ大尉は第一次インドシナ戦争からのたたき上げでフランス語を少し話すようだが、英語はまったく分からなかった。たとえば政府軍のズオン・ヴァン・ミン、グエン・ヴァン・チューなどの高級将校にはフランス軍とともにベトミン（ベトナム独立同盟。一九四一年に結成され、フランス植民地からの独立を求めてインドシナ戦争を戦った組織）と戦った経験者が多かった。ハイ大尉はベトナム人にしては珍しく大柄だった。口数は少なかったが私たちの従軍には理解を示し、食事は一緒にした。

戦場での食事は兵士四、五人が一組となってそれぞれ自分たちでつくる。大小の鍋を持って歩き、大きな鍋でメシを炊く。小さな鍋で鶏肉または豚肉、魚などをヌクマム（魚醤《ぎょしょう》）と砂糖で甘辛く煮

政府軍兵士たちは4、5人のグループで食事をする。私（右）もその仲間に入れてくれる。歩き通した後なので旨い。ビンディン省　1965年

付ける。空芯菜を茹《ゆ》でてヌクマムをつけて食べることもある。日本で言えばおひたしである。豚か鶏の肉、魚、野菜を入れた薄い塩味のスープも必ずつくる。ベトナムのコメはインディカ米で粘り気が少ないが、スープをかけて食べると旨《うま》い。

コメは軍の補給部隊が弾薬などといっしょに運び、兵士に配られる。副食費は一人一日二〇ドン（四〇円）が支給され、グループでまとめて村の市場で買うが、村から盗んでくる兵士もいた。

海兵隊は村から村へ掃討作戦を続けたが大きな戦闘はなかったので、食事やテントで寝るハイ大尉や兵士たちの戦場での生活ぶりを撮影した。農家の庭の椰子《やし》の木に登って実を採ろうとした兵士が狙撃されて負傷した。牛山さんは私の撮影ぶりを見ていて、大体それでいいだろうと言った。

その時、牛山さんは三五歳、私は二七歳になったばかりだった。牛山さんは背が高く落ち着いて

おり、信頼感を抱かせるに十分な人格を備えた人だと感じた。牛山さんとは、五日間行動をともにした。

それまでの撮影済みフィルムを持って牛山さんは、ほかの班の取材状況を見てサイゴンに戻った。

私は残って従軍を続けていたが大きな戦闘はなかった。数日が過ぎ、第二大隊の軍事顧問を撮影していた木村さん、佐々木さん組と会った。軍事顧問の取材が終わったのでサイゴンへ戻るとのことで、私の撮影済みフィルムを持ち、未撮影のフィルムを置いていった。

木村さんはズームレンズをつけたアリフレックスカメラ（西ドイツ製）を使っていた。バッテリーで動くので一〇〇フィートフィルムをそのまま回しきる長いシーンも撮影できる。私は香港で買ったゼンマイ手巻き式のフィルモ70DRカメラ（アメリカ製）を持っていた。フィルムは一巻一〇〇フィートで、二分四〇秒撮影ができた。

これまで四〇本、約二時間分ぐらいを撮影していた。残りのフィルムと木村さんから渡されたフィルムも合わせて四〇本ぐらいをリュックに詰め込むとずっしり重い。ほかに寝具としてエアーマット、ライナー（薄くて軽い防寒用掛け布）、ポンチョ（雨合羽）なども持っていた。

## 村への攻撃に従軍する

作戦は続いて、ひとつの村に入った時、小柄な五〇歳ぐらいの男を数名の兵士が農家に連れ込んだ。私も一緒に入ろうとしたら、それまでに親しくなっていた小隊長に止められた。その時まで何を撮影しても自由だったが、止められたのはこの時が初めてだった。

家のなかは静かだったが、しばらくすると兵士とともに出てきた男の左手の親指と人差し指が切断され、包帯が巻かれて血が滲《にじ》んでいた。拷問を受けたようだがその間、外にいた私たちに悲鳴はまったく聞こえなかった。

この後、四年間の従軍のなかで政府軍兵士が解放軍（南ベトナム解放民族戦線戦闘部隊・北ベトナム軍）容疑者を殴る、顔を水に突っ込むなどの拷問を何回か見たが、いずれも容疑者は苦痛や恐怖の声をあげなかった。それは解放のために戦っているという信念からか、辛抱強いベトナム人の特性なのか分からなかった。

二日後の夕方、ハイ大尉と一緒にいたヤン少尉がハイ大尉の言葉として「明日の作戦は私についているように」と言った。明日、何かあるのかと聞くとヤン少尉は「大きな作戦がある」とだけ言った。

その夜は村で野営したが、午前五時に起きてマットやポンチョをリュックに入れ、ハイ大尉、ヤン少尉、兵士とともにボンソンの畑の中の即製飛行場へ行くと第二大隊六〇〇名の兵士たちが集まってきて、九人から一〇人の一分隊ごとに並んだ。

ヘリコプターで「ベトコン（ベトナムコンサン＝ベトナム共産の略。南ベトナム解放民族戦線とその部隊にアメリカ軍・南ベトナム政府が付けた蔑称）の村を攻撃する」とヤン少尉が言った。やが

拷問を受けた男と政府軍兵士。男は苦痛や恐怖の声をあげなかった。ビンディン省　1965年

てヘリコプターの群れが飛んできてグループごとに兵士を運んでいった。

私もヤン少尉や兵士と一緒に、第二波のヘリコプターに乗った。ベトナムへ来てヘリコプターで移動したことはあったが、戦闘場へ向かうのは初めてだった。

ヘリコプターのパイロットとその両側にいる機関銃手は米兵だった。第一波の兵を運んだ時に撃った機関銃の薬莢《やっきょう》が、ヘリの床に散乱していた。

私たちが乗ったヘリから、水田に飛び降りた兵士たちが銃を撃ちながら村へ向かったが、村からの銃弾は飛んでこなかった。一分間に六〇〇〇発を発射できる機関銃を装備した武装ヘリコプターが、村の上を回りながら機銃掃射をくり返していた。A－1スカイレイダー戦闘機がナパーム弾を投下して村が燃えた。ハイ大尉が大声で何かどなりながら兵士たちと村に突入した。村ではまだ農

爆撃で家を破壊した後、農村に侵入した政府軍海兵隊と米軍事顧問。農民にとって政府軍と米兵は災難をもたらす敵となる。ビンディン省　1965年

家が燃えており傷ついた農家の女性が倒れていた。

第一波の兵は解放軍との交戦があったが、大きな戦闘ではなかったようだ。解放軍は地下トンネルに潜ったのか姿はなかった。アプバクやビンジアで解放軍は十分に計算をして政府軍を迎撃した。しかし、今回は政府軍の大作戦はから振りに終わった。

おとなしそうな青年が海兵隊兵士に連行されてくるのが見えたので、反射的にカメラのシャッターを押し続けた。解放区の作戦では子どもを連れたあきらかに主婦と分かる女性は別として、若い男女が見つかれば解放軍容疑者として捕らえられた。青年は隠れているところを見つかったようだ。

ハイ大尉もいる中隊本部前で、青年は古参のミン軍曹に尋問を受けて殴られた。

ミン軍曹は大変勇敢な兵士でハイ大尉に信頼されていた。皆が見るなかで静まりかえった一号道

路を一人で偵察している様子を、私も遠くから撮影したことがある。英語はまったく話せないが、私に対しては隊のなかでいちばん親切で優しかった。私もミン軍曹が好きだった。その彼が捕虜に対してはいちばん厳しかった。人が変わったように殴りつけた。五〇歳ぐらいの男の指を切ったのも多分、彼だったろうと思う。戦場で人が変わることを知った。それはハイ大尉、ほかの兵士たちも同じだった。

## 青年の首が切られた

捕らえられた青年が武器のあるところを白状した、とのことで兵士たちに囲まれて移動を始めたので私も後に続いた。村はずれに来た時、突然、銃撃戦となり私は地に伏せた。

銃声が止《や》んだので道の前方に目を向けると、兵士が倒れた青年を銃の台座で殴っていたので、とっさに望遠レンズにしてカメラを向けた。次に彼は銃剣で何かしているようだった。私と距離が離れていたのでよく分からなかったがシャッターを押し続けた。

彼は青年の首を切っていたのだ。首をさげて少し歩いたがそれを道に投げた。私はカメラのゼンマイを巻いて首のアップを撮影し続けた。兵士たちが早く戻れと叫んでいた。まだ危険な状況のようだった。死体の近くまでは行けなかった。

ここまでが一瞬の出来事で、私は本能的にシャッターを押していたが、すべてファインダー越しにしか見ていなかったので、どうしてそのようなことが起こったのかよく分からなかった。

兵士たちが部隊に戻ってハイ大尉に首の切断のことを報告したかどうか。戦場のひとつの出来事として片づけられていたのかもしれない。夕食の頃になったので兵士はそれぞれのグループに戻っていった。

ハイ大尉のいる中隊司令部近くに、数人の男性農民が捕虜として座らされていた。突如、ハイ大尉は一五歳ぐらいの少年を細い棒で殴り始めた。少年は頭に振り下ろされる棒を手で防いでいたが腕や手から血が流れた。その様子にもカメラを向けた。

少年はまったく悲鳴をあげなかった。少年が倒れるとハイ大尉は棒を捨てて自分が部屋としている農家に入ってしまった。衛生兵は少年を可哀想に思ったのだろう親切に手当てをしていた。棒を振り下ろすハイ大尉、親切な衛生兵、人間の表と裏が現れているように思えた。

ヤン少尉に聞くと、少年の兄はベトコンで少年はハイ大尉に「グイ（傀儡《かいらい》）は負ける」と反抗的なことを言ってダーウィ（大尉）を怒らせた。首を切られた青年はベトコンで、弾薬の隠し場所を白状したが、その場所へ行く時に隠れていたベトコンから撃たれたので、兵士が射殺したとのことだった。

兵士が首を切ったことの報告はハイ大尉へなかったようだから、戦争でそのようなことも起こるだろうと、とくに部隊で話題となった様子もなかった。私が実際に首を切った場面を見たのはその時だけだったが、ベトナム戦争の写真ではほかにも見たことがある。後にメコンデルタでは捕虜を殺し肝臓を取り出して兵士たちが生で食べている様子を、私は撮影した。拳銃で捕虜の頭部を撃った瞬間も目にしたことがある。

長い一日だったが、起床、ヘリコプターに乗る、村へ突入、拷問、青年の射殺、そうしたことが一瞬のうちのように次々と起こって、また明日の作戦が始まる。ひとつの出来事をゆっくり考えている時間がない。

## 戦闘地での夜営

私はベトナムに行くまで、ベトナム戦争についての知識はほとんどなかった。それが、南ベトナム政府軍の海兵隊に長期従軍することで戦場の様子の一端が分かるようになった。

アメリカの支援によって創設された政府軍に対抗する解放軍は、村にいる支援ゲリラ、郡や省の地方部隊、広範囲で作戦を実行する正規部隊で構成されていた。北ベトナムから支援兵士が南下して、解放戦線軍の一員として戦闘に参加していたようだが、北ベトナム正規軍と米軍との最初の戦闘は一九六五年一一月、カンボジア国境近くのイアドラン渓谷においてだった。したがって私が従軍した六五年三月は、まだ海兵隊は北ベトナム軍ではなく解放軍と戦っていた。

海兵隊の従軍中、政府軍兵士と解放軍兵士という同じ民族同士が戦わねばならないのは悲劇だと感じた。六五年、政府軍は約六〇万人、解放軍は約二二万人、南ベトナムの人口は約二四〇〇万人。戦争中で国勢調査もなく、人口は国連の推定、解放軍の数もアメリカ情報部などの推定である。

政府軍兵士は南ベトナム政府支配下の市町村から徴兵され、解放戦線兵士は解放区の村から徴兵、参加していた。違った立場で戦っている間にお互いに憎悪が生じてきたのだろうと思った。

私は海兵隊員たちと戦場で過ごす間、彼らに好感を持っていたが、政府軍によって爆撃、砲撃、銃撃などで破壊される村、死傷する農民や子ども、拷問されるゲリラ容疑者などの姿を見て農民に同情し、これではベトナムの人口の多くを占める農民の支持を得ることはできない、南ベトナム政府の政策は間違っていると思うようになった。

政府軍は、作戦をくり返すほどに敵を増やしていった。もしベトナムに生まれて自分の村が攻撃されれば、私でも、イデオロギーとは関係なく家族や村を守るために銃を持って戦うだろうと思った。後に米軍に従軍するようになって、米軍の農村の破壊は政府軍をさらに上回ることを目撃した。

翌日、また農村を移動し、その後、第二中隊は一号道路に沿ったタムクアンの町に駐留した。道路に面して商店・住宅が並んでいた。道路が封鎖された間は解放区となっていたが、一応、一号道路の町は政府軍が奪還して、政府が任命する区長も存在した。

政府支配となっている省、県、郡、町村などの長は、政府軍将校だった。①政府完全支配地域、②政府の手が届かない完全解放区、③昼は政府支配、夜は解放戦線支配の競合区の三つがあった。

競合区の農村は幹線道路や都市に近く、農民は政府発行の身分証明書を持ち都市の市場や商店を自由に往来していた。政府関係者も昼間は村に出入りできたが、夜は危険で通行できなかった。

競合区は完全解放区となると政府軍の攻撃を受けるので、一応昼間は政府に従う形を見せた。しかし、農家では解放戦線軍に入隊している若者が多かった。

タムクアンを通る南北の道路は解放軍によって穴が掘られ、鉄道の線路は外されていた。その作業をしている間、多数の解放戦線兵士がタムクアンの町を拠点にしていただろう。その時の区長は殺害された可能性も強かった。道路に沿った民家を中隊本部にして、夜はハイ大尉と私もそこで寝ることになった。

兵士たちも町に沿った西側の村に駐屯した。東側は海に近い。昼間、兵士たちは銃を持たずに町を歩き、子どもや住民と交流していた。私は町の様子を撮影したが一見落ち着いた風景だった。ハイ大尉は村の西側に農民を使って塹壕《ざんごう》を掘らせた。ベテラン大尉の感覚で、解放軍の攻撃があるとすれば農村が広がる西側からと読んだのだろう。

私は小隊長たちと町の食堂でフーティウ（コメの粉製のベトナム式うどん）を食べ、ビールを飲んだりした。ビールは小瓶の〝33〟（バー・ムイ・バー。南北統一後は〝333〟となる）か大瓶の〝ラリュー〟の二種類だった。

## 真夜中に響く太鼓と喊声

従軍を始めてから毎日、深夜から明け方にかけて太鼓の音が響いた。「ベトコンの連絡」とのことだった。タムクアンでもいつものように太鼓の音が聞こえたが、突然スピーカーから海兵隊に向かって何か説教するような声が響いてきた。

ハイ大尉は飛び起きて軍服を着て靴をはいた。ヤン少尉、ミン軍曹たちも銃を手に手榴弾《しゅりゅうだん》を体のあちこちにぶら下げ、完全武装で現れた。「大勢のベトコンに包囲されている」とのことだった。

夜は撮影できない。私はどうしたらよいのか。壁を盾にしていろ、というようにハイ大尉が部屋の隅を指さした。

ハイ大尉は無線で小隊長に指示を伝え、大隊長に状況を報告していた。解放軍のスピーカーの音に加えてワーッという喊声《かんせい》が聞こえた。「ボクー（沢山）VC（ベトコン）」とミン軍曹が言った。

静かだった夜は太鼓、ラッパ、喊声の騒音に覆われた。その音は海兵隊員に恐怖感を与え、攻撃しようとする解放軍の戦意を鼓舞して、周囲の住民に解放戦線の力をアピールする狙いがあるようだった。

今度は、解放軍の一斉攻撃と応酬する海兵隊の銃声が響いた。爆発音は、迫撃砲、手榴弾のようだった。私たちがいる民家のブロック製の壁に銃弾が当たる音も聞こえた。ハイ大尉は大砲の支援を要請していた。フランス時代に製作された明細地図で大隊所属の砲撃担当将校に、中隊の部下たちが展開している位置・砲撃地点を伝えると、それが大砲陣地の担当将校に伝えられて砲撃が開始される仕組みになっていた。ボンソンに大砲陣地があったのでタムクアンは１０５ミリ砲の射程距離だった。

やがて砲撃が始まりすぐ近くで爆発音が聞こえた。解放軍も砲撃を考えて海兵隊にかなり接近していた。砲弾は海兵隊の陣地にも着弾したようで、周囲から海兵隊のわめき声と小隊からの連絡で、ハイ大尉は大隊に砲撃位置の修正を依頼しているようだった。砲弾が飛んでくる時はヒューンと空気を切る音とダァーンという爆発音が聞こえる。

場所によっては白兵戦になっていたかもしれないが、どのような状況か私には分からなかった。もしこの家まで解放軍が攻めてくれれば海兵隊員とまったく同じ軍服を着ている私も兵士と思われるだろう。その時はどうなるか分からないが、恐怖で自己を失うということはなかった。逆にひらき直った気持ちになり、落ち着いていたと思う。

解放軍の攻撃は夜明け前に終わることは分かっていた。明るくなれば空からの武装ヘリや戦闘機の攻撃が可能になり、ヘリコプターで援軍も運ばれてくる。火力と機動力のある政府軍に白昼、大部隊で立ち向かうのは不利だった。

私は夜が明けるのを待った。戦闘は長く続き、ハイ大尉は夜明けに反撃することを全小隊に指示した。解放軍の攻撃が少し弱まったように感じた。明るくなる前に撤退を始めたのかもしれなかった。

空が明るくなるのを待ってハイ大尉は、反撃開始の命令を出し自分も銃を手に家を飛び出し、私もカメラを持って後に続いた。兵士たちは撤退する解放戦線兵を銃撃で追い、私もカメラのシャッターを押しながら走った。

撤退を援護する解放軍の銃弾が飛んできた。ヤン小尉が負傷して手当てを受けていたので、そ

夜間、政府軍海兵隊の駐留地を包囲し、大砲陣地からの砲撃と海兵隊の反撃によって戦死した解放軍兵士と、見守る村の子ども。ビンディン省　1965年

の様子を撮影した。

解放軍の撤退とともに戦闘も終了した。村の周りのあちこちの壕に解放軍兵士の死体があった。砲弾によって破壊された農家、負傷した農民の姿があちこちで見られた。農民や町の住民は解放軍の攻撃を事前に知っていたかどうかは分からないが、攻撃前に住民が避難すれば攻撃は分かってしまう。防空壕に避難しているようにという指示はあったかもしれない。それでも大砲の破壊力を逃れることはできなかった。

私は破壊された家、死傷した両親の前で悲嘆にくれるなど、戦火に巻き込まれた農民に焦点を合わせて撮影した。

解放軍の捕虜が一カ所に集められた。解放戦線正規軍で若く精悍《せいかん》な顔をしていた。彼らが使っていた武器も集められた。一九六六年以降は共産主義国共通銃のカラシニコフ銃が多かったが、この時は第一次インドシナ戦争で使用された日本、中国、チェコ、ソ連、ドイツ、フランス、捕獲したアメリカ製など多くの武器が並んでいた。

解放軍の夜襲は失敗だったと感じた。その大きな原因は大砲の援護射撃だった。政府軍は勝利を宣伝し、プレイクの第二軍管区司令部やサイゴンからも政府軍高級将校、米軍事顧問が集まって来ていた。

私はすべてのフィルムを使い切ったのでサイゴンに帰ることにした。別れの時は、ハイ大尉、軽傷ですんだヤン少尉、ミン軍曹や、涙を浮かべて、また来てくれと言ってくれる将校もいた。私も目が熱くなって「カムオン・ニューラン（大変ありがとう）」と、ハイ大尉と握手した。

農民、解放軍を支持する気持ちだったが、長い期間一緒に過ごした海兵隊員たちに強い親しみを感じていた。サイゴンに戻り牛山さんにフィルムを渡して撮影内容を話し、メモを渡した。「ノンフィクション劇場」取材班は帰国し、私はサイゴンに残った。

## 「南ベトナム海兵大隊戦記」放送後の反響

それから二カ月ほどして映画監督の大島渚さんが一人でサイゴンに見えた。「日本テレビ」の「ノンフィクション劇場」で、私が撮影したフィルムが「南ベトナム海兵大隊戦記」三部作の第一部として一九六五年五月九日に放送され、それを見た直後に日本を出発してきた。

大島監督は、牛山純一プロデューサーと親交があった。牛山さんが担当する「ノンフィクション劇場」で六三年には、日本兵として戦傷を負ったが日本から補償を得られない韓国籍の傷病兵たちを描いたドキュメンタリー「忘れられた皇軍」を監督し放送されていた。

大島監督のサイゴン入りは、「南ベトナム海兵大隊戦記」の続編を製作するためのロケハンで、撮影は私が担当することになっていた。

「南ベトナム海兵大隊戦記」は乾期のベトナム中部で撮影されたので、次は南部メコンデルタでの作戦で製作しようという構想だった。旧日本兵でベトナムに残りベトナム婦人と結婚した蓬田実さんを案内人に、メコンデルタ各地を回った。

道を間違えてある村に迷い込んだ時、大勢の若者に出会った。武装していなかったが解放軍とすぐに分かった。日本人の私たちが何のために村に来たのかと疑問を感じていたようで、好感を持たれているという状況ではなかったので早々に村を離れた。

大島さんは、その時は「南ベトナム海兵大隊戦記」が問題になっていたことは知らなかったようで、私も放送されたということしか知らなかった。大島さんが帰国した後に、「読売新聞」サイゴン特派員の日野啓三さん（後に芥川賞作家）から、五月九日の放送後、佐藤栄作内閣の橋本登美三郎官房長官から「日本テレビ」清水与七郎社長に「残酷すぎる」という内容の電話があり、一三日の再放送が中止になったという記事が新聞に掲載されたと聞いた。

新聞報道で「日本テレビ」は「二部」「三部」を一本にして一六日に放送することを決めたが、結局、それも放送中止になったと知った。

六五年の年末、一時帰国した時に「日本テレビ」試写室で五月九日に放送した「南ベトナム海兵大隊戦記」を見た。当時ビデオというものがなかったので、結局、そのフィルムを見たのはそれが最初で最後であり、現在どのように保存されているのか分からない。

牛山さんが尊敬できる立派な人という印象はずっと変わらず、その後もお世話になった。「南ベトナム海兵大隊戦記」撮影者として評価してくださった。しかし、私の名が記されたのは六五年放送のタイトルの一度だけで、その他ではあまり表面に出ることはなかった。

したがって「南ベトナム海兵大隊戦記」の撮影者の名を知っている人はほとんどいなかった。灰谷健次郎さん（児童文学者）と初めて会った時に、「南ベトナム海兵大隊戦記」の放送の話になったが「あの撮影はあなただったの？」と驚いていた。タイトルに名前があっても、当時の私はほかの写真も発表していないまったくの無名で、印象に残らなかったのだろう。

八八年、「南ベトナム海兵大隊戦記」のその後を取材するために「日本テレビ」の佐々木征夫ディレクター、「日本電波ニュース社」の石垣巳佐夫カメラマンとともにベトナムへ行った。青年が殺され首を切られたヤーフー村で青年の母親に会った。ハイ大尉に殴られて血だらけになった少年の写真を見て、これは私の息子だという老人にも会った。少年はその後、政府軍の作戦で殺されたという。その村には戦争中に犠牲になった人たちの墓が並んでいた。村はアメリカ軍の砲撃を受けるようになったという。

ハイ大尉はサイゴン郊外のトゥドックに住んでいた。中佐に昇進した後、敗戦を迎えた。

終戦後の八六年に市場経済や民主化を進めるための「ドイモイ（刷新＝資本主義要素を取り入れた）」政策を打ち出すまでのベトナムは、商店の多くがシャッターをおろし、世界の企業も撤退し、解隊された一〇〇万人を超える政府軍兵士の就職先はなく、戦争に次いで苦難の時代だった。

政府軍高級将校に対しての粛清はなかったが、合宿で解放軍政治委員から政治学習を受けるという軟禁状態に置かれた。解隊された兵士の反乱などを防ぐ意味もあったかもしれない。「学習」が終了しても再就職は厳しかった。

ハイさんは妻、長男夫婦、次男、娘などの家族と生活していた。仕事は家から近い養漁場の管理人をしているようで、生活の苦しさがうかがわれた。ハイさんと二三年ぶりに再会した時、私は胸が熱くなってハイさんの両手を握りしめた。ハイさんも涙ぐんで私の両頰に頰をつけて親しみを表した。

## カメラマンへの批判

この番組は「日本テレビ」の番組「ドキュメント一九八九」で放送された。番組では「南ベトナム海兵大隊戦記」も部分的ではあるがかなり含まれていた。ハイさんが捕虜を殴り部下が捕虜を殺すなど、海兵隊が民衆を迫害する場面も放送された。視聴者には一九六五年の放送を見た人がいたかもしれない。番組を見ていた人たちからハイさん（元大尉）と親しく抱き合っている私に対して、批判が寄せられたとのことだった。たしかに番組だけを見ているとハイさんは悪人に見える。農民にとっては悪人である。ただ戦闘とは別に、画面には現れていないが私たちには長く従軍していた期間に友情が生じていた。

「南ベトナム海兵大隊戦記」のいろいろな場面が撮影できたのは、ハイさんと若い将校たちが撮影を許可したこと、それは私と彼らとの間の関係が良好だったからと思っている。

私は沖縄から本土に来て敗戦直後の物資不足の中で極端な貧困生活をした。定時制高校へ行き新聞社の給仕として働いた。こうした生活感から戦争で疲弊したベトナムの貧しい農村出身の兵士に親近感を持ち、それが兵士に伝わったと思う。戦争を撮影して、そこで自分を見いだしたい気持ちでベトナムにとどまり、海兵隊員たちと一緒に生活していることもその表れだった。

「毎日映画社」時代、まとまったドキュメンタリーフィルムを撮影したこともなく、まだ一人前のカメラマンとは言えない状態だった。ただ、撮影をしながら、農村・町などが戦場となり犠牲となった沖縄の故郷の人びとや、米軍基地が頭にあった。それは沖縄の歴史を肉親や沖縄の人たちと共有している沖縄の血とも言えるものかもしれない。

六五年の放送を見た人から「拷問を受けたり殺されたりする青年をカメラマンは何故、止めないで撮影していたのか」という批判が少なからずあったと聞いた。

また、その後、スチールカメラマンになってから撮影した写真について「傷ついた子を前に嘆く親に向かって、どうして何枚もシャッターが切れるのか」「非情ではないか」「相手を可哀想と思わないのか」という疑問・批判を持つかもしれない。しかし、可哀想だからこそ何枚もシャッターを切ったのである。傷ついた子ども、親の悲しみ、そしてそのような状況をつくりだしたアメリカ政府、村を攻撃した米軍への怒りがシャッターを押させる。もし、被害者たちが厭《いや》がったら続けてシャッターは押せない。撮る方・撮られる方の間に暗黙の了解があって成立したと思っている。写真には私の気持ちが表れている。

まったく状況は違うが、二〇一五年の四月七日から一五日まで長野市川中島町の「ひとミュージアム」で「世界の笑顔」写真展を催し、五〇点を展示した。七日には「私が見た沖縄返還四〇年」について講演をしたが、話を聞きに来てくださった人たちの数人から「どのようにして笑顔を撮影したのか」と質問された。各国で会った子どもや女性の笑顔をクローズアップで撮影した写真は、すべての顔が正面を向いているから、盗み撮りではない。

「報道関係者だからか」「撮影前に相手に了解を得るからか」この二つの質問については、いずれもノーである。ジャーナリストであるとかカメラマンであるとかは初めて会った相手にとっては分からないし、関係ない。撮影してよいかと断ることはあるが、笑ってくださいと言っても自然な笑顔は生まれてこない。

「望遠レンズで撮っているのか」これはイエスで、なかには広角レンズで撮った写真もあるが、75ミリから200ミリのズームレンズで撮っている。笑顔を撮影するときに大切なことは、相手との「あうんの呼吸」である。カメラを持って相手と目を合わせ「撮ってもいいよ」と相手が許してくれたと分かった時にカメラを構える。それはこちらの心と顔も笑っていることが相手に通じる時でもある。相手が厭がっていると分かったらシャッターは押さない。良い笑顔になっていないからだ。

だからベトナムでも、傷ついたベトナム人に私の悲しみも伝わったのだと思う。

傷ついた子の親たちには、私にその様子を日本や世界の多くの人に知らせてほしいという気持ちがあった。六八年二月二二日号「週刊読売」臨時増刊号『石川文洋写真集　従軍3年の記録　これがベトナム戦争だ！』に、左足を失った赤ちゃんに乳を与える母親と、右手、右足を失った娘と父親の写真を掲載した。この四人の写真は、そのほかいろいろな雑誌や写真集『写真報告　戦争と民衆』『写真記録ベトナム戦争』にも掲載されている。

しかし、傷ついた子どもとその家族を撮った多くの写真のなかで発表したのはこの四人だけなのだ。あとの一四人の写真は私のファイルに収まったままだ。戦争中、ベトナム滞在四年間に撮影したネガはおおよそ一万五〇〇〇枚、そのうち発表した写真は多く見積もっても五〇〇枚。まだ一万四五〇〇枚は眠っている。そのなかにカントーの病院の一四人の写真も含まれている。

いま八二歳となって、カメラマンとして現場へ行く気力が弱くなったことを感じる代わりに、未発表の写真を一枚でも多く公表して、ベトナムの人びとの苦労に応えたいとその方法を考えている。

写真に向けた批判はベトナムに限らずよく生じる。九四年にピュリツアー賞を受賞したケビン・カーターの「ハゲワシと少女」の場合も「カメラマンは写真を撮るよりも先に、助けるべきではないか」という声があったという。

日本でも五五年、香川県の高松から岡山県の宇野へ乗客七八一名を乗せて向かった連絡船紫雲丸が第三宇高丸と衝突して沈没し、修学旅行の児童生徒を含む一六八名が犠牲となった事件は、乗客が撮影した写真が各新聞に掲載された。甲板から乗客が海水で流されるような生々しい写真に「シャッターを押す時間があったらその間に一人でも助けたらどうだ」という批判が起こった。

こうした意見が生じることは分かるが、平和な茶の間でテレビや新聞を見ている人と、現場で撮影している人との間に温度差があることを感じる。

「南ベトナム海兵大隊戦記」の場合、私はカメラマンであり目撃した現場を記録し報道することが目的だった。

戦争は殺し合いである。戦場では第三者の私が拷問をしている兵士にやめるようにと言えるような状況ではない。また、言ったとしても彼らは受けつけないだろう。「村を攻撃するのをやめろ」「捕虜を拷問するのをやめろ」従軍中にそのようなことを言い続けたら従軍させてくれないに決まっている。そうなった場合、戦争の実相を第三者に伝えることはできなくなる。

## 現金・カメラを盗まれた

二七ドルを持って、世界一周無銭旅行を計画して貨客船で一九六四年に沖縄を出発、香港に着いてから私は良い人たちと出会い、映像スタジオに就職することができた。スタジオの仕事でべトナムに二度、タイへも行くことができた。香港ではツイていたという表現ができる。

しかし、六五年一月に香港からベトナムに渡った後は厳しいスタートとなった。まず、最初の仕事、岡村昭彦さんを主人公にしたドキュメンタリーを撮影中、ビンディン省の「ホアイアンの丘」の戦闘で、私の前にいたウィリアム中尉が即死、レフトイッチ少佐が顔に負傷、私は危機をのがれるということを体験していた。

しかも、そのドキュメンタリーは「テレビ東京」で放送されたと聞いたが、見る機会もなくフィルムがどうなっているのかも分からない。そして、「南ベトナム海兵大隊戦記」が放送中止となったことによって、大島渚監督との続編も製作されないことになったのだ。

さらにツイていないことは「日本テレビ」からもらったほとんどの撮影料と、私の商売道具である16ミリ撮影機を盗まれてしまった。

出かけて留守にしている間に、サイゴン市内のアパートの部屋に泥棒が入ったのだ。しかも、二度も入られて洋服、筆記用具、目覚まし時計、その他、根こそぎ持っていかれてしまった。

その時まで物を盗まれたという経験がなかったので、私は警戒心を持たず鍵も簡単なものしか付けていなかった。一応、警察に届け、警官が鍵を壊された場所などの指紋をとっていたが、警察からはその後なんの連絡もなかった。

とにかく、お金も撮影機もなければ生活に困る。私が持っていたのは「日本テレビ」からの撮影料で市内の写真店で買った、旧式中古のライカⅢaとキヤノン35ミリ広角レンズ、それとポケ

サイゴンの闇市。サイゴン　1965年

ットにあった三〇ドルだけだった。

闇市へ行って軍服、軍靴、リュックなど従軍用具と写真店でフィルムを買い、ビンディン省で作戦を続けている政府軍の海兵隊に、また従軍することにした。

従軍中は安い食費を払い兵士と一緒に食事をすれば金はかからない。撮影した写真を「AP通信」に売って生活費をつくるつもりだった。カメラは旧式ライカ一台である。動画は撮れない写真機だった。

海兵隊では政府軍海兵隊中隊長ハイ大尉、各小隊長の若い将校、そして兵士たちが喜んで迎えてくれた。彼らは解放区の農村を攻撃し、解放戦線容疑者を拷問し殺した。そうした軍としての行為を私は批判的に見ていた。

しかし、私はベトナム人としての兵士や将校たちには好意を感じていた。彼らも私に、同じような気持ちを抱いていることが伝わってきた。「南ベトナム海兵大隊戦記」の撮影と同じように村から村へと移動し「ベトコン」を捜索するという毎日だった。数人の「ベトコン容疑者」が捕らえられ、農民が傷つき、数人の海兵隊員が死傷した。そのような場面を旧式ライカで撮影した。

## 間一髪命拾い

五月一九日、ビンディン省の一号道路を兵士たちが行進し、私も一緒に歩いていた。すると二台のジープが来た。前のジープに大隊長と将校たちが乗っていて「ジープに乗らないか」と声をかけられた。二台目のジープは大隊長の荷物などを積んでおり、運転する兵士の横の席に座った。ジープが部隊の前列まで来たので、部隊が行進して来る状況を撮影しようと私はジープを降りてカメラを構えた。その時、後ろで大きな爆発音がした。振り返って見るとジープが道路上でつぶれ、兵士が横たわっていた。一瞬、状況が分からなかったが、私が乗っていたジープが地雷に触れたのだった。倒れている兵士はつい五分ぐらい前まで私の横で運転していた兵士なのだ。

衛生兵が来て兵士の手当てを始めた。息はしていたが地雷やジープの破片が体にいくつも入っているようで沢山の血が流れていた。前を走っていた大隊長のジープは無事で二番目の私たちのジープが災難に遭ったのだった。その状況を撮影する気持ちにはならなかった。私が座っていた助手席の車輪が地雷に触れたのでその席の損傷がひどく、ジープの前側はペチャンコにつぶれてちぎれたようになっていた。

ジープを降りていなかったら百パーセント命を失っていただろう。約五分の時間差で助かった。

隊長に乗らないかと誘われ後続のジープに乗った。降りて撮影中にジープが地雷に触れた。あと5分乗っていたら死んでいた。ビンディン省　1965年

六八年から七九年までベトナム、ラオス、カンボジアの戦場で日本人ジャーナリスト一五人が亡くなっている。一九六八年三月五日、米海兵隊の装甲車に乗っていて装甲車が地雷に触れ、「UPI通信」の峯弘道さんが亡くなった。二七歳、日本人最初の犠牲者だった。もし、私がもう少し長い時間ジープに乗っていたら峯さんより三年ぐらい早い犠牲者となっていた。その時の私も二七歳だった。

私はリュックをジープに置いてカメラだけを持って降りたのだが、そのリュックが見つからなかった。兵士たちも一緒になって道路横の水田まで捜してくれたが、見つからなかった。近くに水田用の溜池《ためいけ》があり、吹っ飛んだリュックは溜池に落ちて沈んだかとも思った。部隊は進軍を続けなければならない。いつまでもリュックを捜していることはできなかった。私はカメラを胸に手ぶらで

とぼとぼと兵士の後について歩いた。負傷した兵士は別のジープが来てタムクアンの診療所に連れていかれた。

私は命が助かって良かったという気持ちよりも、リュックの中に入れてあった撮影済みフィルムが失われて残念という気持ちの方が強かった。今回の従軍中に撮影したフィルムと、従軍中は必ず持っているパスポートが入っていた。パスポートは日本大使館で再発行してもらえるが、撮影した場面は二度と甦《よみがえ》らない。

サイゴンに戻り、ポケットに入っていた撮影済みフィルム二本を「AP通信」に持っていくと、幸い二カットが売れた。一カット一五ドル。引き伸ばし機に挟み易いように左右のネガも同時に切られるので、私にとっては実質一カット五ドルということになる。二カット三〇ドルで、六枚のネガを失った。

その三〇ドルでリュックとともになくなった従軍用具を買った。

## スチールカメラマンに転向する

これまでに従軍した政府軍の海兵隊が作戦をしていたビンディン省は、東海岸沿いの農村地帯だった。今度は西側のカンボジア国境での作戦を見たいと思った。

私が日本を離れたのは、世界を見たいという野次馬的感情である。それは未知の世界での体験も含まれている。そうしたことで、ジャーナリストとして身を立てたいという気持ちはまだなかった。また、ムービーカメラマンとしても経験は浅く、私にとってムービーカメラマンとしての実力も未知数だった。

でも、「南ベトナム海兵大隊戦記」はその後、放送中止になった分も含めて総集編として「NHK-BS」で放送された。それは自分でもよく撮影できていると思った。

定時制高校に通って昼間は毎日新聞社の編集局で給仕をしていたことや、「毎日映画社」でカメラマン助手として取材現場に出ている間に、ジャーナリストとしての感覚が自然に身についていたのかもしれない。カメラマンの基本になるものは、まずこの目で見たいという好奇心、関心、野次馬根性ではないかと私なりに考えている。まず現場へ行く。しかし、そこで何を表現するかはカメラマンの人生観によって変わってくる。

ムービーカメラで岡村昭彦さんの従軍の様子と「南ベトナム海兵大隊戦記」を撮影したのは、良い経験にはなったが、岡村さんの時は撮影した映像がどんな番組となって放送されたか見ることができず、結局は撮影しただけとなった。撮影の手応えが自分に返ってこない。

それならスチール写真を撮ろうと思った。スチールであれば自分の作品であり、自分で管理できる。しかし、フリーカメラマンとしての状況は非常に厳しい。ムービーカメラマンとしては「毎日映画社」で基礎から技術を覚えたが、スチールカメラマンとしての経験はまったくなく、フィルムの現像もできなかった。だから、生活費を保証して写真を売ってくれるような代理店との結びつきもなかった。

一九六五年三月、沖縄からアメリカの戦闘部隊である海兵隊がベトナムへ派遣されてから、続々と米軍部隊がやって来て各地に展開した。アメリカのテレビ局は支局を開設して取材陣を強化し、通信社も記者がＭＡＣＶ（米南ベトナム援助軍司令部）や各師団と直接連絡して、その作戦情報に基づいて記者もカメラマンも取材に出かける。

私はそれをひとりでやらなければならない。毎日、開かれている米軍の記者会見や「ＡＰ通信」などに行って情報を集めた。サイゴンのタンソンニャット国際空港の米軍基地から各基地へ飛ぶ輸送機・ヘリコプターに乗るのも、アメリカのテレビ局や通信社の記者、カメラマンなら、基地へ入る特別許可証を持った運転手のいる自動車では直接チェックインカウンターへ行ける。しかし私は家からシュクロ（前方に客が乗る三輪自転車）やタクシーで基地前まで行き、プレスカードを見せて基地に入り、基地内を巡るランブレッタ（小型三輪バス）でチェックインカウンターまで行かなければならなかった。それぞれの基地へ行くチェックインカウンターは違うので、それを探すことも一仕事だった。

東京で「毎日映画社」に勤めていた時は、記者が翌日の取材伝票を書いて撮影課へ出すと、撮影課長がカメラマンと助手を決めて壁に張る。撮影先の連絡や段取りはすべて記者がとっており、カメラマンはそれに従って撮影し、私はそのカメラマンに付いていれば良かった。

しかし、ベトナムでフリーカメラマンとなってからは、取材の企画をたて、情報収集、政府軍・米軍との取材交渉など自分でしなければならなかった。しかも、すべて英語だった。語学力の弱い私にはそれも一苦労だった。

米軍は取材に大変協力的だったが、それでも戦場へ行くまで、さらに戦場へ入ってからもさまざまな状況の変化に対応しなければならず、相応の努力が必要だったのである。

# 第二章
# 南ベトナム政府軍の従軍

トラックで移動する南ベトナム政府軍空挺部隊の兵士たち。私も乗車してカンボジア国境の作戦に従軍した。プレイク省　1965年

## 四つに分かれている軍管区

南ベトナム政府軍は、北ベトナムとの境界にあるクアンチ省など四省を第一軍管区として、南方へ四つの軍管区に分けて部隊を配置していた。メコンデルタは第四軍管区となる。南ベトナム四四省のうち、第四軍管区には一五省があった。その司令部はメコンデルタ最大の都市カントーにあった。

政府軍は最大時、一一〇万人まで増強されたが、私が従軍していた一九六八年までは約八〇万人という数字があがっている。正規軍四一万人、このほかに海軍二万四〇〇〇人、空軍一万六〇〇〇人、地方軍・民兵三二万五〇〇〇人、警察軍四万五〇〇〇人。

五七年八月から徴兵制となって、二〇歳から二年間の兵役義務が課せられた。しかし、戦争が拡大するにしたがって兵役年齢は広がり、六八年六月、国民総動員法を公布して一七歳から四三歳までとなった。兵役期間も一五年と延長され、私も従軍中、多くの中年兵を見かけた。サイゴン（現ホーチミン）市内では二、三人の警官が青年、中年を囲み、身分証明書を調べている光景をたびたび見かけた。兵役を逃げているのが発覚すると、その場で逮捕し入隊させられるので、私たちは「兵隊狩り」と言っていた。大学生は卒業まで入隊を免除されたが、卒業すると医学部以外は徴兵の対象となった。日本に留学していた大学生も卒業後、帰国すると徴兵されるからと滞在を延長している人が多かった。

各軍管区に歩兵師団が置かれていたが、第四軍管区には三個師団、ミトーに第七師団、サデックに第九師団、バクリュウに第二一師団の司令部があった。私はこの三つの師団に従軍した。ほかに各省に地方軍、民兵が配置され、激戦地への移動部隊としてレンジャー大隊があった。さらに大きな作戦になると海兵大隊、空挺《くうてい》大隊が応援にくる。六八年の第四軍管区司令官はグエン・ビェト・タイン少将だった。

作戦が行われる場合、攻撃部隊の大隊長と支援部隊として基地で待機する大隊の指揮官、師団長、参謀長などの師団幕僚、師団付軍事顧問などが会議を開いて作戦行動を決める。大隊長は部隊に帰って各中隊長に作戦内容を伝え、中隊長は小隊長たちに伝える。一般兵卒には現地へ行くまで作戦の内容は知らされない。米軍事顧問はベトナム兵を運ぶヘリコプター部隊の責任者に必要なヘリコプターの数、作戦開始時間、目的地などを知らせる。

政府軍にカメラマンとしての従軍する場合は、米軍のように簡単にはいかない。米軍はサイゴンにある広報に相談をすればどの部隊にでも連絡をとってくれたが、政府軍はサイゴンに広報組織を持っていない。午後四時から毎日、軍の記者会見があるが参謀本部の方針などを発表する程度で、ベトナム在住外国メディアはあまり関心を持っていなかった。

政府軍海兵隊に従軍した時は、ビンディン省では直接、部隊に行って米将校軍事顧問に相談した。一度、サイゴンにある海兵隊司令部へ行ったが、対応した中尉に従軍に協力しようという姿勢がなかったので、私も怒りが湧き口論となって結局従軍を手配してもらえなかった。部隊が地方で作戦を展開していても、海兵隊独自で移動用ヘリコプターを持っていないので、私だけを現地まで運ぶ方法もない。海兵隊の将校が部隊へ合流する時は、海兵隊所属の米軍事顧問がすべて手配をした。司令部へ行った時も軍事顧問に面会して相談すれば、部隊に合流できたかもしれない。

サイゴンに支局があるアメリカの「AP通信」「UPI通信」や「ABC」「NBC」「CBS」などのテレビ放送は記者が米軍広報、政府軍の米顧問団などにネットワークを持ち連絡をとっていた。彼らは記者と軍人との違いはあっても同国人なので意思疎通を図ることができる。

私は日本人かつフリーだから、自分でどこに連絡をしたら良いかを考え、下手な英語で手探りしながらすべてをしなければならなかった。日本の新聞、テレビの支局へ相談しても、こと従軍に関してはむしろ私の方が経験が多いので助言はあてにできなかった。そこで頼りになるのはやはり米軍司令部の広報だった。

## プレイク基地で従軍する

一九六五年五月、三月の米海兵隊に続いて米一七三空挺旅団がベトナムに到着していたが、ま

花市場で買った鉢植えをシュクロバイ（三輪オートバイタクシー）で運ぶ風景。
今はシュクロバイはまったく見られない。サイゴン1966年

だ作戦は開始していなかった。

　そこで私が「ベトナム政府軍のカンボジア国境の作戦に行きたい」とMACVのプレス担当将校に相談すると「プレイクにある第二軍管区司令部へ行き、そこの政府軍の軍事顧問をしている米軍情報将校と相談するように」と言われた。

　翌朝、シュクロバイ（三輪オートバイタクシー）に乗って空軍基地へ行き、プレイクへ向かう輸送機に乗った。輸送機は無料で乗ることができる。プレイクは山岳地帯の一番大きな都市である。空港から司令部までまたシュクロバイに乗った。オートバイの前に座席がある。座席からの眺めは良いが、衝突事故があった場合まず客が怪我《けが》をするという乗り物である。タクシーより安いので利用者は多かった。

　プレイクの市街には少数民族が大勢歩いてい

た。フンドシ姿の男性もいて、ビンディン省にはチャム族がいたが、カンボジア国境には山岳民族が住んでいて、山岳民族で構成された政府軍の特殊部隊（スペシャルフォース）の基地もあった。山岳地帯のホーチミンルートなどで作戦をしているようだった。

第二軍管区司令部でＰＩＯ（パブリック・インフォメーション・オフィス＝広報部）のマイヤーズ大尉に会うと、担当のベトナム人将校ラム大尉のところへ連れて行ってくれた。ラム大尉は私の要求を聞くと「政府軍の第四空挺部隊が近くで野営している。明日の朝、連絡将校がジープで行くので部隊まで連れて行く」とのことだった。

朝七時に事務所を訪ねる約束をして、その夜はプレイクの小さな宿に泊まることにした。

ベトナム空挺部隊のラオス国境作戦に従軍することになり、プレイクの第二軍管区司令部から街へ戻り、ホテルにチェックインした。ホテルといっても簡単なベッドとシャワー、ベトナム式トイレがある小さな部屋が四つか五つの旅館のようなところである。ベトナム式トイレというのは日本式のようにしゃがんで使用し、バケツの水で流す。紙は流さず別の箱に捨てる。ベトナム各地にこのようなホテルがあった。

ほかに、大きな都市には米軍事顧問や休暇中の米兵がベトナム人娼婦と泊まるアメリカ式水洗トイレのついたホテルがあったが、ベトナム式ホテルよりは高かった。

素泊まりでレストランもないので、食事は市内の食堂へ行くことになる。従軍の時は荷物を軽くするので家を出る時から軍服を着ていく。プレイク市内を軍服で歩いた。不審な眼で見る人はいない。私は小柄で痩せていたので一見ベトナム人と変わりない。街を歩いているベトナム兵の一人として目に映っていたのだろう。

軍事顧問の米兵が軍服姿で市内を歩いていても、テロの目標にされることもなかった。その点、戦争中でもどこの都市も安全だった。解放軍も米兵宿舎、空軍基地などは攻撃したが、一兵士を狙うことはなかった。

六五年五月、米軍は海兵隊の先遣隊が三月に来ていたが、米軍各部隊はまだベトナムに到着しておらずサイゴン政府軍が作戦をしていた。第二軍管区の作戦区は東は南シナ海の海岸線から西はラオスとカンボジアの国境まで一二省だった。政府軍はビンディン省に第二二歩兵師団、ダクラク省バンメトートに第二三歩兵師団司令部があり、ほかに地方部隊、山岳民族のスペシャルフォース、東海岸線で海兵隊、西の山岳地帯で空挺部隊が作戦を展開していた。

市内の小さな食堂に入った。どの店でも中国式のチャーハン、湯麺、焼ソバ、豚肉、鶏肉、魚やベトナム式揚げ春巻のチャーゾー、サラダ、ヨーロッパ式ステーキなど料理の種類が多い。これはベトナムの食堂の特徴である。

地酒のような焼酎は農家では飲まれているが店では見かけない。その代わり、フランス植民地時代の名残とも言えるブランデー、アメリカが介入するようになってからウィスキー、バーボンがどんな小さな店にも置いてあり、安かった。

ビールはベトナム製の小瓶〝33〟、大瓶虎印の〝ラリュー〟の二種類だけだった。後に米軍が増えるとＰＸ（米軍基地内売店）から流れたアメリカ製缶ビールも出回るようになったが、私は米軍基地以外では〝33〟を飲んでいた。

庶民対象の小さな食堂はすごく安くしかも旨《うま》かった。ベトナムの通貨は「ドン」だがフランス時代に呼ばれた「ピアストル」という呼称が外国人には一般的に使われていた。私も南ベトナム滞在中、ずっとピアストルと言っていた。後に爆撃下の北ベトナムへ行った時はピアストルという呼称は使われていなかった。当時、一ドルは日本円三六〇円。ベトナムの公定では一ドル＝一一八ドンだが、インド人の書店で闇交換すると一八〇ドンなので、実勢レートは一ドン二円ぐらいだった。

食堂でベトナム式揚げ春巻を注文して〝33〟ビール二本を飲み、ベトナム式焼うどん「フォーサオ」を食べた。全部で三〇〇円ぐらいなので一ドルにもならなかった。

プレイク市内には少数民族の人びとの姿が多く、なかには家族連れもいた。山岳地帯で焼畑農業を営み、山で捕らえた小動物や薬草、蜂蜜などを市場で売って生活必需品を買って帰る。大人の男性はシャツにフンドシ、裸足。女性は黒い少数民族の上着と腰巻きのようなスカート、裸足。子どもたちも裸足だった。大人は籠を背負っていた。

ベトナムは多民族国家である。私たちが一般にベトナム人と言っている人たちはキン族で、人口的に一番多い。ほかに五三の少数民族が人口の約一〇パーセントを占めている。

戦後、中国国境に近いランソン省、カオバン省、ラオカイ省のサパなどで多くの少数民族を撮影した。サパは植民地時代のフランスの避暑地としても利用されたが、現在では外国から観光客が訪れている。華やかな衣装を着た少数民族の女性たちの写真を撮るのは楽しい。

戦争中、南ベトナム中部山岳地帯の少数民族はいかにも山で生活をしているという素朴な感じが表れていた。ザライ族ということだった。

プレイク市内に米兵対象のバーが並んでいた。米軍の戦闘部隊はまだ配備されていなかったが、第二軍管区司令部の軍事顧問、第二軍管区内で作戦をする南ベトナム政府軍を空から支援する戦闘機、兵士を運ぶ輸送機、ヘリコプターのパイロットなど多数の米兵がプレイク空軍基地に駐留していた。

米兵は基地内のバーや市内の民間バーで酒を飲んだ。市内のバーで働く女性は、通称サイゴンティーと呼ばれていた清涼飲料水を兵士におごってもらい、その売り上げが収入になった。売春もするようだった。

## 空挺部隊のカンボジア国境作戦

翌早朝、シュクロバイに乗り、第二軍管区司令部へ行き、昨日の政府軍広報の大尉と再会した。しばらく待っていると、空挺部隊へ書類を届けるというベトナム人将校のジープが来たので助手席に乗った。

空港の近くの広場に空挺部隊の兵士たちが集結していて、大隊長のミン少佐を紹介された。少佐はベトナム人では大柄だったが優しい顔をしていたのでひと安心した。私は気が弱いので怖い人は苦手だ。ミン少佐から離れず大隊司令部小隊と行動をともにすることになった。ベトナム兵は全体的に痩せて小柄である。私も小柄なので彼らとつり合いはとれていた。

トラックが来て兵士たちが乗車した。将校たちは三台のジープに分乗したのでその一つに私も乗せてもらった。トラックの列が森林地帯に入ってしばらく走ると兵士たちを降ろした。

そこからが空挺部隊の作戦の開始だった。カンボジア国境の解放軍の拠点を探索し攻撃を加えるのである。

森林の細い道を歩き、道のない場所では草をかき分け、急な斜面を上っては下り、下っては上った。手をつないで川を渡り、泥沼に腰までつかりながら行軍をした。ビンディン省の海兵隊の作戦は平地で、村から村への掃討作戦で肉体的には楽だった。しかし、山岳地帯は疲れた。朝方は雨模様だった空から激しい雨が落ちてきた。雨合羽は持っているが、行進中は皆濡れたままである。

四月から雨期に入っていた。南ベトナムでは五月頃から一〇月頃までが雨期だった。雨期でも一日中降り続くことはないので、雨に濡れても歩いているうちに乾いてしまう。

作戦区域はキン族の村は少なく、あちこちで高床式の家に住む少数民族の村を見かけた。山の斜面の焼畑には、主としてキャッサバが植えてあった。後になってキャッサバを食べる機会が何度かあったが、蒸すと甘みがありサツマイモの味と似ている。タピオカという澱粉《でんぷん》も作る。キャッサバを薄く切って大きなザルで干す光景をベトナムの各所で見かけた。荒れ地でも茎を土に挿しておくと一～二年ぐらいで地中のイモを収穫できるので、栽培は比較的簡単ということだった。

少数民族を「モイ」と言っている兵士がいた。太平洋戦争中、日本兵が南洋群島の先住民を「土人」と呼んだような差別語だった。高床式の下は日陰になって風通しの良い作業場となり、赤ちゃんの揺り籠もあった。

この行軍中、戦闘はなかった。少数民族や高地にある解放区のキン族の村では落とし穴を見た。海兵隊に従軍中も何度か見たが、深い穴、浅い穴などがあり、どちらも竹串の尖《とが》った先が上を向いていた。

そうした村の一つで野営することになった。私も大隊長が本部とした農家に近い家の軒先に、エアーマットを敷きポンチョを広げ寝床をつくった。

カメラを持って村を歩いた。政府軍と敵対関係にある村では解放戦線兵士や若い女性は政府軍が来ると姿を消すのはどこでも同じだが、残った老人や子どもと兵士たちが、同じベトナム人として打ち解けたように話している光景も、海兵隊の時と似ていると感じた。

村の外れへ行くと兵士が機銃座を構築していた。ベトコンの夜襲に備えているという。機関銃から続く道の向こうは森林である。解放軍は森林から空挺部隊の行動をうかがっているかもしれないと思った。

## 戦場で豚の丸焼き

夕方になると四、五人の兵士が大きな豚の丸焼きの用意を始めた。豚は兵士が市場で買ってきたのか、あるいは農家から徴発したのか。日本の戦争の時、部隊には料理人、理髪師など各分野の職人や教員、芸人といろいろな職業についていた兵士がいたという。ベトナムの部隊も同じだった。

料理人だったと思われる兵士がほかの兵士と、太い棒に刺した豚を焚《た》き火《び》の上でぐるぐる回しながら焼いていた。私は豚を丸ごと焼くのを見たことはなく、そのように料理した豚肉を食べたことがなかったので珍しい光景だった。ほかの兵士は近所の農家から集めてきた机を並べて食卓を用意していた。

一九六五年一月からサイゴンに住むようになって、政府軍の海兵隊に続いて空挺部隊の従軍は、二つ目の部隊となる。カメラマンとして作戦の状況を撮影することが大きな目的だが、多くのことを目撃し体験したいと考えていた。

やがて食事が始まった。中隊長、各小隊長、大隊付米人将校軍事顧問など一二〜一三人、そして私も招待された。料理人経験兵によって大きく切られた豚肉が机の上に並んだ。将校たちはそれを手でむしったり銃剣やナイフで切って食べていた。私もそうしたがすごく旨かった。

農家の庭でベトナム兵、アメリカ兵と一緒の食事というのは日本にいてはできない体験だった。

軍事顧問が持ってきたウィスキーや地酒の焼酎なども並んでいた。五〇〇人以上の兵士がいる大隊に対しては、解放軍は政府軍に正面からはほとんど攻撃を加えない。政府軍が武装ヘリ、砲撃などの応援を得て反撃するからだった。食事の場にものんびりとした空気が流れていた。

この部隊に日本人ジャーナリストが従軍したのは初めてということで、酒で良い気分になっていた将校たちから日本のベトナム報道、東京はどんなところか、日本人の生活はどんなものかなどについて聞かれた。私が沖縄生まれと分かると米軍基地の存在を知っているベトナム人将校と、沖縄に駐留している一七三空挺旅団に所属していた米軍事顧問がいて、会話のきっかけになった。

一七三空挺旅団は六五年五月、沖縄から海兵隊に続き米戦闘部隊第二陣としてベトナムに派兵され、サイゴン郊外のビエンホアに臨時基地を築いている様子を私も撮影に行ったことがあった。

政府軍の空挺部隊は一個師団約一万五〇〇〇人だが、高級将校はインドシナ戦争のフランス傭《よう》兵《へい》将校経験者が多かった。空挺部隊とは落下傘部隊である。作戦目的地へ兵士を飛行機で迅速に運び降下させる。

太平洋戦争では、一九四二年二月、日本軍はインドネシアのスマトラ島パレンバンに落下傘部隊を降下させている。インドシナ戦争では五三年一一月、フランス落下傘部隊とベトナム、バオ・ダイ軍の落下傘部隊がディエンビエンフーに降下した。

アメリカの介入によるベトナム戦争では米空挺部隊は八二師団、一〇一師団、一七三旅団が派兵されたが、一七三空挺旅団の部隊が六七年二月のジャンクションシティ作戦でタイニン省のカンボジア国境周辺で降下したほかは、あまり落下傘は使用されていない。

政府軍の空挺部隊は七二年五月四日、解放勢力の春季大攻勢による戦闘の時、プレイク周辺で降下している。空挺部隊でありながら落下傘を使用した作戦がほとんどないのは、戦場が村や森林地帯など複雑な状況なので、ヘリコプターで最前線に向かう作戦がとられたからであった。

焼豚の夕食の席では兵士の質問に答え、日本は戦争中、広島・長崎の原爆や空襲で東京・大阪ほか多くの都市が破壊され工場などを無くし苦しい生活が続いた。二〇年間でやっと経済が復興してきて、昨年は東京オリンピックが開催され国民も敗戦の痛手から立ち直ってきて、ベトナムを取材できる余裕ができてきたと話した。

東京オリンピックが終わって新聞、テレビ、週刊誌のベトナム報道も増えたので日本の人たちの関心も強くなっている。でも日本人の生活はまだ苦しい。私も時計、靴、洋服などは「月賦」で買っていた、と月賦のことを説明した。故郷の沖縄でも戦争で多くの市民が死に、島全体が破壊されたので米軍基地や、米兵相手のバーなどで働く人が多いと話した。

そうすると米軍事顧問はコザの「ムーンライト」というクラブにときどき通ったと言った。

政府軍空挺部隊の兵士たちも海兵隊に従軍した時と同じように親切だった。ただ、私は海兵隊の軍服を着ていたので「海兵隊はナンバーテンだ」どうして「空挺部隊」の軍服を着てこなかったのかと厭味《いやみ》を言った将校がいた。半ば冗談だったが、部隊同士の競い合いがあるように感じた。海兵隊の軍服は濃紺の縞模様だが空挺部隊は玉虫色でオシャレな軍服である。空挺部隊は初めての従軍で、軍服のことを知らなかったのだが、次に従軍する時はサイゴンの闇市で空挺部隊の軍服を入手しようと思った。闇市に行けば軍用品に限らず何でも手に入らない物はなかった。

後になって分かったが、政府軍は各省にある歩兵師団の軍服が同じで、各軍管区で遊軍として激戦地に派兵されるレンジャー部隊は緑の縞模様、スペシャルフォースは海兵隊に似た紺色と、それぞれ軍服が違っていた。軍服を変えることによって、競争意識やプライドを持たせようという米軍顧問司令部かベトナム軍参謀本部の意図だったかもしれない。一九六五年から増強された米軍戦闘部隊は海兵隊、空挺部隊、第一騎兵師団、歩兵師団ともに戦場では同じ軍服だった。

空挺部隊での楽しい豚の丸焼きパーティが終わって、私は寝るために民家に移動した。家の人たちは逃げたのか誰もおらず、ベトナム人将校と兵士が四、五人だった。

エアーマットに横になっていると、しばらくして太鼓の響く音が聞こえてきた。海兵隊に従軍していた時に聞いたあの音である。高原と山岳地帯を音がかけめぐっていた。従軍してから親しくなったレ・ヴァン・クォック少尉が「今夜、一時頃ベトコンの攻撃がある」と言った。太鼓が伝えているという。空挺部隊も「ベトコン対策」として太鼓の暗号解読を研究しているのかもしれない。しかし、私は夜襲があるのか半信半疑だった。夜のしじまに響くような太鼓でどの程度まで秘密の内容を伝達するのか、どのくらい解読できるものなのか、そのことについて詳しく聞いたことがなかったからだ。しかし、本当に夜襲はあったのだ。

私はどんなところでも眠ることができる。それは子どもの頃から現在までも変わっていない。

空挺部隊とともに一日中歩いた後、豚の丸焼きの夕食とウィスキー、地酒などを飲んでぐっすりと眠っていた。突然、銃声が響き跳び起きた。近くで眠っていた兵士たちも目を覚まし、銃を手に外の様子をうかがっている。

## 夜襲に遭う

クォック少尉が予言したように解放戦線が夜襲をかけたのだと思った。時間も予言通り午前一時頃だった。私は急いで靴をはいた。軍服はいつも着たまま眠る。民家の床は少し高くなっているので兵士たちは家を出て、攻撃を受けた時、あらかじめ避難する場所と決めてあった庭の横の窪地《くぼち》に移動したので、私も一緒に行動した。夜は撮影できないがカメラバッグだけは持った。兵士が銃を離さないのと同じように、カメラは私にとっての武器と言える。

銃声は村外れの方向で起こっていたが長くは続かずに止《や》んだ。解放戦線の攻撃は大規模なものではなかったようだ。兵士たちと一緒に家に戻り、また横になった。しばらく目が覚めていたが、やがて眠ってしまった。

翌早朝、村外れに行くと兵士たちが集まっていた。昨日、見た機銃座に空《から》の薬莢が山となっていた。やはり解放戦線は森林を通ってこの方向から攻撃を仕掛けてきたのだ。先へ進むと道の周辺の草に血が流れていた。「ベトコンの血だ」と兵士が言った。死んだか負傷した解放戦線の兵士を仲間が連れ去ったのだろう。戦闘があった場合、解放戦線は可能な限り死傷者を運ぶ。

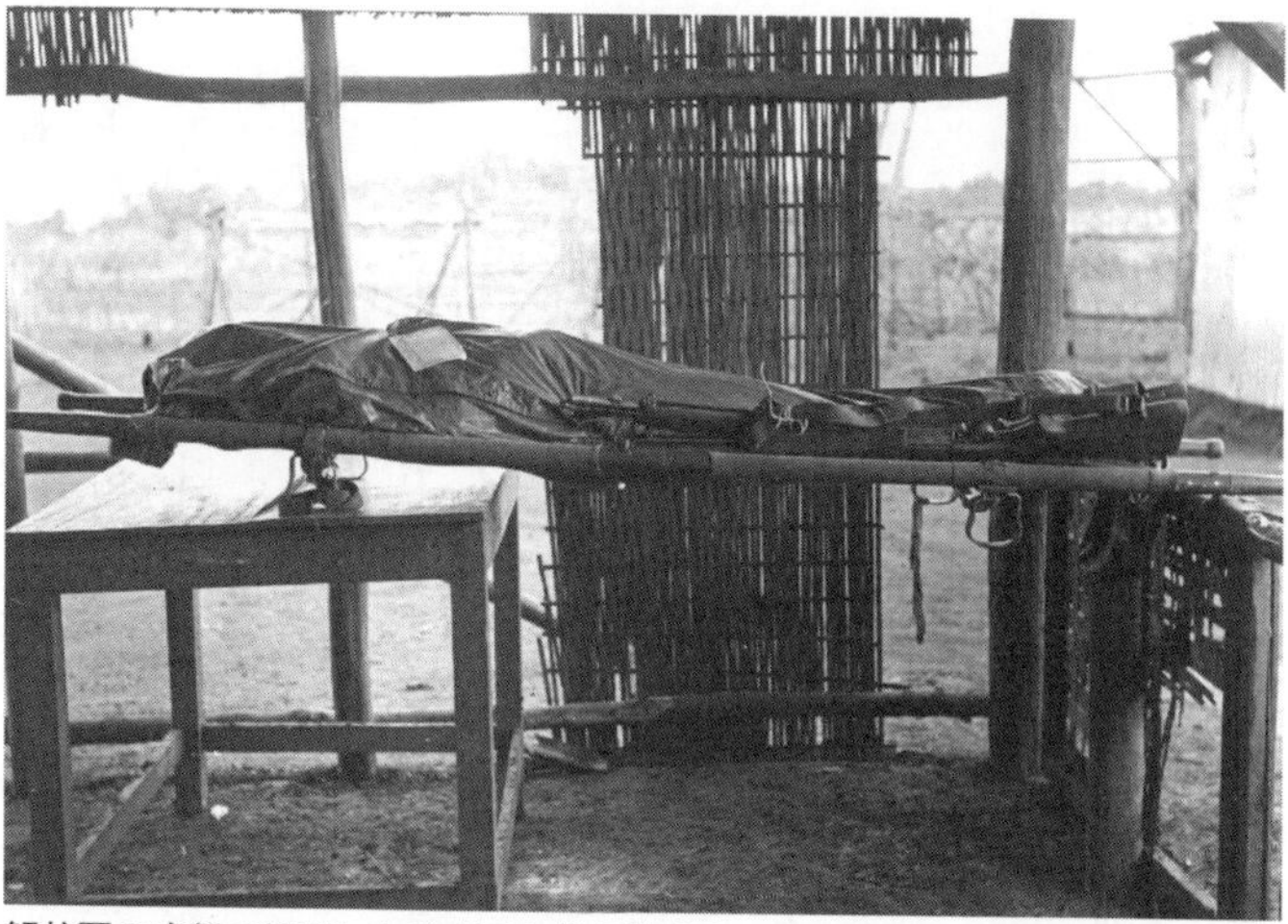

解放軍の攻撃で戦死した政府軍空挺部隊兵士。若い彼の人生は終わり家族の悲しみが想像されても、戦争では一人の死でしかない。プレイク省　1965年

村の家のテーブル上に置かれた担架に、戦死した空挺部隊の兵士が合羽に包まれて横になっていた。横に彼の銃が置いてある。外は小雨が降り始めており、とても寂しい光景だった。

合羽はそれまで彼が使っていた物だろう。荷札のようなカードが合羽についている。戦死した日時、兵士の名前が書かれている。生命がある時、彼は一日の風や温度を肌で感じ、戦友と話す。彼に妻子がいたかどうか分からないが、故郷で待つ家族のことも考えただろう。

合羽に包まれているから顔は分からない。あるいは豚を丸焼きにしていた兵士かもしれない。幼い時からこれまで彼のいろいろな人生があったろう。しかし、横たわっているのは人生の終わった人間であった。

ベトナム海兵隊に従軍した時も、戦死した兵士が何人かいた。衛生兵が負傷兵を手当てして

いる様子を見た。その負傷兵とは二回の海兵隊の従軍で一カ月間ほど同じ部隊で生活をともにしたことがあった。彼の名は「ロン」。彼は漢字は分からないのだが「龍」という意味だとのことだったので、私が漢字で「龍」という字を書いたら、彼はその紙を丁寧に折りたたんでサイフにしまった。

漢字を使う、または使った民族は中国、朝鮮、日本、ベトナムの四カ国である。中国漢字は現在はかなり簡略化され、日本語も漢字と平仮名、カタカナが混合となっている。朝鮮は李朝時代の一四四三年にハングルが生まれたという。食事の時、基本的に箸を使うのもこの四カ国である。ベトナムは中国の一〇〇〇年の支配下で漢字が使われていたが、一六二五年から四五年までベトナムに滞在した宣教師で文学者のフランス人アレクサンドル・ドゥ・ロードが漢字をローマ字化し現在のベトナム語となっている。ただしローマ字の上下や横に記号がついている単語があり、記号の位置によって発音と意味が違ってくる。たとえば「MUA」というスペルに異なった記号をつけると雨、買う、踊るなどとなる。「龍」は「RONG」だが、記号の形によっては潮が満ちる、吠える、広い、などと変化する。

ロンは明るいが、静かな兵士であまり目立たなかった。私とも龍の漢字を教えた以外はほかに印象に残るようなつき合いはなかった。彼は頭を負傷した。衛生兵が手当てをしたが助からないだろうということだった。

長い期間、同じ部隊にいると兵士はお互いに仲間のようなつき合いになる。そういった兵士たちが沈んだ表情でロンを囲んでいた。

やがて、みるみるうちにロンの顔や手が白くなっていった。それまで従軍で死体はずいぶん見てきたが、人間が息をひきとった瞬間を見たのは初めてだった。どれほど重傷でも心臓が動いている間は血液が体内を循環しているので肌色をしている。心臓が止まり血が回《めぐ》らなくなった瞬間から肌が白くなり体の硬直が始まることを知った。

ロンが人間から物体になった。小指の先ほどの銃弾が彼の人生に終止符をうった。

狙い撃ちされることもあるが、バラバラと飛んできた機関銃弾で死傷することが多い。どこから発射されたかも分からない砲弾に倒れる者もいる。どの場合であれ命が失われることに変わりはない。死んだ兵士は徴兵され仕方なく軍隊に入った。そして銃と弾丸を渡され戦うように命令される。戦うのは政府が決めた相手である。

一兵士に命令するのは分隊長。分隊長に命令するのは小隊長、中隊長、大隊長と命令順位を遡っていくと大統領につき当たる。さらに南ベトナム政府大統領の上にアメリカ政府大統領がいた。

私はベトナムに行くまでベトナム戦争についてはまったく分からなかったが、従軍している間に、若者や庶民が政治家が起こした戦争によって命を奪われていく現実を見た。

この空挺部隊でも一人の兵士の死に出会った。政治家や軍参謀本部の高級将校にとっては何千、何百という戦死兵のうちの一人かもしれないが、一人ひとりにはこれまでに生きてきた歴史がある。それはベトナム兵もアメリカ兵も大統領も軍司令官も一兵士も同じである。

戦死した兵士の横に添えてあるのは、アメリカ兵が第二次世界大戦で使用したM1ライフルである。アメリカ兵用に製造されているので小柄なベトナム兵には大き過ぎた。アメリカによって押しつけられた戦争、押しつけられた中古銃、そして押しつけられた死がそこにあった。

やがてヘリコプターが来て彼の遺体を運んでいった。ヘリを動かしているのは米兵である。空挺部隊付の軍事顧問の連絡によるものだろう。ベトナム海兵隊の従軍中でも、死傷兵や捕虜は陸上輸送できない場所ではかならずヘリで運ばれていた。もし、私も従軍を切り上げて引き揚げたい時は中隊長にその旨を伝えておくと、このようなヘリで基地まで運んでもらえる。しかし、私は従軍を続けた。

## 落とし穴に落ちた

兵士たちは作戦を再開した。あらかじめ「ベトコン」の拠点を捜索しながら移動するルートが決められている。作戦会議の終わった後、その地図を撮影したら作戦が終わるまではフィルムを現像しないようにと注意された。もちろん、従軍中に現像などできないが、解放戦線は空挺部隊の動きを把握しているのではないかと思われた。一個大隊が徒歩で移動していくその後方を、離れて追尾していけばよいのだ。

しばらく高原を歩くと少数民族の村が見えたので、その光景を撮影しようと前の兵士から離れて横道に入った時、土が崩れて小さな穴に落ちた。これまでも何回か見てきた落とし穴だった。

森林地帯の泥沼地を作戦する政府軍空挺部隊。この時、落とし穴に落ちて傷ついた私の足にバイ菌が入ったと思われる。プレイク省　1965年

落とし穴にも体全体が入ってしまう畳ぐらいの大きさや、足だけ入り込んでしまう小さなものもある。ほとんどの場合、竹串が天を向いて並べてある。竹串は左足の軍靴をかすって靴下の上から少し皮膚を傷つけた程度だったので、衛生兵に見てもらうまでもなくそのまま従軍を続けた。

川というより泥水が溜《た》まっているようなところを歩いた。水は茶色の土がとけてドロドロだった。森林や高原の従軍は私にとって興味がわく光景が少なく、撮影も変化に乏しかった。

ベトナム海兵隊の作戦は解放区となっている村で解放戦線軍やゲリラを捜索し、殲滅《せんめつ》することだった。今回の空挺部隊はホーチミンルートを通ってくる北ベトナムからの支援兵や武器弾薬の侵入を防ぎ、カンボジア国境にある解放戦線の拠点の破壊が目的だった。

その日は森林の中に平地を見つけての野営とな

った。夕方になり小雨が降っていたのでテントをつくらないといけない。ポンチョを張るのだ。近くに村がある場合は中隊長たちは民家を接収してそこを本部として眠り、私も便乗するが、野営の寝る場所は自分でつくらなければならない。海兵隊の従軍でもテントは何回かつくったので慣れていた。従軍中いつも持っているジャックナイフを使って雑木の枝を切って一本の長い杭、それより短い二本の杭、さらに短い四本の杭をつくった。二本の杭を土に刺し長い杭を横に組んでしばる。四本の杭も土に押し込んでおく。ポンチョを広げて長い杭にかぶせ、四方を短い紐《ひも》で杭に固定する。

これでテントができて雨と夜露を防ぐことができる。しかし、夜露だけの場合はテントをつくるのは面倒なのでポンチョにくるまり、エアーマットを敷いただけの寝床で眠る。

夕食は中隊長と一緒にした。中隊長付の兵士がつくる。海兵隊の時は一号道路に近い村での作戦だったので、兵士たちは市場で鶏、豚肉、野菜などを買ったり村で調達したりして、副食は豊かだった。しかし、空挺部隊の今回の作戦区域に市場はなかったので、ときどきヘリコプターが缶詰の入った米軍の戦闘糧食、Cレーションとコメを運んできた。

米軍軍事顧問はCレーションに慣れているが、ベトナム兵にはコメとヌクマム（魚醬《ぎょしょう》）は欠かせない。彼らは野草とCレーションにあるコンビーフやミートボールにヌクマムを入れて煮込んでいた。野草は私も子どもの頃に食べたアカザに似ていた。

食事が終わって自分のテントに戻った。雨に濡れた軍服はまだ湿っていたが、荷物になるので予備はいつも持たない。シャツとパンツだけを着替えた。

カンボジア国境の高原や森林は夜になると急に温度が下がる。日本の夏山のようだった。ライナーにくるまって横になった。もう一枚ポンチョかライナーがあると暖かいが、重くなるので持ち歩かない。

夜が深くなって闇がとばりをおろすと、たちまち孤独に襲われる。夜の音がある。それは時や場所によって砲声、銃声、解放戦線襲来の連絡の太鼓の音、虫の音など。今はだんだんとひどくなってきた雨がテントや地面を叩《たた》く音が続いた。

子どもの頃から雨は好きだった。雨は周囲の騒音を遮断するので、自分だけの世界にひたっているような気持ちになる。しかしここでは、闇と雨の中で心細かった。日本にいる母、弟、高校の同級生のことなどを思い浮かべた。解放戦線の夜襲がなければいいな、などとあれこれ考える。それでも、眠れなくなるということはなく、昼間、兵士とともに歩き続けたその疲れでいつの間にか眠ってしまう。

翌日もまた行軍が続き、落とし穴で傷ついた足はかすり傷と思っていたが、だんだん傷口が化《か》膿《のう》してハレて痛くなってきた。泥川などにつかったのでバイ菌が入ったのかなと思った。それでも歩き続けた。傷ついてから四日目になると痛みが激しくなってきた。衛生兵が心配してペニシリンを打ってくれた。

やっと作戦が終わって、空挺部隊の兵士たちと迎えのヘリコプターに分散してプレイクの基地に戻った。七日間の作戦だったが部隊にとっては成果があったとは言えなかったのではないか。しかし、大きな戦闘がなかったのは写真としては物足りないが、死傷者が少なかったのは兵士たちにとって良かった。

マラリアになってヘリコプターで軍病院に運ばれた兵士が数名いた。マラリアは高熱を発症する。マラリア患者を初めて見たが、高熱でかなり苦しそうだった。山岳地帯はマラリアを媒介するハマダラカが多いとのことだった。ミン大隊長らが私の足を心配して「軍の病院へ行こうか」と言ってくれたが、「明日サイゴンへ戻ってそちらで診てもらいます」と答えた。さらにミン大隊長は「今夜、将校クラブへ行く。足の様子が大丈夫のようであれば来ないか」と誘ってくれた。前に泊まったホテルを告げると、クォック少尉を迎えに行かせると言った。

足は痛かったがベトナム軍の将校クラブを見たいと思った。プレイク基地の広報の大尉は、従軍はどうだったかと聞き、足のことを話すと明日の朝、サイゴンへ行く小型飛行機があるからそれに乗っていくようにと言ってくれた。そして、広報の軍曹に市内のホテルまで送っていくようにと言った。

ホテルに入ると足全体が太くなっているように感じた。一週間ぶりにシャワーを浴びてサッパリしたが、軍服は汚れたまま着るしかなかった。クォック少尉がジープで迎えに来て、足はどうかと聞いた。少し痛むが大丈夫と言ってジープに乗った。

## プレイクのベトナム軍将校クラブ

将校クラブはプレイク市の中心街から外れたところにあった。静かなたたずまいの白い建物の周囲には大きな木が葉を茂らせ、庭には花や果物の木が沢山植えられていた。植民地時代にプレイクを管理していたフランス人の官舎だったという。当時、パーティに使われたと思われるホールの端の方のテーブルで、将校たちがビールを飲んでいた。

米軍事顧問が利用するサイゴンのＭＡＣＶ（米南ベトナム援助軍司令部）レックスビルの屋上のクラブは、大勢の米兵やベトナム人、フィリピン人などのショーで賑《にぎ》わっていたが、プレイクのベトナム兵将校クラブは照明も暗く落ち着いた雰囲気だった。将校たちは大きな声を出すこともなく静かに話し合っている。

南ベトナム政府軍の将校たちは恵まれた家庭で育った人が多い。フランスの植民地政策時代、ベトナムの若者を集めて傭兵部隊を創設した。一兵卒は小作農民出身が多かったが、良家の子弟にダラットの士官学校で将校教育を施した。植民地政策下、各官庁、企業トップはフランス人だったが、ベトナム人労働者を指揮する人物や教師、医師などを育てるために大学入学資格となる「バカロレア（大学入学資格）」を得る「リセ（五年制中等教育学校）」に入学させた。

当時のベトナム人にとって「リセ」や大学へ行ったり、フランスに留学することは出世コースだった。「リセ」へ行く生徒はフエのグエン朝時代の官僚や大手商人、地主の子どもたちが多かった。

私がベトナムに住み始めた一九六五年、官庁の管理職、医師ほかベトナム社会で上流階級の生活をしていると思われる人のほとんどがフランス語を話していた。

一九五四年、フランス軍の要塞ディエンビエンフー陥落後フランス軍はベトナムから撤退し、アメリカの支援で発足した南ベトナム政府の軍隊はアメリカ式訓練になった。

アメリカ兵が軍事顧問となったが、初期のベトナム将校はすべて元フランス軍の傭兵出身だった。士官学校ではフランス語に代わって英語による教育が始まった。私が政府軍に従軍を開始した時、高級将校はフランス語を話したが英語が分からない人もいた。将校も年齢が下がるにつれ英語を話し、逆にフランス語はまったく駄目という人が多くなった。空挺部隊のミン大隊長はフランス語と英語を話し、カン中隊長、クォック少尉は英語だけだった。

ベトナム人女性歌手の歌が始まった。小柄で清楚《せいそ》な感じだ。紫色のアオザイ（民族衣装）で細い体を包み、長い髪を腰まで伸ばしていた。ベトナムの流行歌には静かな曲、テンポの速い曲といろいろある。私はどれも好きだったが、やはりもの静かな曲に魅《ひ》かれた。

クォック少尉に「石川さん何か好きな歌がありますか」と聞かれた。まだベトナムに来て半年にもならず、それも戦場で過ごす時間が多かったのでベトナムの歌をあまり聴いていなかった。

唯一、曲名を知っている「DEN　DONG」という歌が「好きです。でも二度聴いただけで、言葉が分からないので、歌の意味は知りません」と言った。

大隊長も中隊長もその曲を知っているのか「イシカワはロマンチックだな」と言い、席にいたホステスも私の顔を見て笑顔を見せた。

サイゴンの米兵相手のバーのホステスは、客にねだる「サイゴンティー」と呼ばれていたアルコールの入らない飲み物の料金が収入となり売春もしていたようだが、ここのホステスはビールを注《つ》ぎ、ときどき客の話に相づちを打つ程度で商売気はなく、ふつうの娘さんという感じだった。将校たちも酒の相手としてからかうようなこともしなかった。

ホステスは酒を注ぐだけでなくダンスの相手もつとめていた。大隊長に彼女と踊らないかと勧められたが、私はダンスが踊れないし、足が痛むので辞退した。彼女は日本人を直接見るのは初めてとのことだった。英語は分からないようで「ベトナム人とまったく同じようだ」と言っていると、大隊長が通訳してくれた。

ホステスの名は蘭の花を意味する「ラン」という名だった。やがて「デンドン」の歌が流れた。DENは月、DONGは冬、「冬の月」。月を眺めながら遠く離れている恋人を思い浮かべている様子だという。

私にとってベトナムは一年中夏のように思っていたが、北部の山岳に近い村では冬は温度が下がり、日本人ならさほど寒さを感じないけれどベトナム人にとっては身にしみるようだという。「冬」という季節と寂しさを結びつけている。ベトナム人の方がロマンチックだと思ったので、そんなことを大隊長やクォック少尉に話した。

クォック少尉はランとフロアに行った。クォックの首に巻いた白い絹のマフラーは薄紫の軍服に良く似合った。踊っている二人を美しいと思った。作戦の時はマフラーをしていなかったので、軍服の時の若い将校たちのオシャレな飾りなのだろう。大隊長、中隊長はマフラーをしていなかった。

白い蝶が舞っているような将校たちの踊る姿は、太平洋戦争で散っていった日本の特攻隊員を連想させた。写真やニュース映画で見た白いマフラーの特攻隊員たちは、桜の小枝を持った乙女たちに見送られて太平洋へ飛び立っていった。

その光景は美しく切ない。彼らの胸中は想像するしかないが、当時そのような状況に置かれていたら、私も志願していたかもしれない。勝利の見通しはまったくないなかで、将来の夢半ばで、学徒出陣で散った特攻隊員は多い。『きけわだつみのこえ』『学徒出陣の記録』を読んだ時「この人たちが生きていればいろいろな人生を送ることができたはずなのに」と大変残念に思った。太平洋戦争では議論の余地はあるが、一応国のためというナショナリズムがあった。

しかし、踊っている空挺部隊の将校たちが戦う相手は、解放軍と呼ばれる同じ民族だ。

私は海兵隊の従軍で、一般農民を犠牲にしていく戦争では民間人から支持を得ることはできず、政府側の勝利は難しいだろうと思った。しかし、第三者の目からは分かるそのことを当事者であるアメリカ、南ベトナム政府や軍も気がつかないようだった。

もちろんこの時、政府軍は勝利を信じていたと思うし、私も一九七五年に迎える劇的な敗北までは想像していなかった。

将校クラブでは私はあまり酒を飲まなかった。足の痛みもあったが、酔って騒ぐ雰囲気ではなかった。例外はあったがベトナム人は日本人や韓国人のように酔うまで飲まない民族のように思っている。

「そろそろ帰ろうか」という大隊長の言葉で将校クラブを後にした。「デンドン」を聴き、若い将校のダンスを見る良い時間も過ごした、足の痛みをこらえて来た甲斐《かい》があったと思った。

皆と再会を約して別れ、クォック少尉がホテルまで送ってくれた。

ベトナム空挺部隊のクォック少尉の家。右は妹。いまどうしているだろう。サイゴン　1965年

その約一カ月後、クォック少尉のお宅でお母さんの手料理をご馳走《ちそう》になった。きれいな妹さんがいた。家はサイゴンのベンタイン市場のすぐ近く、レタントン通りに沿って建っていた。

サイゴンの中心に住む良い家庭だった。私の下宿にも彼は来たことがある。いまでも、彼は生きて戦争を切り抜けることができたか気になる。

ミン大隊長のサイゴンの自宅でも奥さんの手料理をご馳走になった。可愛い赤ちゃんがいた。ミン少佐はその後、台湾のベトナム大使館の武官となった。一九六七年、私は一時帰国し、またベトナムへ戻る時、台湾へ寄ってミンさんに再会したが、中佐に昇進していた。武官の後、空挺部隊に戻って、生存していれば一九七五年のサイゴン陥落時には将軍になっていた可能性がある。

南ベトナム政府崩壊後、軍は解体された。高級将校は五年前後軟禁され解放軍による思想改造教育を受けた。しかし粛清はなかった。

ミン大隊長が生存していれば九〇歳近くになっているかもしれない。ミン氏やクォック氏ほか再会したい人は大勢いるが、消息が分からない。

## サイゴンで病院に入る

ブレイクの空軍基地の指定された場所へ行くとベトナム人将校が、サイゴンまで飛行機に乗せてくれるという私服のアメリカ人を紹介した。私は簡単に自己紹介をしてアメリカ人と握手をした。彼の飛行機はパイロットのほか一人乗れるくらいの小型セスナだった。

作戦従軍中、落とし穴に落ちた時のかすり傷が化膿して左足が倍ぐらいにふくらんで痛みが強くなっていた。しかし、セスナから眼下に見える光景が珍しくしばし痛みを忘れた。同じ風景で

レロイ大通り。正面中央が記者会見場もあるMACVの建物、現在レックスホテル。カラベルホテル屋上からのサイゴン市　1967年

もヘリコプター、輸送機など、乗り物が違うことによって新鮮な感じで目に映る。スピードの遅いセスナから見える風景は面白い。上空からは地上での陰惨な戦争は目に入らない。

サイゴンのタンソンニャット空軍基地に着陸し、パイロットに礼を言った。結局、この人は軍人なのか、官僚なのか、あるいはCIA（米中央情報局）なのか分からなかった。誰であれ親切に同乗させてもらったので感謝した。

足はますます痛くなっている。基地のゲートからシュクロバイに乗ってアパートへ戻り、シャワーを浴びてから、またシュクロバイを拾ってグエンフエ通りの日本大使館へ向かった。

大使館は、屋上に上がるとサイゴン川がすぐ近くに見える。ホテルマジェスティックがサイゴン川と道を挟んで建っている。

大使館は一階ががらんとした受付、二階に大部

屋の事務室、三階から上は大使、参事官、書記官の個室、応接室があったようだが、私は四年間の滞在中に松元洋書記官の部屋へ一度行ったきりで、外交官とはまったく交流がなかった。歴代大使とも一度もお会いしたことがない。理由はカメラマンの私には用事がなかったからだった。

しかし、二階の事務室には若い河原潔さんと現地採用事務官の坪井達二さんがいたので、日に一回は顔を出すぐらい親しみのある場所だった。

河原さんは私より三歳ぐらい若かった。お父さんもサイゴンの大使館で事務官として長く勤務していたが、病気で亡くなった。河原さんは外務省の事務官の資格をとって勤務していた。フランス語が上手だった。

坪井さんは旧日本兵としてアジアを転戦した。敗戦後、ベトナムに残留して現地女性と家庭を持った。日本人特派員の滞在ビザの延長をベトナム当局に行って手続きをしてくれた。酒が好きで好人物なので歴代日本人ジャーナリストと交流が深く、人気があった。

私もビザの手続きでお世話になり、ベトナム海兵隊の従軍中、降りたとたんに乗っていたジープが地雷に触れ、リュックを失った時のパスポートの再発行もしてくれた。酔うと「シンガポールへ一番乗りするぞ」と軍歌を歌った。

坪井さんと河原さんは、直接、ベトナム人と対応する窓口でもあった。二人とも小柄で痩せていて表情も優しいので、取っつきにくい大使館へ来るベトナム人は、二人に会うと気が楽になったと思う。

私の足の痛みはかなり強くなり、手すりにつかまりながら足をかばって一段一段這うように上がった。坪井さんと河原さんに病院を紹介してもらおうと思っていた。

やっと二階へ上がると坪井さん、河原さんが驚いた表情で「石川さん、どうしたんですか」と言った。坪井さんはすぐ破傷風を心配した。

日本軍のアジアでの作戦中、大勢の兵士が破傷風で死亡した。破傷風の菌は土や泥の中にあり、傷口から入って死亡率が高い。

そこへ、以前、大使館で会った杉本泰一さんが来た。杉本さんも足を見てこれはひどい、とにかく俺の家に行こうと車で連れて行ってくれた。杉本さんはベトナム人が経営する工場で保存食品を研究している技術者で、工場横のフランス風二階建ての大きな家に住んでいた。私より六歳上で大人の風格があった。

「とにかく病院に行かなければいけない。徹ちゃんに相談しよう」と自動車で徹ちゃんを呼びに行った。徹ちゃんも以前大使館で顔を合わせていた。徹ちゃんこと澤口徹行さんは一九六一年にベトナムへ来て、メコンデルタの島でバナナを栽培し日本へ輸出していた。私より四歳若かった。

徹ちゃんの知っているというチョロン地区の診療所へ行った。軍医の少佐で、軍と掛け持ちで、自宅の応接室に机とベッドを置いて、近所の人たちを診ている小さな診療所だった。

軍医は、私の足はかなりひどくなっているのでここでは治療できないと、病院宛に紹介状を書いようだった。徹ちゃんはベトナム語、杉本さんは英語が上手である。また一緒に、紹介されたチョロンのチョライ病院へ行った。チョライ病院は現在は、日本の間組《はざまぐみ》の支援で大きな病院となったが、当時は古い病院だった。

受付には大勢のベトナム人がいたが、徹ちゃんと杉本さんが軍医の紹介状を見せて交渉し、すぐ入院できることになった。とりあえずアパートに戻り肌着、洗面道具、英語とベトナム語の辞書などを持って病室に入った。徹ちゃん、杉本さんがいる間は交渉は二人に任せておけば心配ないが、一人になったらすべて自分でしなければならない。従軍の時のように辞書は必需品だった。

看護師が来て病室へ案内された。ベッドが三〇ぐらいある大部屋だった。ベッドは満杯状態ですべてベトナム人である。女性、男性、子ども、皆一緒だった。ひとつのベッドがあてがわれた。

周囲のベッドの患者や見舞客が、私たちを不思議そうな表情で見ていた。日本人が入院して大部屋に入るということは前例がなかったのではないか。

のちに分かったが、日本人ジャーナリストたちはサイゴン中心部にあるフランス植民地時代に建てられたパスツール病院へ行くようだった。また、日本人の渡辺榮医師がサイゴン中央病院に赴任してからは渡辺医師に診てもらっていた。私もその後、マラリアの時は渡辺医師に診てもらい入院したことがあるが、この時は、まだ渡辺医師はベトナムに来ていなかった。

徹ちゃんが周囲のベトナム人に「彼は日本人カメラマンで、ベトナムに来たばかりで言葉もよく分からないので、皆さんよろしくお願いします」というようなことを言った。隣のベッドにいた飯田蝶子に似たおばあちゃんと見舞いに来た娘さんは「あの人、日本人だってさ」などと話しているようだった。

杉本さん、徹ちゃんは、明日来るからと帰って行った。二人とも仕事がある。

日本語が通用しない病院で治療を受けることに不安がないわけではなかったが、「なんくるないさあ（なんとかなるだろう）」と沖縄式を決め込んでいた。

やがて看護師が車椅子で迎えに来た。長い髪をひもで束ねた可愛い女性の笑顔を見て安心感が湧いた。車椅子に乗って蝶子おばあちゃんに手を振ると彼女も手を振ってくれた。車椅子で入った部屋は手術室だった。少佐の診断が紹介状で詳しく説明されていたのだろう。

手術衣の医師は三〇歳前ぐらいだろうか、傷を受けた時からの状況を英語で聞いた。彼も軍医で大尉だった。私はひととおり説明して破傷風を心配していると不安を話すと「破傷風だったら、君はいま頃、生きていないだろう」と大尉が言った。その言葉で破傷風ではないようだと分かったが、化膿がひどいので足を切断すると言われたら大変だと思った。

大尉は「手術台に横になるように」と言ったが、痛みで立ち上がるのもつらい状態で看護師が体を支えてくれた。手術台に仰向けになって天井を見上げた時はさすがに不安になった。

日本を出て香港に向かった時は金もなく香港に知人もいなかったが、まったく不安はなかった。未知の世界への憧れと「なんくるないさあ」という気持ちがあったからだ。香港では就職でき、ベトナムとタイへ出張するなど幸運が続いたと言っても良い。

しかし、ベトナムでは部屋に泥棒に入られてカメラ、お金などすべて持っていかれ、ベトナム海兵隊の従軍では撮影したフィルムが放送中止になるなど、あまりついていなかった。でも、乗っていたジープが地雷で吹き飛ばされた時、直前に降りていて助かったのが不幸中の幸いで、最大につきがあったといえる。

今回も、落とし穴に落ちたのは不運だが、足を切断せずに命も助かればついていたことになる。生命の存続は幸運・不運に大きく左右されることをベトナムに来て教わっていた。

突然、足に激しい痛みを感じた。その前に麻酔の注射を打ったのは知っていたが、この痛みは何故だろう。うめいたので、マスクを外した大尉が私の顔を見て「痛いか」と聞いた。「イエス、とても痛む」と言った。すると「君は酒を飲むか」と聞いたので「沢山飲む」と答えた。

もう一度、注射をしたが、それでもすごく痛かった。大尉はこれでもかんでいろと厚くたたんだガーゼをくれ、そしてどんどん手術を進めた。軍医は砲弾や地雷で手足がちぎれている兵士を扱い慣れているので、私の傷などはたいしたことはなかったのかもしれない。私はひたいに冷や汗をかきながらガーゼをかんで痛みと闘った。

足は化膿でかなり太くなっていたので大量の膿《うみ》が出たようで、残った膿を染み込ませるためか手術後の足にガーゼが詰め込まれ、それがまた痛かった。手当てが終わると、大尉は「ユー・サムライ」と言った。ベトナムでは「用心棒」「座頭市」など日本の時代劇映画に人気があり、サイゴンでも上映されていた。

かなり荒っぽい手当てと感じていたが、手術も無事終わり足も付いている。本当に嬉《うれ》しかった。

その気持ちを込めて「サンキュー、ヴェリーマッチ」と言って握手をした。車椅子に乗り、看護師に案内されて大部屋に戻ると、蝶子おばあちゃんが笑顔で迎えてくれた。

夕方、杉本さん、澤口さん、河原さんがマンゴー、マンゴスチン、ザボンなど果物を沢山持って見舞いに来てくれたので、手術が無事に済んだことを報告した。

右隣にもおばあちゃんがいたが、ニュース映画社にいた時に「毎日映画コンクール」女優主演賞を受け、撮影に行った北林谷栄さんになんとなく似ていた。

私としては、両隣は若尾文子か原節子のような人だと良いのにと思ったが人生はうまくいかない。でも結果的には蝶子、谷栄おばあちゃんのおかげで楽しい入院生活を送ることができた。

一週間入院した。大部屋の患者は重病人ではないので、食事は三食ともお粥《かゆ》というお年寄りがいるほかは、多少の違いはあっても大体において皆、同じだった。

朝はお粥かフランスパン。お粥には目玉焼き一個と塩気の強い魚の干物がついた。パンの時は目玉焼き二個。たまにベトナム式うどん「フォー」や肉マン。昼と夜はメシと鶏、豚肉、魚の煮付け、野菜妙めなどが日替わりであり、薄いスープが付いていた。足の痛みとは関係なく私にはどれもが旨かった。当時の日本の家庭料理より内容は良いと思った。戦争中ではあっても食材や料理は豊かだった。

ときどき杉本さん、澤口さんが梅干し、海苔など日本の食品を持って見舞いに来た。また、隣のおばあちゃんだけでなく、私が日本人と知って大部屋の離れたベッドの人やその見舞いの人も、果物や菓子を持ってきてくれた。

私は大部屋で良かったとつくづく感じた。ベトナム軍に従軍している時は、兵士たちの親切な対応でベトナム人に親しみを感じた。病院では一般の人びとの優しさが嬉しかった。その後、私が四年間も滞在したのはこうしたベトナム人に好感を持ったことが大きな原因だった。それに加え日本人仲間の支えと交流である。

足の傷は、はじめのうち足に詰めたガーゼを替える時は痛かったが、そのうちに痛みも薄れガーゼの交換もなくなった。病院が貸してくれた松葉杖で病室や庭を歩き回っていたが、松葉杖がなくても少し足を引きずるようにして歩けるようになった。

転んで足をくじいたという蝶子おばあちゃんは、「元気でね、戦争に行って死んではいけないよ」というようなことを言って、娘とお孫さんに連れられて退院していった。谷栄おばあちゃんは腎臓の治療でまだ入院するようだった。

中年の男性はビンズオン省での戦闘に巻き込まれて肩を負傷し腕を吊っていたが、銃弾は貫通して重症ではないとのことだった。彼は子どもが住んでいるサイゴンの病院に来たと言っていたが、大部屋には戦争による負傷者はあまりいないようだった。戦争は地方で起こっているので、負傷者の多くはその近くの診療所や病院へ行くとのことだった。

大尉は私の足のガーゼ交換は看護師にまかせて、ときどき診に来てくれていたが二日後に退院してよいと言った。膿の出た左足は右足より少し細くなったように感じたが、手術後の傷がふさがっていた。

## ベトナム在留日本人との交流

杉本さんが「退院後は私の家に来たらどうか」と言ってくれた。私の状況を見かねてのことだった。泥棒に16ミリ撮影カメラとお金を持っていかれたので、退院後の生活の方針を考えていたところだった。

一九六五年三月に沖縄からアメリカの第三海兵師団が、五月には第一七三空挺旅団がベトナムに派遣された。それにしたがってアメリカの「ＡＢＣ」「ＮＢＣ」「ＣＢＳ」放送もサイゴン支局の取材クルーを増加させていた。

撮影技術を生かし、そのどこかの支局に現地採用してもらう。あるいは臨時雇いとして日当で働くか、撮影したフィルムを買ってもらうかだ。そこで「ＮＨＫ」サイゴン支局の臨時雇いとなった。

ただ、テレビ撮影の場合、収入は良いが、香港で取材した「ＮＨＫ」の番組、ベトナムで撮った「日本テレビ」の「南ベトナム海兵大隊戦記」のように、撮影が終わるとそのフィルムとの関わりもなくなってしまう。

現在のようなデジタルカメラがあれば、自分で番組構成を考えて撮影し、テレビ局に売り込む方法を考えただろう。ましてドキュメンタリー番組は発言力もあるし、版権を持つこともできる。

しかし当時は、才能、資金面などすべての点で番組をつくるだけの実力がなかった。

スチール写真であれば、自分の原稿をつけて石川の作品として発表できる。しかし、持っているのは3A型旧式ライカ一台だけで、望遠レンズもなかった。それにムービーカメラの撮影技術は心得ていたが、スチールカメラのフィルムの現像、焼付などの基礎技術を学んだことはなかった。

それでも退院したら、また旧式カメラをさげてベトナム海兵隊か米海兵隊へ従軍するつもりだった。そのフィルムを「AP通信」へ持って行き、ネガ一枚を一五ドルで売り、部屋代、生活費、フィルム代などに使って、余裕があれば残りを貯めてほかのカメラを買おうなどと考えていた。

幸い「AP通信」のエド・ホワイト支局長は、東京支局勤務の経験もあってとても親切だったし、カメラマンであり写真部長のホルスト・ファッスも顔見知りになっていた。

足の痛みはまだ残っていて戦場に出るには不安があったが、それでも少し休んでから従軍するつもりだった。三カ月分前払いしてあったアパートの家賃も切れそうだったし、入院費を払ったら持っている金は底をつきそうだった。

そのような状況の時の杉本さんからの誘いだったので、有難くお世話になることにした。

退院の日は、谷栄おばあちゃんほか顔見知りになった患者やその見舞いの親類、看護師などに挨拶すると、みんなが「元気でね！」と笑顔で見送ってくれた。負傷はしたが、その代わりベトナム人の真心をもらって得したような気持ちで病院を後にした。

杉本さんの住んでいる家は二階建て。二階に広いリビング、食堂、キッチン、寝室が四つ、シャワー、トイレ二カ所。私はその一室に居候することになった。バオ・ダイ皇帝（ベトナム阮《グエン》朝の最後の皇帝）の料理人をしたこともあるというサオさんとその奥さんが、料理担当だった。

杉本さんはインスタント食品、缶詰など食料品の開発・研究をしており、ベトナム語は杉本さんの通訳として勤務していたタイさんのお世話になった。

居候をしながら足のリハビリを兼ねて、杉本さんの家があるチョロンから、シュクロに乗ったり歩いたりして日本大使館へ行って、坪井さん、河原さんに会い、「読売新聞」サイゴン支局の日野啓三さんを訪ね、数日遅れで送られてくる新聞を見せてもらったりした。

サイゴンには、アメリカが南ベトナム政府に投入する莫大《ばくだい》なドルによる貿易の拡大を見越して三菱商事、三井物産、丸紅ほか日本の大手商社のほとんどが支社を置いていた。

杉本さんにはサイゴン仲間がいた。澤口さんと一緒にバナナ輸出の仕事をしている山元昭さんもその人。澤口さんは仲間から「徹ちゃん」と呼ばれ、山元さんは「元《げん》ちゃん」。私も二人と親しくなってからそう呼ぶようになった。徹ちゃんと元ちゃんは東京で高校の同級生。徹ちゃん、元ちゃんが所属するバナナ栽培会社の社長は東京で果物輸入業を営む増田喜八郎さんだった。

バナナは台湾、オレンジはエクアドルなどから輸入していたが、台湾は台風が多い。幹の軟らかいバナナの樹は台風に弱く輸入も不安定だったので、輸出元をいろいろ探しているうちにベトナムに行き着いた。

フランスとの戦争が終わったものの、引き続き政府軍と解放戦線の戦争となったベトナムでは、バナナは生産されていたが輸出会社はなかった。

増田さんはベトナムを見て回っているうちに自分たちで栽培し、輸出しようと考えてメコンデルタで土地を探した。初めはサイゴンから比較的近距離のミトーに目をつけたが、海から近いために上げ潮の時のメコン川の塩分が強くバナナの栽培には適さないと判断して、内陸に寄ったカイベの近くの島を探しあてた。

そのような時期に徹ちゃんは、増田さんにベトナムへ行かないかと声をかけられ、入学後四カ月で大学をやめてベトナムへと向かった。一九六一年八月、一九歳だった。残留日本兵でベトナム人と結婚していた古川善治、松島春義さんが農園探しと栽培に協力していた。カイベの島に落ち着いたところで六三年、元ちゃんもベトナムへ来た。徹ちゃんはサイゴン事務所、元ちゃんは島で栽培担当となった。

杉本さんのサイゴン仲間は二人のほかに、日本の在ベトナム商社としてはいちばん古い「大南公司」に勤める木代光憲さん。私が行った六五年には、松下磯興さんが父を継いでその二代目社長となっていた。温厚な人だった。木代さんも徹ちゃん、元ちゃんと同年代だった。

森安宏さんも徹ちゃんと同年代。六三年から神戸の小規模な商社「仙越」のサイゴン支社に勤務していた。その支社長の松村行郎さん、日本大使公邸の料理人の木村秀清さん、日本大使館の河原潔さんも仲間でよく一緒に酒を飲んだ。

皆さん六四年までにベトナムに来た若い人たちだった。私は杉本、澤口、山元、木代、森、木村の皆さんとはベトナム滞在中、ずっとつき合っていた。皆、大会社のエリート社員ではないが、日本へ帰ることなど考えずベトナムにとけ込んで、自らの力で人生を切り開こうとしていた。ベトナム語も上手だった。

杉本さんは皆より年長で包容力があったので、兄貴のように慕われていた。ときどき、皆が杉本邸に集まり食事をしたり麻雀をしたりしたので私も自然と仲間入りすることになった。

いまでもときどき会っているサイゴン時代の仲間。
左から山元昭、石川文洋、杉本泰一、澤口徹行。
千葉県JR本八幡駅前　2010年頃

私は麻雀そのものより、麻雀をしながら飲む酒が楽しかった。皆で飲みに行く時はサイゴン郊外にあるベトナム人が集まる安い飲み屋が多かったが、米兵が行くバーへも行った。スポンサーのない貧乏カメラマンの私を皆で応援してくれた。

この大切な仲間とは、四年後に私がベトナムを離れるまで親しくつき合い、その後、皆がベトナムから帰国した現在もときどき、会っている。

河原潔さんは、ベトナム統一後はハノイの日本大使館に勤務した。その時はハノイで再会、霞が関の外務省勤務のときはベトナムから帰国していた仲間たちと東京で会った。河原さんはフランス語を話すのでフランスのストラスブール日本領事館、チュニジアの日本大使館などで仕事をした。私もチュニジアへ行ったときに大使館で会っている。現在は退官してフランスの大西洋に近いナントで生活し、ときどき日本に帰ってくる。

木村さんは、統一後、外国人は退去を勧告され、私が朝日新聞社のカメラマンだった頃に築地の朝日新聞社員食堂で働いていた。その後、相模原でラーメン店を開いていると聞いた。大南公司の木代光憲さんとはベトナムの「ドイモイ（八六年からの資本主義要素を取り入れた政策）」後、ベトナムへ戻ってメッキ工場を計画していた二〇〇四年頃、ホーチミン市で飲み歩いたことがある。

商社・仙越の森安宏さんはベトナム人女性と結婚し、終戦後、引き揚げてきて神戸で貿易の仕事をしている。神戸に住み現在も年賀状で交流している。兄貴分だった杉本さんは現在八〇代になるが、ホーチミン市で手袋工場の社長として、元気に活動している。

杉本さんとはベトナムへ行くたびに会っている。一〇年の「ベトナム戦争終結三五周年」の式典に参加した時などは、杉本さん宅でホーチミン市の戦争証跡博物館グエン・トウェット・ヴァン元館長とその家族と夕食、翌日はヴァンさん宅、ベトナムを離れる日は、フエ料理店でヴァンさん、娘のヒューさんも一緒の晩餐、と三日間続けて杉本さんと食事をともにした。

澤口さんは帰国後、浅草のお好み焼き「染太郎」の総支配人をしていたが定年退職後は年二、三回はベトナムへ行き各地を旅行している。山元さんはベトナムのダナンでリゾート施設に勤めて、ときどき日本に帰ってくる。私は澤口さんを徹ちゃん、山元さんを元ちゃんと呼んでいる。元ちゃんのベトナム人の奥さんの実家はホーチミン市でベトナム式うどん「フォー」の店を経営して繁盛しているようだ。元ちゃんとベトナムで合流すると杉本さんも一緒に何度も会っていた。杉本さんは年に数回帰国する。

東京では、杉本さん、在日ベトナム大使館一等書記官のグエン・ファン・フンさん、「朝日新聞」編集委員の上丸洋一さんとで、私の息子が料理人をしている九段の沖縄料理店「みやらび」へ行った。

フンさんはベトナム外務省のプレスセンターに勤務していた時、二〇〇五年のベトナム戦争終結三〇周年には、私と二人でベトナム各地を回り、枯葉剤、不発弾、式典などを取材した。二〇〇八年の時の取材では、一九六六年にカンボジア国境に近い戦場の村で撮影した少女と再会しに行き、また私が下宿していた家にも同行するなど、親しいつき合いをしている。

上丸さんは「朝日新聞」夕刊に「ジャーナリズム列伝」としてベトナム報道や私たち戦場カメラマンを連載する準備をしていた。杉本さんとは戦後四五年たっても当時のことを話しながら、ときどき一緒に酒を飲む。

## サイゴンの私の住まい

杉本さん、徹ちゃん、元ちゃん、河原さん、森ちゃん、木代君たちとはサイゴンでよく飲んだ。

杉本さんは私より四、五歳年上、ほかの人は四、五歳年下だが私は同年輩の感じでいた。いつまでも杉本さん宅へ居候するわけにもいかず一時、バナナ園宿舎に移った。

その次の移転先は、「朝日新聞」サイゴン支局でときどき通訳の仕事をしていたファン・チ・チャさん宅だった。チャさんは当時四〇歳ぐらいだったろうか。その家はサイゴン中心街から三〇分ぐらいのチャン・クァン・カイ通りの路地裏にあった。大通りから幅一メートルぐらいの細い道へ入ると、小さな家が長屋のように並んでいる。中心部の住宅街の人たちからは貧民街のように見えるかもしれない。

入口に接して約八畳の広間があり、その横の六畳ぐらいの応接室と約二畳の寝室を借りることになった。寝室に窓はあったが隣との間が狭いので昼間でも暗かった。広間の奥が台所、その横が洗濯場兼水浴び場。風呂、シャワーはなく甕《かめ》に入った水を浴び、洗顔をした。その横にベトナム式便所があり、私が借りた応接室・寝室以外は共用だった。

チャさんは私が会った時は皆から「お雪さん」と呼ばれていた。なぜ日本語が上手なのか。家の主人はお雪さんの叔母で、七〇歳ぐらいだった。私はおばあちゃんと呼んでいた。おばあちゃんは以前、日本人商社マンと結婚しダナンで生活していた。それは年齢から考えて、一九四〇年の日本軍のベトナム進駐以前になる。日本人の夫は早くに亡くなったとのこと。長女のグエットさん、次女の長男のタン君、チャさんの四人家族だった。グエットさんは豊田通商サイゴン支社の勤務で皆から「悦子さん」と呼ばれていた。なぜそう呼ばれているのかは分からない。

悦子さんの日本語はすごく上手で、日本大使館で、ベトナム人と結婚した日本兵の子どもたちに日本語を教え、自分でも「ベトナム・日本語」の簡単な辞典をつくり、それは子どもたちや日本商社マンに利用されていた。

おばあちゃんの孫、タン君は高校生だった。背が高く優しい若者だった。戦後になって分かったが、おばあちゃんの次女ファン・ゴック・アンさんは夫のゴー・ヴァン・マンさんとともにハノイに住み、マンさんは東大に留学した経歴があった。マンさんはベトナム独立の交渉を進めるホー・チ・ミン主席、ファン・ヴァン・ドン首相一行とパリへも行っている。タン君の弟トァン君はハノイにいた。しかし、ベトナム戦争中、ハノイのホー・チ・ミン政権は南ベトナム政権にとっては敵だったので、おばあちゃん一家は人には話さなかったと思う。私も戦後になって知った。

戦後、ハノイからアンさんとマンさん夫妻、トァン君が移住してきて、私が住んでいた部屋で生活していた。戦争中、タン君は徴兵を回避するために大学受験資格のバカロレアを得ようとしたが成功せず、入隊することになった。おばあちゃんは激戦地へ行かせないための工作にかなりお

私がサイゴンで間借りしていた部屋。ここから従軍に出かけ、原稿を書き、コニャックソーダを飲んだ。隣に寝室があった。サイゴン　1965～68年

金を使ったようだった。

その結果、解放軍と地上戦にならない海軍に入隊し、准尉となった。しかし、結果としてそれが裏目に出てしまった。メコンデルタの入口、ミトーの海軍基地で誤ってメコン川支流に転落し水死した。

一九七五年、終戦直後、私はハノイからサイゴンに入り元下宿を訪ねた。おばあちゃんが私を抱いて「タンが死んだ、タンが死んでしまった」と泣いた。私も四年近く同じ屋根の下で生活し、軍人墓地の撮影を手伝ってもらったり、サイゴンの市場を一緒に回ったりしていたので、タン君に再会できなかったことが大変残念だったが、孫を失ったおばあちゃんを慰める言葉が見つからなかった。

マンさんは立派な風格の人で、東大に留学したので日本語が上手だった。ハノイでは大学の教員をしていたとのことだったが、定年になったのでホーチミン市で進学塾の講師をしていた。

トァン君は北ベトナム軍のドキュメンタリーフィルムカメラマンだったとのこと。兄は南ベトナム政府軍、弟は北ベトナム人民軍ということになる。器用なのでテレビなど電気器具の修理をしていた。私は戦後も、取材や観光グループの案内などで、ほぼ毎年のようにベトナムへ行っていたが、その都度元の下宿へ寄るようにした。テレビの取材もその部屋でインタビューされたこともある。下宿と名付けているが、私のほか、借りている人はいなかったので、間借りと言った方が合っている。

何度目かに訪ねた時、トァン君は美しい歯科医師と結婚していた。戦争中、私はまったく知らなかったが、下宿から近い大通りにおばあちゃん所有の三階建ての家があり、戦争中は豊田通商の日本人社宅として貸してあったとのこと。その頃、私は豊田通商の人とは一度も会ったことはなかった。戦後一〇年ぐらいしておばあちゃんが亡くなり、お雪さん、悦子さんとトァン君家族は三階建ての家に移り、下宿にはマンさんとアンさんさん夫妻が住むようになった。その後、三階建ての一階を歯科診療所にしてトァン君の奥さんは患者を診察していた。

九七年、この家には灰谷健次郎さんと行って、悦子さん、お雪さん、トァン君の奥さんと家庭料理をともにした。マンさんは亡くなっていたが、生存していれば灰谷さんの良い話し相手になっただろうと思った。

二〇〇五年、ベトナム戦争終結三〇周年取材の時に寄ると、残念ながらトァン君は脳梗塞で倒れて自宅で治療中だった。〇八年に寄った時は、下宿が見違えるようなモダンな二階建てと新しくなり、屋上の家庭菜園ではゴーヤーが実っていた。屋上から眺めると周囲には新しく建て替えられた家がずいぶんとあり、時代の流れを感じた。

トァン君の奥さんは歯科診療所をやめてトァン君の看病に専念していた。一〇年、ベトナム戦争終結三五周年記念式典を撮影した時は、私は妻と一緒に寄ったが、歯科診療所だった一階は人に貸してカバン店になり、色とりどりのカバンが並んだり天井から下がったりしていた。幸い悦子さん、お雪さんも歳はとったものの元気なので、ベトナムへ行って再会する大きな楽しみとなっている。ベトナムについて分からないことがあると電話で聞くこともある。戦争当時は日本へ電話をするのは電報電話局へ行って申し込み、長い時間待って、繋《つな》がっても聞こえなかったりした。いまは日本国内と同じように簡単に話せる。

バナナ園宿舎からこの下宿に移って、三度の食事付で一カ月三〇ドル。風呂、水洗トイレ、広い応接間のある建物やホテルに住む特派員たちとは設備上かなりの差があるが、結果的にこの下宿でベトナム人とともに四年近く貧乏生活したことは、私のプラスとなった。

## 日本を見るベトナム人の目

私は一九六五年一月からベトナムに住むようになって、ベトナム海兵隊の従軍、そして空挺部隊などベトナム兵士とともに多くの時間を過ごしていた。その後、一般のベトナム人とも交流するようになって兵士、市民ともに日本人に対して好感を持っていることが分かった。

その大きな理由のひとつに、長年にわたってベトナムを植民地支配してきたフランスの軍隊を武装解除した日本軍に対する、畏敬の念が残っていると聞いた。

日中戦争において中国重慶にあった蔣介石政権への支援物資のルートは四つあり、①ソ連から新疆《しんきょう》・甘粛省経由、②華中・華南の沿岸、広州湾、香港経由、③ビルマ（現ミャンマー）のラングーン・マンダレー・昆明ルート、④そしてベトナムのハイフォンや沿岸から列車、トラック、船などで中国へ運ばれるベトナムルートがあり、このルートによる補給が一番多かった。

対中戦争に苦戦していた日本軍は一九四〇年九月、ベトナムルートの補給を断つために、中国南部に駐留していた第五師団がベトナム北部に進出した。一応フランスの了解を得たことになっていたが、軍事力を背景にしての交渉で得た協定だった。翌四一年七月には南部にも進駐しサイゴンにインドシナ駐屯司令部を置き軍事力を増強した。この軍事行動はアメリカの日本資産凍結、石油輸出禁止の対抗措置などを招き、太平洋戦争の原因となった。

四五年三月までベトナムにはフランス軍と日本軍が共存していたが、三月九日、フランス軍の武装を解除して日本軍が全実権を握り、一一日にバオ・ダイ帝を首班とするベトナム帝国を樹立させた。しかし、八月一五日の敗戦で日本軍はベトナムから撤退した。

この四〇年から五年の間に日本はベトナム、カンボジア、ラオスから約二六八万トンのコメを輸入している。ほかに台湾、朝鮮、ビルマ、タイからのコメを合計すると八四七万トン。仏領インドシナといわれた国からのコメの輸入は三〇%を超えるが、仏領インドシナといっても主としてベトナムからのコメだった。

軍事力を背景にした占領地でのコメの購入はベトナムの食糧事情にも影響する。日本は戦況が悪化するにしたがって徴兵年齢を引き上げ、農村の若者、壮年層が徴兵されて農業生産力が極端に低下した。そのうえに本土防衛軍として日本各所にある師団や兵士の食糧を最小限確保しなければならない。早乙女勝元さん（作家）の『ベトナム〝２００万人〟餓死の記録』によれば、四五年の日本のコメの在庫は一三万三〇〇〇トン、ほかに軍隊用のコメは六六万六六〇〇トン。四五年は海上輸送の困難と敗戦などで日本へのコメ輸送はできなかったが、四四年にインドシナで買い付けられたコメは約四五万トンだったとのこと。この数字のなかに現地駐留の日本軍の食糧となるコメは含まれていない。

私も戦争中、外米《がいまい》を食べたことがある。そのなかにもベトナムのコメが含まれていたのだろう。しかし、外米といえども貴重でコメだけを食べることができず、小さく切ったサツマイモ、大豆、麦などを混ぜて食べたことが忘れられない。

一九七二年、「朝日新聞」の本多勝一記者と北ベトナムへ行った時、一九四四年から四五年にかけて二〇〇万人の餓死者がでた、とタイビン省の行政委員会で聞いた。原因は紅河デルタ流域の大飢饉《だいききん》、フランスと日本軍による厳しい課税。地主が小作料としてコメやトウモロコシ、人頭税としてお金を取り立ててフランスや日本軍に渡したことによるものだったとのこと。

本多さんの記録によると、私たちが主として取材したドンフォン村では餓死者は四二九人、七二年取材当時でも人口は約二六〇〇人だったのでかなりの死亡率だった。日本軍がコメやトウモロコシの代わりに軍需農産物として農産物などを入れる袋をつくる材料の麻、ヒマシ油をつくるヒマ（唐胡麻《とうごま》）を植えさせたことも食糧難の原因となった。

早乙女勝元さんの本には餓死者や餓死寸前の大人や子どもの写真が掲載されているが、骨と皮で、人間ここまで痩せられるものかと驚く。アウシュヴィッツ強制収容所のユダヤ人、ガダルカナル島の飢えた日本兵の姿を上回っている。

現在、二〇〇万人の餓死については、ベトナムの教科書にも記載されているが、ベトナム戦争当時、南ベトナムにいて私はこのことに関してベトナム人から聞いたことは一度もなかった。なぜかといえば、餓死が北ベトナムで起こったこと、日本軍撤退後すぐインドシナ戦争が起こり、戦争終結後もアメリカの介入、サイゴン政権の樹立、南北の分断、ベトナム戦争となり、餓死について南ベトナムの一般民衆が知る機会がなかったのだろうと想像される。日本軍によるフランス軍の武装解除は、強く南の人びとの記憶に残っているようだった。日本政府のサイゴン政権支持も政権側の人びとには好意を持って受け止められていた。

そのような事情のせいか、私がサイゴンに在住している間、日本人であることによって嫌がらせを受けるようなことはまったくなく、むしろ好感を持たれていると思った。恐らく空挺部隊の兵士たちも日本軍が駐留していたことは知っていても二〇〇万人の餓死についての認識はなかったと思う。たとえ知っていたとしても私たち日本人に親切だったろう。ベトナム人は過去のことを根に持たない民族で、今日、ベトナムに多大な損害を加えたアメリカに対しても歴史的事実は学校で教えたり、戦争証跡博物館で展示しても、アメリカ政府、一般アメリカ人には好感を持って対応している。

# 第三章
# ベトナムに米軍がやって来た

大口径の大砲車が1号道路に並んでいた。この大砲は農村を破壊する。その脇を女性たちが市場へ向かう。ビンディン省　1966年

## アメリカの直接介入

一九六五年三月八日、沖縄から派遣された米海兵隊三五〇〇人がダナンに上陸した。私はこの時、ビンディン省で南ベトナム政府軍海兵隊に従軍していたので、米海兵隊の上陸は撮影できなかった。

太平洋戦争のサイパン上陸のように、銃をかかげて完全武装した海兵隊員たちは上陸用舟艇から浅瀬に飛び出したが、兵士を待っていたのはベトコンの銃弾ではなく花のレイを持った女学生たちだったと、その時の状況をベトナムの新聞は報じた。

緊張していた兵士たちもアオザイ姿の若い女性からレイを首にかけられ、ニッコリとカメラに納まっている。ベトナム紙は、アメリカ海兵隊員を歓迎し「自由主義の基地を海兵隊が防衛」と報じ、ダナン市長も海兵隊を出迎えた。

ダナン上陸部隊の米海兵隊司令官はサイパン、テニアン、硫黄島上陸の経験者フレデリック・J・カーチ将軍だった。

ベトナム中部海岸に近いダナンには、南ベトナムを四作戦軍管区に分けたなかの第一軍管区司令部と米軍の空軍基地があった。沖縄から派遣された米海兵隊第一陣は空軍基地の防衛が最初の目的だった。海兵隊上陸までにベトナムには二万三〇〇〇人の米兵が駐留していたが、その内訳は軍事顧問、特殊部隊、空軍要員だった。特殊部隊の兵士は五七年から派遣されたが、主とした任務は南ベトナム政府軍の特殊訓練、少数民族特殊部隊を率いての国境周辺の作戦となっていた。

海兵隊員たちはアメリカ人として直接、ベトナム人（南ベトナム解放戦線、北ベトナム軍）と戦うことになった。ベトナムの農村での戦闘は当然、爆撃、砲撃、銃撃によって現地住民を殺傷し、村を破壊することにもなる。海兵隊はそのことについてどう考えたか。

日中戦争では、中国駐留の日本軍によって多くの中国民間人が殺され、中国人の反感を買い戦争は泥沼化した。沖縄戦では米軍の上陸によって多数の住民が犠牲になっている。アメリカは南北戦争後、海外貿易の拡大を図ると同時に海軍を強化し太平洋のサモア諸島、ウェーキ島、ミッドウェー島、ハワイなどに軍港を築いた。一八九八年には対スペイン戦争に勝利を収めて手に入れたグアム、フィリピンにも進出した。

当初、米海兵隊は海軍の前進基地防衛が主な任務だったが、太平洋戦争では敵の前進基地への攻撃と、奪取が目的となった。現在、米海兵隊の戦闘部隊は三個師団だが、太平洋戦争中は六個師団だった。

日本陸軍の敗戦の始まりとなったガダルカナル島には、米第一海兵師団、タラワ島には第二海兵師団、クェゼリン、サイパン、テニアン、ペリリュー、硫黄島、沖縄にも各海兵師団が上陸作戦を展開した。硫黄島には海兵隊三個師団、沖縄には二個師団が上陸した。

陸上で戦う海兵隊員のほかに、海兵隊と共同作戦をとり陸上の部隊を支援する海兵航空部隊がある。現在、沖縄の米第三海兵遠征軍は第三海兵師団のほかに第一海兵航空団があるが、そこに所属する戦闘機部隊の基地は岩国で、普天間は海兵隊ヘリコプターの基地である。

私はベトナム戦争の取材から帰って、太平洋戦争で米海兵隊が上陸したガダルカナル、サイパン、テニアン、ペリリュー、グアムへ行った。ペリリュー島はパラオ諸島の小さな静かな島だったが、海兵第一師団が上陸した際に多くの血が流されたというレッドビーチは、今は人影がなくさざ波が打ち寄せるだけの静かな浜辺だった。第一四師団歩兵第二連隊を主体とした日本軍は、島全体に塹壕を掘りめぐらせて二カ月近く抵抗した後、一万人以上が全滅したが、米海兵隊も約七〇〇〇人が死傷した。硫黄島の日本軍はペリリュー島のトンネル作戦を参考にして米海兵隊と戦ったという。

ベトナムでは米第三海兵師団に続いて、第一海兵師団が六六年三月に到着、司令部をチュライに置いたが、八月から七一年四月に撤退するまで指令部はダナンにあった。第三海兵師団は到着時の司令部はダナンだったが、六六年一〇月からフーバイ、六八年一月から撤退する六八年一一月まではクアンチ省のドンハに移った。

ベトナム戦争における米海兵隊の死者は、両師団合わせて一万三〇六五人、負傷八万八六六五人だった。米兵全体の死者が四万八〇〇〇人強なので、海兵隊の死者は約四分の一となり、北べトナムとの境界やホーチミンルートに接したベトナム解放軍と対決する、激戦地にいたことを示している。

朝鮮戦争（一九五〇〜五三年）での米海兵隊員の死者は四〇〇〇〇人、負傷者は二万六〇二八人だった。

米第一海兵師団が到着した後、ダナン基地周辺にテント兵舎をつくり、兵士たちはパトロールを開始していたので、その状況の撮影を私は「ＮＨＫ」サイゴン支局から依頼された。

## 米海兵隊に従軍する

アパートの私の部屋から盗まれた撮影機だが、私のカメラをオーバーホールに出している間にもつかえるようにと「日本テレビ」が貸してくれたカメラだった。借りたカメラが盗まれたので、その代償として私のカメラは戻ってこないものと思っていたが、「日本テレビ」から紛失証明書を送るようにとの連絡があり、アパートへ捜査に来た警官のいるサイゴン署に行って盗難証明書をもらい、さらに日本大使館にその証明書の裏書きをしてもらって「日本テレビ」へ送った。カメラにかけてあった保険金が下りたので、メコンデルタの撮影に来た木村明カメラマンが私のカメラを持ってきてくれた。諦めていたカメラなのでとても嬉しかった。

スチール写真を撮影するつもりだったが、スチール写真の技術は勉強したことはなく、フィルム現像もできなかったから、生活のためにもムービーカメラを回す必要があった。「ＮＨＫ」サイゴン支局には一九六五年に支局長の吉田和人さんに続いて高野洋さん、饗庭《あえば》孝典《たかのり》さんたちにお世話になった。

ダナン河口近くに米海兵隊のプレスセンターが置かれていた。そこは安い料金で宿泊でき、バーやレストランもある。ここで私は日本では見たこともないスコッチやバーボンを飲み、Tボーンステーキを味わった。グレープフルーツという果物があることも初めて知った。

プレスオフィサーに「海兵隊のパトロールを撮影したい」と伝えると早速、手配をして自分が案内すると言った。私は、これまでにベトナム海兵隊、空挺部隊に従軍していた。その時、米軍事顧問とは行動をともにしたが、米軍部隊への従軍は初めてだった。

一個分隊一〇人のパトロールはのんびりとした雰囲気で、狙撃を受けるような緊張感はなかった。農家の前に来ると積み上げられてあった稲藁《いなわら》に「ベトコン」が隠れていないか、近くにあったクシのようなスコップを突き刺した。そのような様子を撮影した程度で最初の米海兵隊の取材は終わった。

海兵隊はベトナム戦争における初めての戦闘部隊として派遣されたが、ダナンでの花のレイを持った女学生に迎えられての上陸など、ベトナム戦争が太平洋戦争とは違うことを海兵隊首脳部は感じた。これまでの海兵隊の任務は敵前上陸を敢行し、橋頭堡《きょうとうほ》を築き、敵を殲滅することだった。

海兵隊総司令官ビクター・H・クルーラク中将は、ベトナムでは民衆の支持を得る平定作戦が必要と考えた。海兵隊はCAP（共同作戦プログラム）を持っていた。村からゲリラを追放し、村に集会所や井戸などの施設をつくり、医療を施すという内容だった。

しかし、その方法はすでに一九六一年、ベトナムを視察したケネディ大統領の政治顧問、スタンフォード大学のユージン・ステーリー教授と軍事顧問のマクスウェル・テーラー大将によって「戦略村方式」として計画されたが、失敗に終わっていた。戦略村とは新たに村をつくり、そこに農民を移してゲリラと切り離し、南ベトナム政府軍が警備するというものだった。一九六二年末から一万九三二の戦略村をつくるという計画は、六三年には八六七九になった（『ベトナム戦争』丸山静雄　筑摩書房）とのことだが、六四年には一二〇〇弱となり、その後破綻した。

政府軍にそれ以上の村を警備する軍事力はなく、強制移住させられた農民の反発を買い、農民たちの肉親であるゲリラによって出来上がった戦略村も破壊された。六四年六月からベトナム在留米軍の司令官となっていたウィリアム・C・ウェストモーランド大将は、米海兵隊の平定作戦に反対して、米軍の機動力と火力を駆使し、ベトコンの主力（解放戦線・北ベトナム軍）を撃滅し、南ベトナム政府の支配地区を広げるという方針を貫こうとした。

## 「サーチ・アンド・ディストロイ作戦」

それが、最終的には五五万人近くまで増加した米軍の基本的作戦「サーチ・アンド・ディストロイ（索敵撃滅）」となった。ウェストモーランドは一九一四年生まれ、第二次世界大戦では第九師団の高級将校としてノルマンディーに上陸、朝鮮戦争には一八七空挺部隊の指揮官として参戦、その後一〇一空挺師団司令官、陸軍士官学校長を歴任した。

米第三海兵師団は、三月の先遣隊に続き全兵士がベトナムに到着。ダナンを中心に南のチュライ、北のフエに近いフーバイに各連隊司令部が設置された。

第三海兵師団と解放軍（解放戦線・北ベトナム軍）との最初の大きな戦闘は一九六五年八月一七日から開始された「スターライト作戦」だった。他の師団も大きな作戦にはそれぞれコードネームがつけられた。

チュライに駐屯していた第三海兵師団は基地から南東約二〇キロのクアンガイ省、ヴァントゥオン半島にベトコン第一連隊一五〇〇人がいるという情報を得て支援部隊を含め六〇〇〇人を動員する作戦を開始した。米軍にとって朝鮮戦争以来の大作戦だった。海兵隊はヘリコプター、戦闘機、戦車、水陸両用車を使い、海上からは第七艦隊が援護した。「スターライト作戦」は二四日まで続いたが、海兵隊の記録によれば海兵隊四六人が戦死、二〇四人が負傷した。米軍はベトコンの死者は六八八人と発表した。

解放軍側も米兵の死者五〇人以上、戦車と装甲車二二台を破壊、ヘリコプター一三機を撃墜したと発表した。解放軍側の人的被害は大きかったが、米軍の最新兵器はベトナムの地形や農村では戦闘効果を発揮しないことが立証された戦闘と言われた。

第三海兵師団は六六年六月から古都フエに近いフーバイに司令部を移し、クアンチ省のドンハからラオス国境へと続く九号道路に沿ってドンハ、カムロ、ロックパイル、ケサン、そして北ベトナムとの境界となる一七度線から五キロの非武装地帯（DMZ）近くのジョリンとコンチエンに基地を構築した。

DMZやラオスのホーチミンルートから侵入してくる北ベトナム軍と対決するためだった。

六六年八月、米海兵隊がDMZ周辺で大規模なプレイリー作戦を開始するとの情報で、私はダナンへ向かった。ダナンの米海兵隊プレスセンターには大勢のジャーナリストが集まっていた。プレスセンターでの宿泊は、少人数の場合は一人一部屋を使えるが、大勢の時は兵士用のタンカのようなベッドで眠ることになる。翌朝、ダナンから皆で、大型ヘリコプターに乗ってフーバイへ移動、フーバイからCH－34ヘリコプターに乗りジョリンのLZ（ランディングゾーン＝着陸地点）で降ろされ、西のコンチエンへ向かう部隊に合流した。

兵士たちは二列になって左右を警戒しながら「サーチ・アンド・ディストロイ作戦」を開始した。敵を探すといっても、攻撃を受けて初めて敵の存在を知ることになる。その時は、味方の兵士が死傷することも多いというのがベトナム戦争だった。しかし、敵を発見した時、米軍は戦闘機、武装ヘリコプター、大砲、場合によっては海上の軍艦の砲撃などの火力を発揮させる。

M48戦車も兵士と行動をともにしている。兵士は全員が防弾チョッキを着ていた。海兵隊以外の部隊の兵士は個人にまかされているのか、着ている兵士もいたが数は少なかった。鉄カブトはグリーンベレー（米陸軍特殊部隊）以外どの部隊の兵士もかぶっている。私は一度、鉄カブトを

北ベトナムとの境界は5キロずつの非武装地帯になっている。その地域で作戦をする米海兵隊員は銃撃を受けて緊張が走る。クアンチ省　1966年

かぶって従軍したことがあるが、重いのでその時だけであとは一度も使ったことはない。防弾チョッキも重いのでベトナム滞在中、まったく着なかった。鉄カブト、防弾チョッキもサイゴンのクージャンシン市場へ行けば簡単に手に入った。

兵士たちは解放軍の攻撃を警戒しながら緊張して歩いていた。私も攻撃は怖いが、ベトナムに来てから八カ月になり、南ベトナム政府軍の海兵隊、空挺部隊にも従軍して、戦争も含めベトナムの状況が少し分かってきていた。それに解放軍は私にとって敵ではなかった。攻撃に巻き込まれ死傷することはあっても、捕まった場合、解放軍は日本人のカメラマンと分かったら、殺したりしないと思っていた。

そこが米兵士との違いだった。兵士は敵を殺すことを徹底的に教えられ、そのための訓練を受

ける。とくに海兵隊は徴兵された陸軍兵と違い志願兵で構成され〝敵をやっつける〟ことを教え込まれる。

訓練の様子は、後になって見た、ベトナムへ派遣された海兵隊を描いた映画「フルメタル・ジャケット」や沖縄での訓練を映した番組に表現されていた。また、ベトナムから帰った兵士たちの証言で構成された記録映画「ハーツ・アンド・マインズ　ベトナム戦争の真実」や「ウィンター・ソルジャー　ベトナム帰還兵の告白」でも訓練の様子が兵士たちによって生々しく語られている。

米一般兵士は徴兵だが海兵隊は志願である。ドキュメンタリー映画を見ると、海兵隊員は訓練で敵を「殺せ殺せ」と教え込まれる。クアンチ省　1966年

新兵たちは高校を卒業した一九歳の青年。入隊すると全員、髪を短くカットされる。シャワーを浴び新しい軍服を着て、心身ともに一般社会から切り離される。その後、DI（ドリル・インストラクター）と呼ばれ

るベテランの軍曹によって八週間、徹底的にしごかれる。射撃訓練、柔術、体力増強、サバイバル訓練のほか、海兵隊戦闘史も学ぶ。

「ハーツ・アンド・マインズ」「ウィンター・ソルジャー」では、ベトナム帰還兵たちはランニングのほかに、トレーニングの間「殺せ！　殺せ！」と大声で怒鳴られ、ベトナム人はグーク（東洋人）、目がつり上がって不細工、人間ではない、アメリカ人より劣る、と洗脳されたと語っている。「農民も子どももベトコンのシンパ、ベトナム人を殺すことは国のため」「分隊、小隊、中隊と部隊全体でベトコンを殺した数を競い合った」「耳をそいで殺した証拠とした」「死んだ民間人はベトコンとされた」「殺すほど上官からほめられた」と証言している。

アメリカで製作されたベトナム戦争の記録映画「ハーツ・アンド・マインズ」はベトナム戦争終了前、一九七二年から二年間撮影され、七五年アカデミー賞を受賞している。帰還兵の証言を記録した「ウィンター・ソルジャー」も七二年に公開され、ベルリン国際映画祭で受賞している。

両作品とも米政府のベトナム戦争の非をテーマにしているが、戦争中に公開され、しかも一本はアメリカの映画賞を受賞したということに、アメリカ民主主義の一面を感じた。日本のアジア・太平洋戦争下ではとても考えられないことだったろう。

二つの映画では米海兵隊員だけでなく、ほかの部隊の米兵士によるベトナム人に対する残酷な行為も証言している。「海兵隊がトラックで移動している時、ベトナムの子ども五、六人が軽蔑を表す中指を立てたので、中尉が子どもたちを銃撃した」「クアンチ省で作戦をしていた海兵隊は、アメリカへの反抗には容赦しないことを示すために村を焼き、村民を皆殺しにした」「射殺された女性が裸にされ腹を裂かれ内臓が投げ捨てられた」「二人の捕虜のうち一人を杭に縛り生きている時に腹を裂き内臓を取り出し、もう一人に白状しないとお前も殺すと脅かした。結局彼も殺された」「二人のベトコンの頭を切断し、棒に刺して原っぱに立てた」「あらゆる手段で情報を聞き出せ、どんな方法を使ってもよい、と上官から教えられた」「ジャンクション・シティー作戦で、捕虜を五、六人ヘリコプターで運んだ。機内にいた中尉が直接質問し、捕虜が答えたが言葉が分からない。中尉は一人をヘリから突き落とした。中尉はもう一人突き落とした。三人目はベトコンの将校だった。中尉は捕虜から待ち伏せの情報をひきだし、味方を救ったとして勲章をもらった」「隠れていた女性を見つけ、家族の前で六〜七人でレイプした。同じようなことが一〇〜一五回ぐらいあった」。

このようなことが兵士の口から次々と証言されている。ベトナムへは米軍のすべてが撤退する七三年三月まで、延べ二一五万人の米兵（『ベトナム戦争全史』ガブリエル・コルコ　陸井三郎監訳　社会思想社）が派遣された。このなかには海軍・空軍も含まれている。地上部隊も武器弾薬・食糧その他を補給する部隊、作戦や情報・人事などに関係する後方の将兵（将校と兵士）などがいて、実際に戦場で戦う将兵は全体の四〇％ぐらいとすると八六万人弱の将兵が直接、戦場でベトナム解放軍兵士や農民と対決していたことになる。私は軍の組織についてはよく分からないが、その数字の将兵が戦場にいたとすれば、証言にあるようなことがかなり起こっていたことが想像される。

## 兵士であることを忘れさせる若者たち

私自身は、南ベトナム政府軍兵士の、捕虜の首や指を切断する、殴る、顔を水につけるなどの拷問を撮影した。しかし、米兵がベトナム人に対し直接、拷問するところに立ち会ったことはない。でも、ヘリコプターから捕虜が落下していく写真を見た。現地で拷問、レイプの噂《うわさ》もずいぶん聞いていた。一人ひとりに対する残酷行為よりも、農村を爆撃・砲撃で破壊し大勢の住民を殺傷すること自体が米軍の大変な残酷行為と思っていた。その場面は何度も目撃している。その点に関してはサイゴン軍より米軍の方がひどかった。プレイリー作戦の従軍中、部隊は何度か森林や藪《やぶ》の中から銃撃を受けたが、大規模な戦闘はなかった。一度、非武装地帯に沿った村の近くで銃撃があり、兵士は村を捜索したが解放軍の姿はなかった。

村の子どもたちが無言で米兵たちを眺めていた。ベトナムの子どもたちは陽気だ。米軍基地の周辺では米兵に清涼飲料水や果物を売りつけたり、菓子をねだったりしている光景が見受けられた。でも、この周辺の村の子どもたちはまったく笑顔を見せなかった。この一帯は解放区となっている。子どもたちの父、兄など肉親は解放戦線の兵士かゲリラになっていると思われた。米兵は子どもたちにとって敵側となる。チューインガムや菓子をもらおうという気持ちにはなれなかったのだろう。海兵隊も農民はベトコンシンパ、子どもたちも将来はベトコンになると教育されている。警戒した表情をしていた。

痩せて小柄な一人の村民が捕らえられた。農民は年齢より老けて見えるが五〇歳ぐらいに思えた。捕らえられるのを恐れてか若い男女の姿はなかった。村人は捕虜として海兵隊員と南ベトナム政府軍兵士の通訳によって情報の聴取のためにどこかへ連れていかれた。

その日は、荒れ地で野営することになった。南ベトナム政府軍に従軍した時のようにポンチョ（雨合羽）でテントをつくり、エアーマットを敷いた。雨期に入り雨が降っていたので、兵士たちは裸になり雨のシャワーを浴び石鹸《せっけん》をつけて体を洗っていた。プレスセンターから持ってきたCレーションを食べた。夜になると温度が下がり寒くなってきた。

兵士たちは空き缶に穴をあけてストーブをつくり、固形燃料で熱いコーヒーをわかし

農民が捕虜になった。たくましい解放軍兵士とは見えないが、作戦を展開する米海兵隊にとって貴重な「戦果」となる。クアンチ省　1966年

雨のシャワーを浴びる米海兵隊員。クアンチ省 1966年

体を温めていた。私も兵士たちの仲間に加わった。沖縄に駐留していた兵士、本国で訓練を受け沖縄は経由しただけの兵士などがいた。

分隊長は沖縄に四カ月いて三月のダナン上陸部隊とともにベトナムに来たと言った。私が沖縄生まれと知ると、金武《きん》やコザのバーへ行ったことなどを懐かしそうに話した。しかし私は、本土で育ちコザへは昼間一度行ったことがあるだけで金武のバーも知らなかった。でも、沖縄から来たということに親しみを感じた。

周りの兵士たちはベトナムから帰って見た「ハーツ・アンド・マインズ」「ウィンター・ソルジャー」の兵士とはまったくイメージが重ならない陽気な青年たちであった。それはのちに私が従軍した最前線の兵士全体にあてはめることができた。彼らが「敵」と対決していない時は、兵士でなく普通の若者に戻る。私より年齢が若かった彼らと、どのような会話をしたかはほとんど忘れたが、今でも印象に残っているのは「私はブリジット・バルドーに会ったら、あなたは処女ですかと聞きたい」と言っていた兵士の姿だ。まだ二〇歳前で米兵にしては小柄で少し太っていた。不思議議にその表情をよく覚えている。

私はアメリカの将兵が好きだった。個人で話している時、彼らが兵士であることを忘れた。その後、各師団基地のバーで、戦場でともに行動した兵士たちや情報担当の将校と、ずいぶん酒を飲んだ。

## 米第一騎兵師団の従軍

米第一騎兵師団にはずいぶん従軍した。それは、私がベトナムへ来て初めて長期従軍をした南ベトナム政府軍海兵隊が作戦をしていたビンディン省が、騎兵師団の作戦区域に入っていたからだった。

東海岸に近いクイニョンから高原地帯のプレイクまで一九号道路が走っているが、そのほぼ中央のアンケに騎兵師団は司令部基地を設営していた。

騎兵師団は総勢、約一万五〇〇〇人。馬の機動力がアメリカ西部を制した時代の呼称だが、ベトナム駐留米軍のなかでヘリコプターをいちばん多く保有していたのがこの部隊である。各種ヘリを合計すると四〇〇機を超えていた。作戦区は南ベトナムの中央部の農村、高原、カンボジア国境の森林と広範囲だった。

騎兵師団はジョージア州のフォートベニングから一九六五年九月、ベトナムへ派兵された。三月・海兵隊、五月・一七三空挺旅団に次ぐ、ベトナム着三番目となる部隊だった。海兵隊は南ベトナム北部の第一軍管区、騎兵師団は中部の第二軍管区、空挺旅団は首都サイゴン（現ホーチミン）から近い第三軍管区を作戦区にした。

騎兵師団の最初の作戦は、森林が広がるカンボジア国境に近いプレイク省で六五年一〇月二三日から始められた「シルバーネット作戦」だった。私はこの作戦に従軍した。

騎兵師団に従軍するためにはまず、サイゴンの中心部にあるＭＡＣＶ（米南ベトナム援助軍司令部）の広報部へ行き「騎兵師団に従軍したい」と伝えるだけでよかった。広報の将校は愛想よく、騎兵師団基地へ行く輸送機を予約してくれた。従軍歓迎なのである。こうしたところがベトナム戦争に従軍するジャーナリストが多かった理由でもある。

そして、騎兵師団のＰＩＯ（広報部）の担当将校に、日本人カメラマンの石川文洋が行くということを伝えてくれる。私がどのような意図で取材し、どのような形で発表するか、といった細かいことは一切質問しない。もちろん、その結果を見せろなどとも言わない。これは師団のＰＩＯも同じだった。彼らは私たちの要求に沿うように全力で協力する。この点は見事であり敬服した。ベトナム以外に、カンボジア、ラオス、ボスニア、ソマリア、アフガニスタンなど私が体験した各戦地の報道関係者への対応とはずいぶん違っていた。

サイゴンの空軍基地から、騎兵師団司令部基地のあるアンケへ行く輸送機に乗った。騎兵師団に合流する将兵や米軍司令部からの連絡将校などが乗っている。基地内に飛行場を持っている師団は、主として短い滑走路でも離着陸できるC－7カリブー（プロペラ双発機）を人員輸送に使っている。もっと大きい飛行場のあるところではC－123プロバイダー（プロペラ双発機）、C－130ハーキュリーズ（プロペラ四発機）が使われていた。Cはキャリアー（輸送）の略である。この三つの輸送機にはベトナム滞在中、何度も搭乗した。

ほかにC－47ダコタというプロペラの小型輸送機を利用したこともある。

ジェットエンジン四つの超大型輸送機C－141スターリフター、C－7ギャラクシーを、サイゴンとダナンで見たことがあるが、アメリカ本国、沖縄、フィリピン、グアムなどからの兵士や重量物輸送に使われていたようだった。

ベトナム滞在中の四年間は輸送機やヘリコプターに乗ることも生活の一部になっていた。輸送機の中では窓に背を向けて椅子に座る。椅子は金具と厚い布地で細長いベンチ式になっている。ほとんどが軍服を着たままの兵士たちだった。米政府の役人は別の小型輸送機を利用するのかもしれない。

私も軍服姿だが、ジャパンプレスと胸に名前を縫い付けてあるので日本人ジャーナリストということは米兵たちに分かるようだが、とくに関心を示されたこともない。皆、黙って乗っている。機内で兵士たちが談笑している光景を見たことがない。もっとも話をしようにも、プロペラの音や機体の振動音で隣の話もよく聞こえない。兵士たちはそれぞれに本国にいる家族やこれから行く戦場のことを考えているのかもしれない。機内はエアコンディションもないので暑かった。

輸送機がアンケ基地に着陸すると広報の軍曹がジープで迎えに来ていた。どこの師団でも広報は少佐をチーフに二、三名の若い将校、軍曹など計五～六名のスタッフがいる。騎兵師団のチーフは、背はそれほど高くない小太りのヒッチコック少佐だった。私の好きなハリウッドの映画監督と同じ名前だった。

「シルバーネット作戦」に従軍したいという私の意向は、サイゴンの広報部から届いていた。翌日にはプレイクへ行く便があるというので、プレステントに泊まることになった。

師団が到着して基地が設営されたばかりだと、事務所、宿舎、食堂、バーなどはテント張りだが、日が経つにしたがってプレハブ建てに整備されてくる。こうした建物は軍の工兵隊が建てたり、アメリカの会社が請け負ってフィリピン、韓国などの業者に下請けされたりしていた。

騎兵師団はベトナム到着後、一カ月しか過ぎていないのでプレステントには軍用のベッドがあるだけだった。シルバーネットを取材するほかのメディアはすでに出発しているようで、ジャーナリストは私だけだった。

夕食はＰＩＯの若い将校の案内でメスホール（食堂）へ行くと、テント内に簡易なテーブルがあった。メスホールも、時間が経てばやがてキッチンが整備され、料理の品数も増えてくるのはどの師団も同じだった。この日はコーンスープ、ボイルドソーセージ、厚切りハム、パンと簡単な料理だったが量は多い。タマネギ、ニンジンのサラダがついていた。

新鮮な野菜は補給担当の部隊がベトナム、フィリピン、タイ、韓国、日本などで買い付けている。それらの国にとってはいわゆる〝ベトナム特需〟である。プレステントのテント、軍用ベッドなども日本を含めたアジアの国から仕入れたものだった。

ベトナム特需の品目はありとあらゆる分野に広がっていた。日本には在日米軍調達本部があり、各品々が発注されて沖縄の牧港にある補給基地キャンプキンザーに集められ、那覇軍港、嘉手納基地からベトナムへ輸送された。キャンプキンザーはベトナム戦争最大の補給基地となり、当時「トイレットペーパーから戦車まで」と言われ、一時期はベトナム駐留の米兵は五五万人近くまで増強されて、兵士たちが使う日用品から武器弾薬までが扱われていた。私も六九年に中に入って撮影したことがあるが、ベトナムで破壊された軍用車両の修理などもされていた。

日本の特需としてはテント、軍服、プレハブ建設資材、建築鋼材、発電機、軍用車、テレビ、ラジオ、冷蔵庫、肉・魚の缶詰、インスタント食品などいろいろだった。基地のＰＸ（売店）には日本製カメラ、小型テレビなどが並んでいた。

また本土・沖縄からベトナムへ物資を運ぶ輸送船ＬＳＴ（戦車揚陸艦）には大勢の日本人乗船員が働いていて、その数は一時期二〇〇〇人以上と言われた。米軍用の物資を運んでいた日本の貨物船がサイゴン川で解放軍の攻撃を受け破損したが、サイゴン港でその貨物船を撮影したことがある。さらに、ダナン基地内を回るバスは日本の国際興業が請け負っており、バスを運転する三人の沖縄人がサイゴンの私の下宿を訪ねてきたことがある。また、塹壕をつくる砂袋の袋を米軍基地に納めている沖縄人もいた。私も沖縄人として同郷の人たちと親しくつき合った。沖縄人だけでなくアジアの多くの民間人が米軍に関係した仕事をしていた。

ベトナム戦争での日本の特需は通産省（当時）の統計で一九六四年に三億五一八万ドル、年々上がって六九年には六億四八八〇万ドルとなっているが、実際には表に現れていない、もっと多くの金額が動いていたと見られている。

一個師団、一万五〇〇〇人前後となると、大きな町ぐらいの生活規模が必要である。騎兵師団の場合、銃を持ち第一線で戦う兵士は三個連隊・九個大隊で約六〇〇〇人。ほかの九〇〇〇人は四〇〇機以上のヘリコプターのパイロット・機関銃手が所属する飛行隊、大砲隊、通信隊、運輸隊、医療隊、補給隊、工兵隊、修理隊、情報隊、ＭＰ（憲兵）隊、食糧補給などのほか、メスホールの料理、郵便、製氷、飲料水、洗濯といった兵士の生活をさまざま支援する個人サービス隊などもある。

## 米軍基地の食堂とバー

それぞれの部隊にメスホール、バーがある。夕食の後、バーに寄った。テントバーである。兵士がバーテンをしていた。スコッチ、バーボン、カナダウィスキー、フランスブランデー、ジン、ラム、リキュールとなんでも揃《そろ》っている。缶ビールは、ベトナムへ来て米軍基地で初めて飲んだ。私が日本を離れた一九六四年四月時点では日本製缶ビールを見たことはなかった。基地にはバドワイザーほかいろいろな銘柄の缶ビールがあり、アメリカにはビール会社が沢山あるのだなと思った。基地内は無税なのでどの酒も驚くほど安い。

私はベトナムへ来るまでは日本でもっぱら「トリスバー」へ通っていた。とくに銀座四丁目の和光裏にある「憩」というバーが馴染《なじ》みだった。トリスウィスキーのシングルグラス一杯が四〇円だった。店の棚には英国ウィスキーのジョニーウォーカー赤ラベルが飾ってあった。サントリーウィスキーもオールド、角、ホワイトとあってトリスは一番安かった。

カメラマン助手時代の私は、そのトリスさえ飲むのに苦労する貧乏生活だった。ジョニーウォーカーは超高嶺《たかね》の花だった。「憩」のマスター「オーさん」こと小川正人さんにジョニーウォーカーの値段を聞いたことがあるが「シングル一杯四〇〇円」とのこと。市販されているトリスのボトル一本分ぐらいではなかったかと思う。もちろん飲む人もなく棚の飾りだった。

「ジョニ赤」が基地内ではシングル一杯一五セント（当時一ドル三六〇円）くらいだった。ほかの酒もほぼ同じだった。当時、日本のバーではウィスキーはストレートか、炭酸で割ったハイボールが主流で、水割りやオンザロックを飲んでいる人はいなかった。その後一九六七年、一時帰国した時、水割りを飲んでいる人を多く見かけたのでオーさんに聞くと、六四年の東京オリンピック以降、水割り、オンザロックが増えた、オリンピックを機会に日本に来た大勢の外国人の影響とのことだった。

基地のバーでは「スカッチウォーター」とか「スカッチソーダ」を飲んでいる兵士が多かった。

米軍各師団には牧師がいて戦場へおもむく。兵士は無事に帰国する日を祈っているのか、殺したベトナム人について思っているのか。クアンチ省　1966年

ベトナムは暑いからだろう。テントのバーにジェネレーター発電による大きな冷蔵庫があるのも米軍基地らしかった。スコッチを牛乳で割った「スカッチミルク」を飲んでいる将校がいた。初めて見る飲み方だったのでそれが好きなのかと聞くと、ミルクが胃を保護するので健康的な飲み物だと言った。私はいまだに試したことがない。

翌日のこともあるので、ほどほどに飲んだところでプレステントに戻り、ベッドに横になった。中部ベトナムの山岳地帯の夜は温度が下がるので軍服は着たままだった。蚊を防ぐため薬を腕や首筋にすり込んだ。こうしたことはベトナム海兵隊の従軍で慣れていた。現在もそうだが私はどこでも眠ることができる。

翌日、ポリタンクに入った水を使って顔を洗いトイレに行った。基地の便所は半分に切った

ドラム缶を並べ、丸く穴をあけた長い板が置いてあるだけだった。兵士たちは並んで座って用を足しながら隣の兵士と話をしたり、「プレイボーイ」などの雑誌を読んだりしている。私も初めはとまどったが慣れると気にならなくなった。缶に便が溜《た》まると係の兵士がガソリンで燃やす。

このような作業を割り当てられた兵上はさぞ嫌がるかと思っていたが、そうではないことが分かった。むしろ喜んで引き受ける兵士もいるという。命を奪われるかもしれない戦場へ駆り出されるより基地内にいる方が安全度は高い。

徴兵されベトナムへ送られた兵士の任務期間は一年である。その一年を無事に過ごせば本国へ帰ることができる。のちに兵士と長くつき合うようになって分かったが、ベトナムの共産主義者と戦うことがアメリカの国益だと政治家や軍の高級参謀が語っても、一兵卒にはそのようなことは無関係だった。

彼らにとってベトナムはあまりにも遠く、ベトナムの共産化がアメリカを脅かすとは考えられなかった。要するにベトナムはどうなってもよかったのだ。アメリカの国益より自分の生命の方が大切だった。とにかく無事でベトナムを抜け出したかった。無事というより少しぐらい傷ついても負傷兵として帰国が早まれば、死者となって棺に入って帰るよりはましと考える兵士もいた。なかには自身で体のどこかを傷つけた兵士もいたと聞く。

メスホールでフライドエッグ、ベーコン、パンの朝食を食べ、ヒッチコック少佐に挨拶をしてプレイク行き輸送用ヘリコプターCH－47チヌークに乗った。補充兵だろうか、機内には四〇人くらいの武装した兵士たちがいた。サイゴンからアンケへ、アンケからプレイクとだんだん戦場に近づくことになる。兵士たちの表情はさらに緊張しているように感じられた。

## 戦闘地への入り方

プレイク基地には兵士を戦場へ運ぶUH－1ヘリコプターが並んでいた。広報で教えられていたので中隊長のところへ行って挨拶すると、私の乗るヘリコプターを黙って指さした。七、八人の兵士が並んでいた。私がそこへ行くと兵士たちは私の名札を見て日本人カメラマンと分かったようだった。兵士たちの一人は「日本人か、私たちと行くのか、ウェルカム！」と言った。日本人を初めて見る兵士もいただろう。

このような時、兵士たちから嫌がられたことは一度もなかった。同じ軍服を着ていることは自分たちと危険をともにするという気持ちになる兵士もいるだろう。銃を持たない小さなカメラマンがついてくるぐらいだから危険なことにはならないかもしれないと思った、と後で聞いたことがある。

ローターが回り始め、兵士たちがヘリコプターに乗り込んだ。ローターは高いので体に触れることはないのだが、ヘリの乗り降りはいつも腰を屈《かが》めるようになる。私にとってヘリで直接、戦場に入るのはベトナム海兵隊の作戦以来、二度目となる。

ヘリがLZ（着陸地点）に近づく前に、解放軍に撃ち落とされたり、着陸した場所で攻撃を受けることもある。ヘリのドアは外されたままになっている。空中ではかなり強い風が機体の中を吹き抜ける。兵士たちは椅子に座るか床に腰をおろしていた。私も床に座った。高所恐怖症ではないので怖くはない。

ヘリで戦場に向かう時は緊張するが、単に移動のためだけでヘリに乗るのは好きである。ローターがパタパタ回ると大鷲《おおわし》に乗ったような気分になる。それに飛行機と違って高度では遅く感じるので、眼下の風景をゆっくり眺めることができる。

でも、すごく怖い思いをしたことが二度ある。一度目は、南ベトナム政府軍の作戦に従軍した時。兵士たちはブランコにでも乗るようにドアのないヘリの縁に並んで座り、足を外に投げ出していた。政府軍兵士の場合、小柄なので一〇人ぐらいがヘリに詰め込まれる。私が後から乗ろうとしたら中は満員なので仕方なく、私も兵士にならってヘリの乗り口の縁に腰かけた。かなり上空になると風で体が空中にもぎ取られそうな感じになった。摑《つか》まるところがないので、必死になって体を後ろにそらし両手を床につけて支えた。とても怖かったが兵士たちは何事もないような平気な顔をしていた。その後は、私は二度とヘリの縁には座らなかった。

もう一度は一九七〇年、カンボジアクーデター後の四月三〇日に、米軍はカンボジア侵攻を開始した。その時、私はカンボジアにいたが、いちどベトナムへ行きドンズーの米第二五歩兵師団基地からカンボジア領内へ入るヘリコプターに乗った。かなり高度を飛んでいたヘリの機関銃手が「ＮＶＡ（北ベトナム軍）は大口径の機関銃を持っている、昨日も一機撃ち落とされた」と言った。ケサンの戦いでも数機のヘリが落とされていたのでカンボジア行きの時も恐怖を感じた。米騎兵師団の兵士を乗せたヘリはブレイクを出撃した。兵士たちには目的地がどこか、そこに何が待ち受けているか分からない。一応、私はこれまでに南ベトナム海兵隊、米海兵隊の作戦に従軍して最前線を体験し、解放軍の銃弾が空気を切り裂く音も聞いている。

今日の作戦は米騎兵師団がベトナム到着後、最初の作戦だった。兵士たちにとっても最初の戦場だった。彼らにはこれから向かうところは敵地だった。しかし、私には危険は米兵と同じでも敵地ではなかった。その分、米兵の方が危機感は強かったと思う。ヘリは山岳地帯を飛び続けた。

私が以前に従軍したビンディン省の海岸から近い農村地帯とは異なった風景だった。目的地に来たのだろう、ヘリが地上すれすれでホバーリングして兵士たちが次々と飛び降りた。樹木が焼けて倒されていた。爆弾とナパーム弾で森林に空き地をつくったが、木が横たわっているのでヘリが着陸することができなかった。

足の長い兵士たちにはよかったのかもしれないが、背の低い私にはかなり高く感じられた。しかし、ぐずぐずしてはいられないので思い切って飛び降りた。別の場所で杖をつき同僚兵士に抱えられた負傷兵の姿を見たが、ヘリから降りた時に足をくじいたのかもしれない。

幸い足もくじかず解放軍の攻撃もなかったので、森林を捜索する兵士の後に続いた。この一帯はたしかに解放軍の行動拠点だった。木の枝を組み合わせてつくった高床式の「兵舎」がいくつも建っていた。少数民族の家と違うところはかなり丁寧につくられ、何度も使われていると思っ

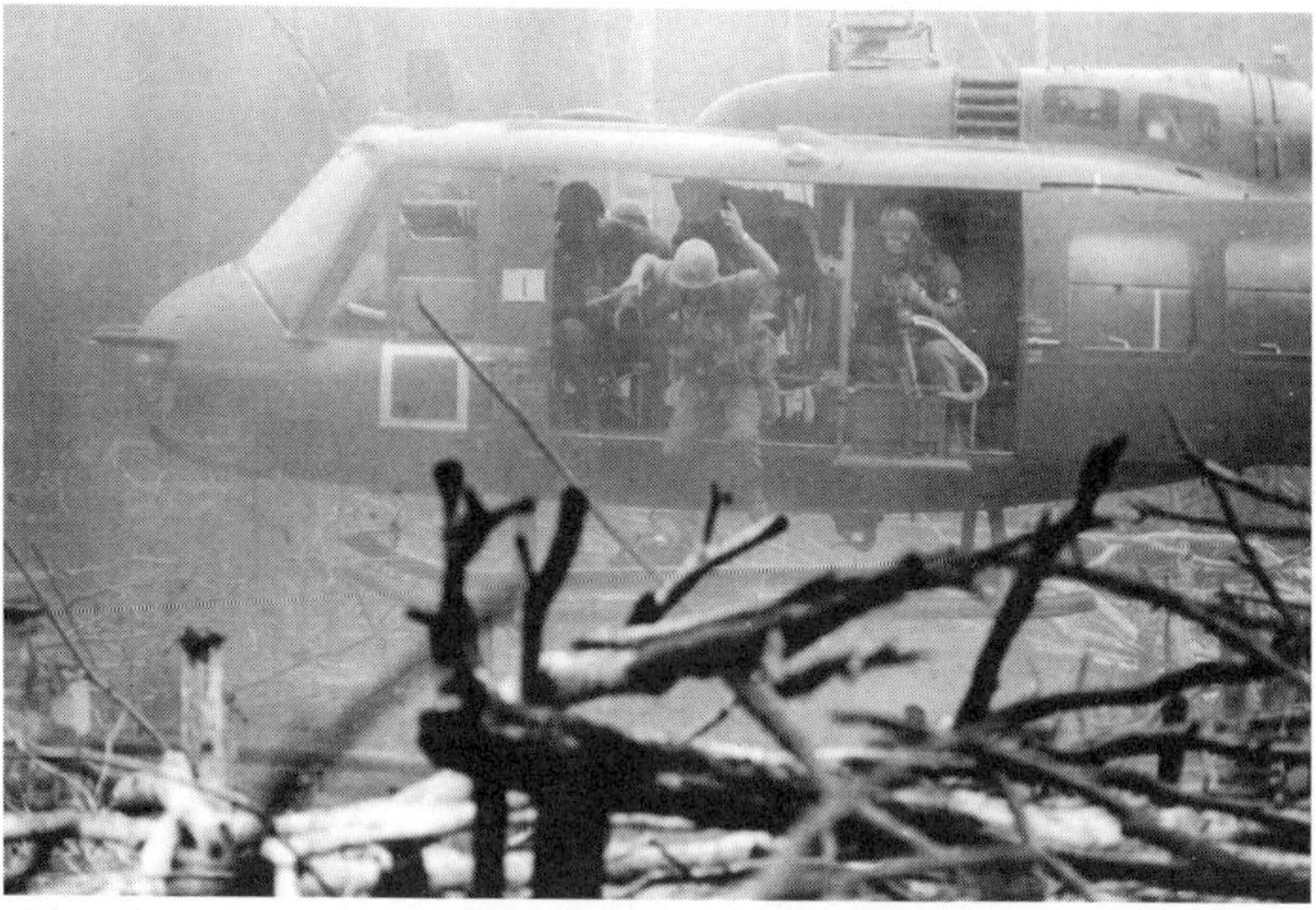

周囲を焼いてヘリコプター着陸地を造るが、地上に障害物があるのでホバーリングしたヘリから飛び降りる米第一騎兵師団兵士。プレイク省　1966年

たが、部屋や庭には生活感がないことだった。解放軍が移動する途中での仮兵舎かもしれなかった。騎兵師団の兵士はその「兵舎」一つひとつに火をつけて燃やした。

かなりの数の解放軍がいたようだが、騎兵師団の作戦を察知した解放軍はいち早く撤退したようで交戦はなかった。もし解放軍に戦う意図があれば周囲に塹壕を築いて激しい戦闘になっていただろう。

周囲に少数民族の村があった。解放軍はできるだけ村での戦闘をさけるようにしていた。村の住民が米軍の爆撃や砲撃の犠牲になるからである。住民には彼らの家族が含まれている場合もあった。しかし、米軍、政府軍は解放区はすべて解放軍の拠点とみなして多くの村を砲爆撃した。

少数民族の村では次々と男たちが捕まり、目隠しされ数珠つなぎとなって連行された。この作戦

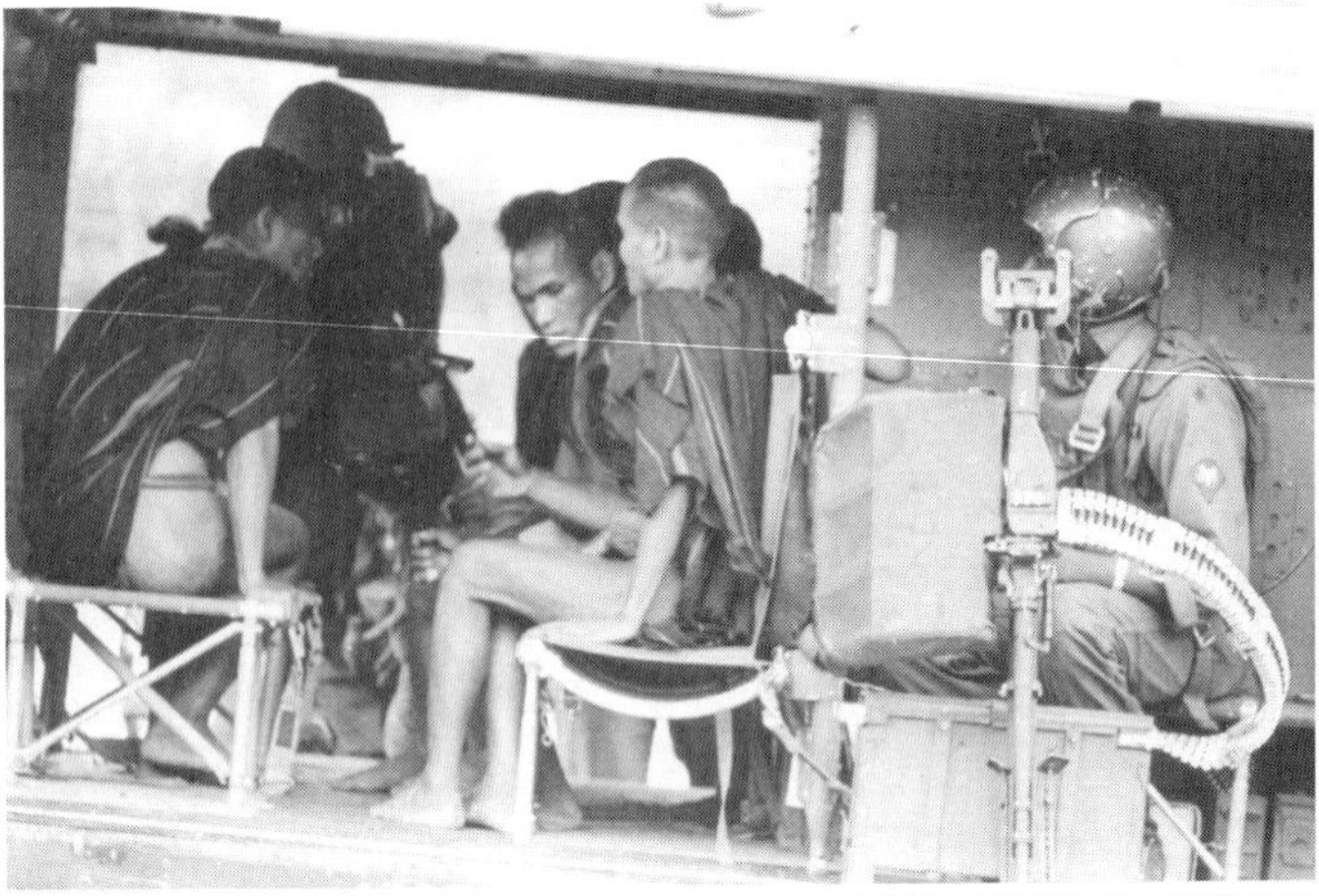

少数民族の捕虜が米第一騎兵師団のヘリコプターで基地へ運ばれる。米軍は少数民族も共産主義を支援する敵と考えていた。プレイク　1965年

に少数民族出身の政府軍兵士も案内・通訳として同行していた。彼らが少数民族の言葉で少数民族の捕虜たちに尋問していた。

以前に、政府軍空挺部隊のプレイクの作戦に従軍した時も少数民族の村に入った。プレイク、コンツム省の少数民族はザライ族とのことだった。彼らは山岳地帯で焼畑農業などをして生活しているが、当然、周囲を拠点としている解放戦線やホーチミンルートを南下してくる北ベトナム軍との接触があるはずだった。少数民族は解放軍の作戦の道案内ともなるし、周囲で得た米軍や政府軍に関する情報を通報し、食糧の支援もするだろう。政府軍空挺部隊はそのことを十分承知していたはずだが少数民族を捕らえなかった。立場上、解放軍に協力しているが、政府軍にとって真の敵とは考えなかったからだろう。

騎兵師団は大勢の少数民族を捕虜としてヘリコ

プターに乗せた。プレイクの軍管区司令部かアンケの師団基地か、どこへ運ぶのかは分からなかったが異様な光景だった。解放軍に協力する少数民族を捕虜にしてから「説教」をするのは、今度の作戦の一つの目的で、兵士たちはその命令に従っていたのだろう。

しかし、私の偏見と言われるかもしれないが「フンドシ姿」の彼らと、米軍の目的とする共産主義者とは無縁のように思えた。少数民族は地域の先住民として独特の生活を営んでいた。そこへ「ベトナム人」と「アメリカ人」がやって来て戦争を始めた。少数民族にとっては迷惑と思ったに違いない。彼らは誰からも干渉されずに静かに自分たちの生活をしたかったと思う。解放軍との関わりも生活の周辺で生じたことで、少数民族が積極的に自らの意志で行動したとは思えなかった。

従軍ではなくプレイクの少数民族の村に行ったことがある。大きな甕《かめ》に入った「ドブロク」を竹のストローで飲むように勧められたり、サツマイモの味に似た「タピオカ」を食べさせてくれたり楽しい時間を過ごしたが、実に素朴な人びとだった。それがヘリコプターに乗せられて、少数民族捕虜とは驚いたことだろう。もちろん、彼らにとっては初めての体験だった。

彼らは農民には間違いないので、解放軍に関する情報を聞かれ、解放軍に協力しないよう「説教」されて釈放されたと思うが、村へ帰って家族や仲間にどのように「ヘリコプター」を語ったのか。

私はそこに米軍のベトナムでの作戦を垣間見た気持ちだった。

## 「ボディカウント」の水増し

米第一騎兵師団がベトナム到着後、一九六五年一〇月二三日から開始された初めての作戦「シルバーネット」に従軍していたが、私の従軍中には交戦はなかった。しかし私がサイゴンへ帰った後、一一月一四日にイアドラン渓谷で二個連隊の北ベトナム軍と遭遇、激戦となった。二四〇人の騎兵師団の兵士が戦死、一五〇〇人近くの北ベトナム兵士の死体を確認し、北ベトナム兵は二〇〇〇人以上が死んでいるだろうと騎兵師団は発表した。

騎兵師団の兵士たちもベトナム到着後初の大きな戦闘に、部隊間での同士討ち、誤爆など、かなりの混乱があったという。しかし、米軍のベトナム戦争史で、初めて北ベトナム大軍との戦闘に勝利したと、米軍司令部は大々的に宣伝した。

私はその歴史的な戦闘を撮影できなかったという残念な気持ちと、その場にいなかったから命をながらえたのだと、いつものように自分に対して言い訳していたが、心境は複雑だった。

その後、六六年一月二四日からビンディン省で開始されて三月六日に終わった「マシャー／ホワイトウィング作戦」に従軍した。

米騎兵師団は「敵は二三八九人の死傷者を出した」と発表した。米軍は各部隊で「何人敵を殺したか」という数字を発表する。「ボディカウント」と呼ばれており、サイゴンのMACV（米南ベトナム援助軍司令部）での記者会見でも毎日、数字が告げられていた。部隊で作戦をしている小隊長から中隊長へ「ボディカウント」が報告され、大隊、連隊と各部隊による数字が積み重ねられ師団で集計する。

二〇一〇年、アメリカで製作されたベトナムの記録映画「ウィンター・ソルジャー」(一九七二年)が日本で一般公開された。戦場から帰還した兵士たちのさまざまな証言を集めており、「ボディカウント」ではかなり「水増し」もあったと証言され「司令部では何人殺したかをグラフにしていた。兵士は殺した敵の数を報告することが義務づけられていた。自分の部隊の兵士が五人死んで一人の敵を殺したのではまずいので、五〇人殺したと報告する。そういうウソの報告が山ほどあった」「一人も殺していないのに新聞には全滅させたという記事が載った」「何人殺したか、各部隊で競い合った。ウソの記事でもアメリカ国民が喜べばよいと思った」。

「殺した敵の数で部隊の評価が決まる。多く殺した兵士や部隊が優秀と評価される。大佐たち(連隊長)は評価を上げるためにボディカウントを実際より多く報告した」「ボディカウントを多くするために手段を選ばず民間人を犠牲にした」「死んだ民間人はベトコンとされた」「誰が多く殺せるか競った時、耳をそいで殺した証拠として持ち帰った」などと帰還兵が証言していた。

「マシャー作戦」では山岳地帯の部隊に従軍したが、谷底に一人の解放軍兵士が岩に体を折り曲げるようになって死んでいる姿を見た。死体は数が多いほど、物体化して目に映るが、一人、二人と数が少ないと兵士の家族が想像されて、その死が孤独に見える。家族も自分の息子や肉親が山の中の谷で死んでいる姿は思い浮かばないだろう。

「デビィクロケット作戦」の時は、前の作戦と同じようにまずサイゴンから輸送機で師団司令部基地のあるアンケへ行き、アンケからチヌーク大型ヘリコプターで兵士と一緒に前線基地のボンソンへ向かった。作戦はすでに始まっており、ヘリの中の兵士たちがどのような役割なのかは分からない。米本国から新しく補充された兵士か、一年の任務期間中に与えられる三日間のベトナム内休暇を終えた兵士か。いずれにせよこれから最前線が待ち受けているので、緊張した表情をしていた。

ボンソンの基地は、かつてベトナム海兵隊に従軍したところである。一号道路に沿った町の建物の裏の畑が基地に変えられた。滑走路から少し離れたところにプレステントができていた。

米通信社の「ＡＰ」「ＵＰＩ」の記者やカメラマン、米放送局の「ＡＢＣ」「ＣＢＳ」「ＮＢＣ」のカメラマンとレポーターなどが集まっていた。「ＰＡＮＡ通信」の嶋元啓三郎さんもいた。嶋元さんは六五年六月から岡村昭彦さんの後任サイゴン特派員として駐在していた。私より一歳年上。種子島《たねがしま》出身の明るい人だった。

アメリカの「ＡＢＣ放送」のカメラマン平敷安常《ひらしきやすつね》さんもいた。平敷さんは大阪「毎日放送」のベトナム取材グループとして二人の記者とともに六五年の春にベトナムへ来た。私と同じ三八年生まれ、沖縄出身ということでその時に知り合った。「毎日放送」取材班はいったん帰国し、平敷さんはその年の一〇月にもう一度「毎日放送」のカメラマンとしてベトナムを取材した。そして六六年四月「毎日放送」を退社して単独でベトナムに来て「ＡＢＣ放送」の仕事についていた。

「ＡＢＣ放送」の韓国人カメラマン崔仁集《チョイインジップ》さんにも会った。ほかにも大勢いたが三人が強く印象に残っている。この人たちも含め、ベトナムを報道したジャーナリストについては稿を改めて触れたい。

テント村で崔さんたちと話していると、騎兵師団広報のヒッチコック少佐が来て「二〇キロ南の村にベトコン一個大隊がいるのが分かった。これから応援部隊が行く」というので私たちも靴をはき、リュックを持って部隊に同行する準備を始めた。

サイゴンの「泥棒市場」で買った軍用のリュックにはフィルム、露出計、雨具、エアーマット、防寒布などが入っている。最前線部隊に従軍すると何日、部隊と一緒にいるか分からないので、すべての荷物を持って行く。すべてといってもリュックとカメラバッグである。テレビ局のクルーは、荷物が多いので必要な機材だけを持って、あとはプレステントに残していた。

村へ向かうヘリが並び、搭乗する兵士たちが戦闘態勢で並んでいた。レポーター、カメラマン、サウンドマンのテレビのクルーは同じヘリに乗るが、私たちは分散してヘリに詰め込まれる。したがって、私はいつも一人だけで兵士と一緒のヘリに乗った。嶋元さん、平敷さん、崔さんがどのヘリに乗ったかは分からなかった。

**ヘリ音に気持ちが高ぶる**

ヘリのパタパタというローターの音を聞くと気持ちが高ぶってくる。ヘリの周囲にはベトナムの農村、椰子《やし》の木、畑などが見える。そこでヘリコプターという日本にいた時には無縁だった乗り物が一斉にローターを回している。ベトナムの風がローターの風とともに強く吹き付けてくる。こうしたすべてのことが二八歳の私の心にある「冒険心」をあおってくる。なぜ、ベトナムに四年間も住んでいたか、なぜ、戦場へ行っていたのか。その理由は複合的だが、そのひとつにこうした「冒険心」が麻薬のように体にしみついたことも否定できない。大変な恐怖心に襲われ、この時を無事に切り抜けることができたら、もう二度と従軍はしないと何度も思ったことがあるが、サイゴンに戻って酒を飲み、しばらくするとまた、戦場に行きたくなった。これは「ヘリ作戦」という麻薬も影響していた。

ヘリは兵士たちを乗せると次々と飛び立った。小さな集落は椰子の木に囲まれた数軒の農家が、水田の中に点在している。ヘリは低空で目的地に向かった。ヘリの両側にいる機関銃手はいつでも発射できるよう引き金に指をかけていた。兵士たちも緊張し深刻な表情だった。

そこは「敵地」とされている場所である。しかしどのような「敵地」であるのか兵士もジャーナリストも行ってみなければ分からなかった。しかし、今回は「ベトコン一個大隊」がいる、とヒッチコック少佐にハッキリと言われていた。米軍の場合、一個大隊は約八〇〇人だが、解放戦線は四〇〇～五〇〇人程度ではないかと言われていた。しかし、三〇〇人としても兵士が集結しているとすれば大変な数字だと思った。

いま、解放戦線が待ち受けているかもしれない村へ向かうヘリに乗っている。しかし、恐怖心はなかった。これまで私が経験したいちばん激しい戦闘は、同じビンディン省の六五年三月のホアイアンの丘だった。一緒にいたウィリアム中尉が即死、レフトイッチ少佐が顔を負傷した。この時は初めての戦闘体験で、危険な状況が理解できなかった。

二度目はタムクアンの町で解放軍の大軍の夜襲を受けた時だった。周囲にはベトナム海兵隊兵士もいるし、私たちのいるところまで解放軍が攻め込んでくるとは想像できなかった。しかし、いつも親しくしていた兵士が表情を変えていたことを考えると、その危険性が分からなかったのは私だけだったかもしれない。それは危険な状態におかれた経験が少ないという無知からくるものだった。危険に対する想像力も欠けていたのだろう。「なんくるないさあ（なんとかなるだろう）」という沖縄的な気持ちもあった。それに戦場へ向かうとい

ヘリコプター1機に6、7人の兵士が乗って戦場へ向かう。着陸地点に解放軍が待ち受けていると戦闘になる。米第一騎兵師団。ビンディン省　1967年

う興奮状態とヘリのローター音で、恐怖心が消されていたのだろう。

## 「ベトコン」村に侵攻

五月から半年間続くベトナムの雨期の始まりで水田は水をたたえていた。ヘリは水田すれすれにホバーリングして、兵士たちは水田に飛び降りた。泥にはまった足を引き抜こうともがいている兵士がいた。重い無線通信機を担いだ兵士は気の毒だった。

しかし、解放軍の攻撃はなかった。解放軍には、解放戦線軍が独立した部隊として北ベトナム兵と合同で作戦をする場合と、北ベトナム兵が解放戦線軍の補充兵として解放戦線軍に混合している部隊とがあった。米軍はハッキリ解放戦線軍と分かっている場合は「ベトコン」(ベトナムコンサン＝ベトナム共産の略)、北ベトナム軍の場合は「ＮＶＡ」と呼び、どちらか分からない場合はすべて「ベトコン」にしていた。

村の周辺は解放戦線が設置した金網で囲まれていた。ベトナム海兵隊の作戦でも解放区となっている沢山の村を回ったが、金網のある村を見たのは初めてだった。このような様子からも米軍はベトコンの拠点と判断したことが考えられた。

兵士たちは水田の周りに伏せてＭ16ライフル銃、機関銃、グリネードランチャー(小さな砲弾を発射する手持ちの銃)、迫撃砲などありとあらゆる武器で村を攻撃した。

銃弾を撃ち込むことによって兵士たちは興奮しているようだった。驚いた水牛が村から飛び出してくると、一人の兵士が水牛に向かってライフルを発射した。しかし、象のように頑強で数発当たったにもかかわらず倒れなかった。水牛が水田の中に転がってからも兵士は、なおも撃ち続けていた。

私も銃弾をさけて水田の畦《あぜ》に伏せていたが、突然、ふくらはぎに痛みを感じた。ズボンの裾から手を入れてみるとヌルッとしたものに触れたので、摑みだしてみると、中指ほどのヒルが私の血で赤く膨れ上がっていた。驚いて裾をまくると数匹のヒルが両足に吸いついていたので、水田に横になりながら片足ずつ上げてヒルを払い落とした。

空からの攻撃が終わると米第一騎兵師団の兵士たちは「ウオー」とときの声をあげて村へ突入した。しかし村に解放軍はいなかった。ビンディン省　1966年

隣にいた兵士たちもヒルに襲われていた。水面を見るとヒルが近寄ってきたが、すごいスピードだった。ナメクジのようなヒルが水の中で速く動くことはこの時

までまったく知らなかった。村から反撃もなかったので水から上がって畦に伏せた。二機の米軍ジェット戦闘機が飛来し、爆弾を次々と投下した。農家が吹き飛び椰子の木が折れた。爆発の地響きが伝わってきた。次はバルカン砲による機銃掃射を繰り返した。大口径の機銃が大きな音をたてた。

続いてナパーム弾を落とした。強い火炎力を持った爆弾である。太平洋戦争で米軍は、日本の木造家屋を焼くため石油を固めナパーム状にした焼夷弾《しょういだん》を使った。東京大空襲では焼夷弾攻撃によって一度に一〇万人以上の焼死者を出した。ベトナムで使用されたナパーム弾は焼夷弾をさらに強化したものだ。

夕方が近づいていた村の炎上が、空を明るくして水田を赤く染めた。徹底した攻撃を受けている村を見て私は、米軍の攻撃によって多くの民間人が犠牲となった沖縄戦を重ね合わせ、怒りが湧いてきた。包囲された村から逃げて出てきた農民の姿を見ていないので、農民は皆、村にいるはずである。そのなかには大勢の子どもも含まれている。

これまでにベトナムがアメリカの国を攻撃したことはない。アメリカの反共主義政策で勝手にベトナムに介入してきたのである。そして、民間人のいる農村を破壊している。私はベトナムへ来る前にアメリカという国に憧れて、無銭旅行をしながら最終的にはアメリカへ行って生活をしたいと日本を離れた。日本の敗戦後、アメリカは豊かな国、夢のような国と思う若者が多かった。

ベトナムで戦争取材を始めて一年半近くになり、南ベトナム政府を支援する米軍の戦闘部隊が村を破壊していく作戦を撮影しているうちに、ベトナムにおけるアメリカの政策は間違っていると思うようになっていた。

それでも、個人としてのアメリカ兵は好きだった。戦闘がない時の兵士たちは陽気で素朴だった。しかし、作戦が開始されると、これが同じ人間かと目を疑いたくなるほど村に攻撃を加えた。そうした様子を見ていて「これが戦争なのだ」と気がついた。

軍隊は命令組織になっている。攻撃命令が出れば兵士は目標を攻撃する。そこに民間人がいる、病院、学校がある、そういったことは兵士には関係がない。命令に従い任務を果たすのが良い兵士なのである。まして、目標は彼らにとって敵地だった。

それはベトナムだけでなくどの戦争もそうだったと思う。日本軍も中国の重慶、上海などの都市を爆撃した。ドイツ軍はロンドン、イギリス軍はベルリンを爆撃した。アメリカは広島、長崎に原爆を投下した。なぜ民間人のいるところを爆撃するのか、イギリスの司令官が「民間人は軍を支援している。民間人の戦意を喪失させることも戦略だ」と語っている。なぜ、子どもを傷つけるのか、「子どもも大人になれば兵士となってわれわれを殺す側になる」。明解な考えであり、私がもし軍の司令官だったら同じことを考えるし、兵士だったら敵兵を殺すだろう。抵抗できない民間人を爆弾で殺すことはテロであり、戦争そのものが最大のテロと思っている。

しかし、ベトナムの戦場では私は兵士でなくカメラマンだった。ベトナムの民衆は私にとって敵ではなく、農村は敵地ではなかった。ジェット戦闘機、ナパーム弾、回転式バルカン砲という近代兵器によって椰子の葉の屋根、泥を乾かしてできた壁の小さな農家が破壊されている状況を見るのはつらかった。私は非力であり、目の前で起こっている農民の悲劇を止める力はなかった。

沖縄戦では私の祖母、曽祖母は米軍の攻撃から身を守るように首里から南部まで逃げ回った。途中では大勢の人が艦砲射撃の犠牲になっていたという。そのなかには子どもも含まれている。軍艦から撃ち出される砲弾のなかで年寄り、子どもは逃げる以外になす術《すべ》がなかった。

いま私の目の前にある村の農民は、逃げることもできず米軍の攻撃のなかでどのようにしているのだろう。戦闘機が去るとヘリコプターの両脇にそれぞれ、最高一分間に六〇〇〇発が発射できる六連発回転式のミニガンと呼ばれる機関銃と、細い二〇発のロケットを装着した武装ヘリ、ガンシップが二機飛来してきた。

炎上する村の上空を回りながら機関銃とロケット砲を発射する。それはすさまじい光景だった。しかし、この状況はベトナムの各農村で起こっていることであり、たまたま私の目の前で繰り広げられているのもひとつの場面にすぎなかった。この騎兵師団が「デビィクロケット作戦」行動をしている時、ベトナムには三〇万人の米兵が駐留しており、海兵隊、一七三空挺部隊、第二五歩兵師団などの部隊が各地で作戦を展開していた。米兵はその後、一九六九年三月の最高時には五四万人に増加、ベトナムの農村の被害も甚大なものとなった。

## 赤ん坊を抱いた女たち

武装ヘリが去るとそれを待っていたかのように、農村から赤ちゃんを抱いた二人の女性が飛び出してきた。その姿をいち早く発見した小隊長が手をあげて、兵士に射撃を止《や》めるように合図した。それまで兵士たちは武装ヘリの攻撃と併せて村に銃弾を撃ち込んでいたのだ。

小隊長は女性に向かって、こちらへ来いと叫んで手を振った。女性はそれを見てほかの畦を走ってこちらに向かった。その間、兵士たちは射撃を中止した。女性は私の姿を見るとベトナム人と思ったのか、叫ぶように何か言った。私はベトナムに住んで一年半近くなっていたが、語学の才能がないのでベトナム語は片言ぐらいしか分からなかった。女性も私の対応を見てベトナム人ではないことは分かったようだが、それでも何か訴え続けていた。「コンチャイ＝子ども」「ホンコ・ベトコン＝ベトコンはいない」という言葉が聞きとれた。「村にはベトコンはいない。子どもたちが大勢いるので助けてくれ」との意味に解釈したので、そのことを小隊長に伝えた。

小隊長は中隊本部の方を指さして、そちらへ行くよう女性に言った。部隊には捕虜を調べるために通訳のベトナム兵がいた。私もそのことを滅茶苦茶なベトナム語で話すと女性は、米兵たちは自分には危害を加えないということを理解したのか小隊長が示した方向へ行った。女性はそれぞれに赤ちゃんを一人ずつ抱いていた。ベトナム人は昔の日本のように子沢山である。一家に五、六人の子がいることも珍しくない。多分、その女性のほかの子どもも農村に残っている可能性があった。

女性は、子を抱いていれば米兵は撃たないと思って村の状況を訴えに来たのかもしれなかった。

この解放村に大勢の解放戦線が出入りしていただろうし、女性の夫も解放戦線兵士かもしれなかった。空と地上から攻撃する米軍に対し、村で戦うことは不利である。米軍が言ったように「ベトコン」がいたとしても地下のトンネルに隠れてしまうだろうと考えられた。その証拠に村からの反撃がまったくなかった。

米兵は、女性が村から出てきた時、撃とうとしなかった。私は農村での米軍部隊の作戦に数多く従軍したが、米兵が目の前の女性を直接殺す、傷つけるといった危害を加えるところを見たことがない。それは、明らかに「ベトコン」と分かる若い捕虜に対しても同じだった。

しかし、この作戦では、村を攻撃せよという命令に、そこに子どもや女性がいると知っていても徹底攻撃した。その違いは、どこにあるのか。村への攻撃は軍隊の一員として命令に従うもので、捕虜と目の前で向かい合った時には一人の人間に戻るからではないかと思った。

ベトナム従軍兵士の証言を集めた記録映画「ウィンター・ソルジャー」では、米兵のベトナム民衆や「ベトコン」に対する残酷な行為が生々しく語られていた。一九六八年クアンガイ省ソンミ村で女性、子ども、老人五〇四人を虐殺した事件は、世界の人びとに広く知れ渡った。私もベトナム滞在中、米軍による虐殺・強姦事件を何度か耳にした。

しかし、私自身はそういった事件には立ち会っていない。南ベトナム政府兵士が捕虜に対し残酷な拷問をするところは、何度も見た。拳銃で頭を撃つ場面も目撃した。私が見た限りにおいてであるが、米兵個人が目の前のベトナム農民や捕虜に危害を加えなかったのはなぜかと考えた。

包囲した村にいた農民を追いたててきた。男は恐怖に震え、米第一騎兵師団兵士は興奮しているようだった。ビンディン省　1966年

南ベトナム政府軍兵士には決まった兵役期間もなく、入隊後はずっと戦い続けていた。その間には、仲間が戦死し「ベトコン」への憎悪が生じてきたと考えられる。米兵の場合、徴兵で仕方なくベトナムへ送られ、共産主義との戦いと言われてもよく分からないまま、早く一年の任期を終えて帰りたいという気持ちの方が強かったからだと私は感じていた。

女性が去ると一人の兵士が村を指さして「誰かいるぞ」と叫んだ。その方向を見ると水田の横の椰子の木のところに一人の男がボンヤリと立っていた。軍曹が「こちらへ来い」と大声を出したが、男の反応はない。軍曹は男の頭上の椰子の木を目がけてライフルを二、三発撃ったが、それでも男は立ったままだった。軍曹は「よーし」と

いったゼスチャーで水をはねながら、水田を駆けて男に近づいていった。状況からは危険な場面だった。軍曹は敵地の農村に単独で向かっているのだ。「ベトコン部隊」はいないかもしれないが、ゲリラが隠れている可能性は十分考えられる。

これまでの米軍の作戦では、敵地に動く男を見かけた場合、射殺することが多かった。軍曹が身の危険を顧みず男を捕らえに行ったのはなぜだろう。捕虜として「ベトコン」の動きを聞きたかったのか。軍曹は男を引きずり倒して脅しをかけた後、銃を背中につきつけて水田の中を追いたてて来た。男は中年で小柄で痩せていた。何事かつぶやいていたが、激しい爆撃や機銃掃射で精神的障害が生じたのかもしれなかった。中年男は捕虜として、兵士が中隊本部の方へ連れて行った。

しばらくして、伏せていた兵士たちが立ち上がり「ウオー」というような喊声《かんせい》をあげながら一斉に村に突入した。ライフルを撃ちながら水田の中を走る兵もいた。

## 「出て行くから撃たないで!」

「ベトコン、一個大隊がいる」とされた農村に対し、戦闘機・武装ヘリによる空からの攻撃と、地上から機銃・迫撃砲などの攻撃が終わると、米第一騎兵師団の兵士たちは村へと突入した。水をハネ上げながら水田を走る兵士、要領よく畦を走る兵士もいる。もし、村から反撃があれば一瞬のうちに水田に伏せることになる。包囲していた地点から村までは約一五〇メートルぐらいだ

村を包囲した部隊とともに水田に伏したら、ポケットの撮影済みフィルムが濡れてこの状態。負傷し胸に包帯をした米第一騎兵団兵。ビンディン省　1966年

った。

兵士たちは合羽《ポンチョ》、エアーマット、食糧などが入ったリュックを背負い、銃や予備の銃弾などを持って水田に足を取られながら走るのだから時間はかかる。その間、兵士は何を考えていたのか。故郷、家庭、恋人、妻、作戦後の基地の食堂、バー、村のなかで起こるかもしれない戦闘。

兵士がどう考えたかなどは現在になって想像したことであり、その時は私自身も短い時間の流れのなかでシャッターを押すのに夢中で、何を考えたかなど憶《おぼ》えていない。しかし、作戦中の一連のネガが残っている。そのネガを順を追って見ていくと当時のことが生々しく思い浮かんでくる。

フィルムには、画像を定着させる乳剤が崩れてシワのよってしまったものがある。村を包囲して水田に伏せている時、軍服のポケットに入れてあった撮影済みのフィルムに水が入ってしまった

のだ。

そのフィルムでは二四枚撮影。一枚目は飛んでいるヘリの中から写していて片隅にヘリが写っているだけで、二枚目はホバーリングしているヘリから飛び降りようとしている米兵。一枚目はフィルムのパトロネに入り込んだ水によりムラができたためだが、二枚目のカットは比較的映像がよく残っている。三枚目は地上の兵士たち、映像の崩れがひどい。四枚目は地上で仁王立ちしている兵士。負傷したのか胸に包帯を巻いている。背後に次々と飛来するヘリがあり、格好良い場面だったので四枚写しているが三枚は水にカブれている。その他、村を銃撃する兵士、村へ突入する兵士たち、燃える村、四、五歳の少女などである。

最近になって、サイゴン在住四年間で撮影したネガを調べると約一万五〇〇〇カットあった。これまでに何らかの形で発表した写真は、多く見積もっても五〇〇枚ぐらいである。残る一万四五〇〇枚は未発表。いずれ未発表写真集を出そうと思っているが、その時にはこの水に濡れたネガからも使いたい。

少女の写真も未発表だが、後ろに防空壕が写っているのでほかのネガを調べると、防空壕に逃げ遅れて傷ついた母親を前にして悲しんでいる三人の子どものうちの末の子と分かった。「傷ついた母親」と題したこの写真は私の写真集に掲載され、ベトナムの戦争証跡博物館にも展示されている。

村に向けて銃を構えた兵士の前方に、ナパーム弾で村が燃えている写真がある。「炎上」と題

防空壕のなかから出て、負傷した母親を見て泣き出す子どもたち。ビンディン省　1966年

したこの写真も何度も使っている。水面には燃える村が映っており、カラー撮影すれば火の色は強調されたと思うが、この時期は主としてモノクロで撮影していた。報道写真はモノクロが多い時代だったのである。結果的にモノクロで撮影しておいて良かった。カラーネガは褪色《たいしょく》が著しく、モノクロ写真は見る人の想像力をかきたてる。

村へ入った。まだ燃えている農家があった。各農家には防空壕がある。突然の砲撃や空爆を避けるためである。しかし、逃げても間に合わず死傷する農民は多い。完全解放区を米軍は「フリーファイヤーゾーン」と呼んで攻撃の対象にしていた。

まだ、入口の覆いがひらいていない壕の前に米兵たちが銃を構えて立ちはだかった。米兵の一人が英語で「出て来い！」と叫んだ。防空壕には民間人が避難していることは分かっているが、「ベトコン」も潜んでいるかもしれない。米兵は用心深く銃の引き金に指をかけていた。

女がいるなら撃たないと思ったのか、壕の中から金切り声のような女性の声が聞こえた。「出て行くから撃たないで！」とでも言ったのかもしれない。最初におばあちゃんが出てきた。次に一二、三歳の少女、続いて四、五歳の女の子、最後に一〇歳くらいの男の子が出てきた。四人は壕の外で倒れている女性を目にすると突然、泣きだした。傷ついた女性は三人の子の母親だった。おばあちゃんの娘かもしれない。

子どもとおばあちゃんは、米兵の攻撃が開始されると壕に逃げこんだ。多分、その時、母がいないことに気がついたが、壕は各農家にあるのでほかの壕に逃げたと思っていたかもしれない。

壕の中はロウソクでも持って入らない限り暗い。農民にとって現金で懐中電灯を買う経済力はない。電気のない農村では明かりとしては手の平ほどのランプを台の上に置いて使用するが、防空壕には置いてないだろう。

暗い地下にひそんでいる間、地上では投下された爆弾が爆発している。機銃掃射の音も聞こえているだろう。村の燃える明かりが壕の中まで入ってきているかもしれない。

子どもたちとおばあちゃんだけで、どれほど心細かったろう。父親の姿は見えなかった。子どもと年寄り以外の男性と若い女性は、解放戦線兵士か、解放戦線協力者として捕虜にされるので、米軍、サイゴン政府軍が村へ入る前に姿を消してしまう。

村への爆撃、ガンシップの銃撃が終わると子どもが防空壕から出た。その目の前に銃を構えた米兵たちがいた。ビンディン省　1966年

壕から外へ出る時も、米軍の声が聞こえているので恐怖心を抱きながら出てきたのだろう。そうしたら米兵が銃を構えて待ち受けていた。子どもたちはベトナムに米兵がいることは大人たちに聞いて知っていたにしても、実物を見るのは初めてのはずだ。怖かっただろう。

その上に、倒れている母親の姿が目に入ったので、これまで抑えていた恐怖心が悲しみと重なって感情が溢《あふ》れたに違いない。子どもたちは母の前で泣いた。このような場面を撮影するのはつらい。こちらも泣きたい気持ちでシャッターを押す。村は悲しみで覆われている。

次の悲しみにカメラを向ける。中年の男が死んでいた。年格好からは解放軍兵士に見えなかった。やはり壕に入り遅れたのかもしれない。この日の作戦で私が見た死体はその一つだけだった。「ベトコン一個大隊」は姿も影もなかった。

米軍偵察隊の誤報か、あるいは兵士用の深いトンネルがあってそこに隠れたのか。

米兵たちが村に入り終えた時には、村人のほとんどは壕から出てきてかたまって米兵を見ていたり、焼けた家の後片付けなどをしていた。外のカマドに火をつけて夕食の支度をしている女性もいた。皆、無言で米兵たちを無視しているようだった。そのなかで幼い子を抱き、夕食の支度をしながら厳しい目で米兵を見ている女性の姿がフィルムに刻み込まれている。

アメリカ政府は、ベトナムを共産主義から守ることがベトナム民衆に平和と安寧をもたらすので、アメリカ兵はそのために血を流している、とベトナム介入を理由づけている。

しかし、結果としてベトナム民衆を不幸にしている。このことは私も目撃し、写真に記録した事実である。米軍の徹底的な攻撃を受けたこの村の女性や子どもたちは共産主義者ではない。家族に解放戦線の政治委員、兵士、ゲリラになっている人はいると思うが、どれだけ共産主義の真髄を学びその理念に基づいて生活しているのかは疑問だった。

政府軍、米軍は明らかに村を攻撃している。「自分の村や家族を守るために戦う」という村のゲリラたちの呼びかけは、共産主義とは関係なく生じていると思う。

私が取材目的でなくただの訪問者として解放区に入った時のことである。村の子どもたちはアメリカや米兵を「ディー・クオック・ミィ（アメリカ帝国主義）」、南ベトナム政府や政府軍を「グイ（傀儡《かいらい》）」と呼んでいた。反政府、反米のビラや小冊子が各種あった。

## 「平和に生活することを願うだけなのに」

一九四五年九月二日、ハノイでベトナム民主共和国の独立宣言をしたホー・チ・ミンはフランス植民地時代にパリでフランス社会党に入った後、モスクワへ行き「クートベ（東方勤労者共産大学）」で学習し、広東の中国共産党が関係した軍官学校でベトナムの独立を求める青年たちの中心的存在となった。一九三〇年、香港でホー・チ・ミンほかの人びとによって、ベトナムの独立を目的としたインドシナ共産党が結成された。

このような経過を経てホー・チ・ミンを中心に誕生したベトナム民主共和国は共産主義政府だった。六〇年一二月、南ベトナム解放民族戦線が結成され、六二年、南部出身の弁護士グエン・フー・トが議長となった。フー・ト議長も含めた解放戦線の中核は、フランスからの独立戦争に参加した共産党員が多い。ベトナム民主共和国（北ベトナム）と解放戦線は、抗米救国闘争統一戦線を形成していた。

解放戦線の目的はあくまでアメリカ支配の南ベトナム政府を打倒することだったが、米軍戦闘部隊の直接介入後は米軍とも戦うことになった。南北の統一という民族の悲願はあったが、南ベトナムをどのようにするかを考えるのは、戦争に勝利した後のことだった。

北ベトナム、解放戦線を支援していたのはソ連、中国、キューバなど共産主義国が中心だったので、東西冷戦のなかでアメリカ政府としては「対共産主義との戦い」と考えるのは当然であった。しかし、ベトナムの共産主義思想はフランス植民地政策への「抵抗から生まれ」、アメリカの介入に反対する人びとに引き継がれたものだった。

フランス、アメリカと戦ったベトナムの兵士たちの目的もまずフランス、アメリカ支配から独立することだった。そのことは、七五年、南ベトナム政府が敗北した後のベトナムの混乱に表れている。北ベトナム政府・解放戦線にも戦争勝利後の政策が煮つめられていなかったのである。

ベトナム戦争拡大と推進の立役者となった米マクナマラ国防長官も回顧録の中で、アメリカはベトナム人のナショナリズムを過小評価し、共産主義ということに過剰反応しすぎた、と反省の弁を記している。

私はビンディン省の村を共産主義の村として激しく攻撃する米軍を見ていて、農民たちは「平和に生活することを願っているだけなのに」と思った。アメリカ政府がベトナム戦争で使った戦費をベトナムの農村の経済発展に使っていたらベトナム人たちは「アメリカさまさま」と敬うはずだと思った。

戦闘機が村へ投下する爆弾一個の値段は、村の全農民が持つ現金の合計も上回っていたに違いない。長い戦争のなかで疲弊していたベトナム農村の経済力は低かった。村に侵入してきた米兵はアメリカ政府の言うベトナムの平和を築くために血を流している英雄ではなく、農民にとっては不幸をもたらす侵略者以外の何者でもなかったのだ。

米軍によって打ちのめされた農民たちに同情したが、といって私にとって米兵は敵ではなかった。基地へ戻れば将兵とバーで酒を飲むかもしれない。

作戦が終われば米兵たちは死傷した農民、破壊された農家をそのまま残して村を去る。もちろん村に「ベトコン」がいなかったからといって、村の被害が補償されるわけではない。結局、農民は「やられ損」なのである。このことは日中戦争で日本軍の攻撃を受けた中国の農村、私が見たカンボジア、アフガニスタン、ボスニア、ソマリアのどの戦争にも共通していた。民衆はいつも戦争の犠牲者だった。

日が落ちて村は暗くなってきた。村を捜索していた兵士たちが集まっていた。私がそこに近づくと興奮している二〇歳前後の若い兵士が、私に向かって何かわめいた。何を言っているか分からない。私は、英語は下手だが、香港のファーカススタジオで勤務しスタッフとのやりとり以降、ベトナムへ着いてからも、約一年半の従軍生活のすべてが英会話だったので、大体のことは分かるつもりだったが、その兵士の言葉はまったく分からなかった。

米軍部隊にはいろいろな人種がいた。中南米のスペイン語圏出身者、フィリピン人、ハワイ諸島やオセアニア各国の人などもいて、兵士同士それぞれの言葉で話し合っているのを聞いたこともある。私に何か言っている兵士は、米軍のなかでは背は低い方だったが、ヨーロッパ系の顔をしていた。私も米兵と同じ軍服で私と同じような東洋系米兵もいるので、それに不満があるのか、肩と首にかけたカメラと「ジャパンプレス」と書いた私の胸の名を見て、日本人のカメラマンと思って文句を言っているのか、ベトナム人カメラマンと思っているのか、なにしろ興奮して大声をあげているので相手の意図を掴みかねた。そのうち私に銃をつきつけた。興奮して引き金を引かれたら戦場なので私も撃たれ損となる。

怖いという気持ちよりも、どうして銃を向けられるのか分からずとまどいを感じていた。もう一人の若い兵士が私に銃を向けている兵士の肘をつかんで銃をそらした。そのうち兵士は気持ちが少し落ち着いたのか、ほかの兵士とどこかへ行ってしまいそれで終わりとなった。結局、私にとってもそのようなことがあったというだけの体験だが、彼がジャーナリストのベトナム報道に反発を感じていたのだとしたら、文句は言っても銃をつきつけたりはしないだろう。東洋人に対して何らかの不満か偏見をもっていたのかもしれない。

兵士たちは手持ちのスコップで壕を掘り、解放軍の夜襲に備えて夜営の準備をした。水田に向かって機銃座をつくっている兵士がいた。重いので私はスコップを持ち歩かない。二人の兵士は機銃座ができると自分たちの横の穴を少し広げて、ここに来ないかと誘ってくれた。彼らは村のはずれを守備する小隊所属だったようだ。中隊本部はきっと村の中央にいるのかもしれない。いつもは従軍する中隊本部と行動することが多いが、さっきの銃をつきつけられたトラブルで時間が過ぎてしまい、中隊本部とはぐれてしまった。

私は兵士の簡単な壕にしばらくいたが横にもなれず窮屈なので、近くの少し低い位置に移動しエアーマットと合羽、防寒用の薄い布（ライナー）で寝床をつくった。南ベトナム中部でも明け方になると冷える。

腹が空《す》いた兵士たちは各自携帯しているCレーションを食べていた。靴下に缶詰を入れてリュックに下げている兵士も多い。それぞれに荷物を工夫しているのである。蚊除《かよ》けの塗り薬は鉄カブトのバンドに挟んでいる。

解放軍の夜襲を警戒して、ときどき照明弾が上がり、村の周囲を明るくした。照明弾には落下傘がついていて空中を漂っている。暗くなるとあちこちで銃声が響いた。解放軍の攻撃はなかったから威嚇射撃をしているのか、眠気覚ましに撃っているのか。近くの米兵もときどき機関銃を発射していた。夜営警備となった任務中の行動のひとつなのだろう。

## 戦場の音

かなり頻繁に砲弾が飛んできた。ボンソン大砲陣地から、米兵のいるこの村の周辺を守るために砲撃しているのである。砲弾は「ヒューン」と空気を切る音とともに「グワーン」と爆発する。この音は、南ベトナム海兵大隊従軍中でも聞いた。今回、「カラカラカラ」という小さな音が聞こえて椰子の木の葉を散らし、幹などに当たるものがあった。初めは何だろうと思ったが、そのうち飛び散った砲弾の破片が落下する音だと分かった。

戦場にはさまざまな音があった。ヘリコプターはパタパタとローターを回す、戦車や装甲車のキャタピラーがガラガラと地面をこする。バンと大砲が響音をたてる。迫撃砲はスポッという発射音がする。ライフル銃の音は小さいがあちこちで発射すると、解放軍が近くにいるのではないかと緊張する。ダダダダッと絶え間なく銃弾を撃ち込む機関銃は、歩兵戦の立役者という感じがする。解放軍が向こう側からこちらに向かって撃ってくる音は、米兵がこちら側で発射する音とまったく違い「カンカン」と乾いているのですぐ分かる。銃弾がシュッシュッと空気を切ってこちらに向かってくる音は不気味だ。

負傷し痛みに耐えかねて子どものあげる悲鳴、死傷した肉親を前にした家族の嘆く声、これも戦争の音だった。深夜が過ぎると隣の兵士は交代で眠りについた。銃声、砲声、カラカラの音は続いたが私もウトウトとした。

「コケッコー」とニワトリの鳴き声が聞こえ、チチチと、小鳥も鳴き出した。それだけが戦場の音と違っていた。夜通し聞こえた銃声、砲声も止まり、静かな農村だった。ニワトリの鳴き声は日本と同じだなと思った。

やがて兵士たちも起きてゴソゴソと動き、ヒソヒソ声が聞こえた。大きな声を出しても構わない状況だったが、寝起きの声は低くなるようだった。兵士たちにとっては作戦の一環で、一年間のベトナム任期中の一日だったが、攻撃を受けた農民たちはどのような気持ちで朝を迎えたのか。

兵士たちはそれぞれに歯を磨き、水筒の水で少し口をすすぐ、やはり水筒の水で顔を濡らしてふく。それからCレーションを食べるなどしていた。Cレーションは皆少なくとも一回分は持っている。食べ終わる頃、ヘリコプターで補給される。戦場では顔を二、三日洗わなくても、軍服や肌着を数日着続けても気にならなかった。戦闘状況が続いている時は、とくに食事時間があるわけではないので頃合いをみて食える時に食う。兵士たちが移動を開始したので、私も中隊本部に戻って一緒に行動した。

部隊は次の村へ進んだ。途中の農道に一五歳前後の少年が倒れていた。少年は死んでいたが、体からはまだ血が流れていた。明け方米兵に狙撃されたのか砲撃の破片で負傷したのか、その時の状況は分からなかった。いま、改めて写真集に収めた「少年の血は乾いた大地へ」というその写真を見直すと、一五歳前後の少年と思っていたが、一七、八歳ぐらいにも見える。整った顔をしている。腕までまくった長袖のシャツに農村の男女がはく黒いズボン、足にはホーチミンサンダル。きちんとした服装なので解放戦線兵士の可能性もあるが、武器は見当たらない。

首筋のところの土にたまった血が乾いていないところを見ると、傷ついてまだ時間が経っていないようだ。周囲に八人の米兵がいて二人が少年を見ている。少年に同情したのか労《いた》わるような視線を感じる。体は硬直せず、まだ生きているようにも見えるが、普通、生存の可能性があれば米軍の衛生兵が手当てをするのに、その様子がないのは死んでいるからだろう。この写真は、「私が見た戦争」として講演する時、スライドで映写する。講演のテーマは沖縄の言葉で「命《ぬち》どぅ宝《たから》」命こそ宝、という意味である。デビィクロケット作戦があった一九六六年、一五歳だったとすればもう七〇歳か。元気でいれば孫や曽孫がいる年齢でもある。これまでに多くの人生体験ができてゆったりと楽しい時間を過ごすことができたはずだ。戦争は多くの大切な命を奪ってしまう。そのことを現在の戦争を知らない世代に話す。

部隊が次の村に入ろうとした時、突然、カンカンカンと音がして銃弾が飛んできた。兵士たちは慌ててそれぞれに体を隠す場所を見つけて伏せた。写真には深さ一〇センチほどの側溝に、三人の兵士が横になって前方を見つめている様子が写っている。体全部を隠すほど深くない。こういう時は土の中へもぐり込みたい気持ちになる。

反撃している兵士の銃声も聞こえた。立つのは危険だったので、中腰になって伏せている兵士たちの写真を撮った。しかし、ゲリラの狙撃だけで戦闘にはならず、部隊は用心しながら村に侵入した。農家の前に子どもと一緒に母親が座り、不安な表情で米兵を見ていた。作戦ではよく見られる光景である。米兵たちは家の中や壕を捜索した。

軍用犬を連れた部隊付のベトナム兵が、犬を壕の中にもぐり込ませ自分も壕に入った。「ベトコン」が潜んでいないか調べているのだ。壕の中に発煙筒を投げ込む兵士もいた。赤い煙が壕から流れてきた。ヘリコプターの着陸地点を知らせるときに使用するものだ。壕に人がいれば苦しくなって出てくる。

銃を構え中を覗《のぞ》いている兵士もいたが、入ろうとはしなかった。中に「ベトコン」がいたら危険である。そこまではしたくなかったのだろう。積み上げた藁《わら》や家の横の甕に武器を隠していないか、地雷探知機で調べる兵士もいた。

米兵が銃を構えていると壕の中から青年が出てきた。黒い作業服を着て明らかにゲリラと思われたが、武器を持っていないので米兵は撃たなかった。その青年は村の中央まで連行されたが、そこには九人の三〇代前後の男たちが座らせられていた。村で捕らえられたのだった。縛られてはいなかった。解放村にいたのだから何らかの形で解放戦線に関係していると考えられ、捕虜として米軍基地に連行される。

こうした場合、米軍基地で尋問された後、南ベトナム政府側に引き渡される。南ベトナム政府の尋問はかなり厳しいと言われていた。政府軍の作戦では捕虜を殴ったり、顔を水につけたり拷問する場面がずいぶんあったが、米兵の作戦では私が見た限りでは拷問はなかった。でも、アメリカの記録映画「ハーツ・アンド・マインズ」「ウィンター・ソルジャー」では、米兵による拷問が証言されていた。

## 銃弾の下で農作業を続ける

農家は椰子の葉葺き、壁は土、一間か二間というつくりだった。軒先には水甕、庭には椰子の木があり、ブーゲンビレアが咲き、大きなザルにタピオカ澱粉《でんぷん》をつくるためにキャッサバが干してあった。ベトナムの一般的な農村風景だった。

こんなごく普通の農村が米軍の爆撃・砲撃で破壊され、村へ侵入した米兵の銃撃で住民が死傷する。これが南ベトナムの全土で起こっていた戦争だった。

そのために多くの農民とその家族が死傷した。ベトナム戦争での民間人の死者は二〇〇万人とベトナム当局は発表している。この数字には農民だけでなく北ベトナム爆撃の都市の住民も含まれているが、多くは南ベトナムの農村の人びとだった。

ジェット戦闘機による爆撃、ナパーム弾、武装ヘリコプターの機銃、ロケットという近代兵器の攻撃で、泥の壁、椰子の葉で葺いた屋根の素朴な農村が破壊された。それでも、子どもを抱えた農家の女性たちは生きていかなければならない。子どもたちのために食事の用意をし、田や畑に出かけた。

ベトナム戦争従軍中、驚きかつ感心したのは、近くで砲弾が炸裂《さくれつ》し、銃弾が飛んでも、余程のことがない限り農民たちは田畑での作業を止《や》めないことだった。そのような光景を各地で見続けた。ベトナムは農業国だったが、とくに南ベトナムのメコンデルタは穀倉地帯で二期作、三期作が普通に行われていた。

一九五五年、アメリカ支援の「ベトナム共和国」がサイゴンに樹立され、六〇年、その南ベトナム政府に対抗して「南ベトナム解放民族戦線」が結成されて農村地帯が戦場になった。いつ終わるのかも分からない戦争で、戦闘のたびに農作業を止めていたら農民は生活していけない。働き盛りの男性は徴兵、戦死などで減り、農産物の生産量は著しく低下していた。

ベトナムでは甘藷《かんしょ》、キャッサバ、大豆、落花生、ココナッツ、パイナップル、バナナ、コーヒーなどが生産されるが、中心となるのはコメである。

二〇一五年、ベトナムのコメの生産高は世界第五位、輸出はタイに次いで世界第二位となっている。なかでも南部メコンデルタが高い生産量を占めている。しかし、ベトナム戦争中は、南ベ

貧しい食事。夫は兵士となり戦火の中で妻だけが農作業する中部地帯の農地は豊かではない。米第一騎兵師団作戦中に見た農家の親子。ビンディン省　1966年

トナムではコメ不足のために輸入していたのだ。私が滞在していた一九六七年は米軍約五〇万人、サイゴン政府軍約八〇万人の兵力で激戦が続いていたが、この年、南ベトナムではアメリカから八三万トン、タイ一〇万トン、台湾二万トンと約九五万トンを輸入している。アメリカのコメはベトナム支援の一部となっていた。

メコンデルタでは政府軍三個師団、米軍一個師団が作戦を展開し、私は各師団に従軍取材した。作戦は農作業の妨害となるが、それでもメコンデルタは水田が広い。デルタ地域と比較すると中部・北部は山岳地帯が多く、水田は東海岸に沿った平地に限られていた。その農村地帯は、中部は米第一騎兵師団、北部は米海兵師団の激しい攻撃を受けて疲弊していた。

中部のビンディン省で政府軍海兵隊に従軍した時、偶然にも農民の夕食風景を見た。いまそ

の写真を見直すと、農家の壁の横にある土台に食べ物が並べてあり、三〇歳前後の農家の主婦、一〇歳ぐらいの長女、五歳ほどの長男、二歳ぐらいの二男が食事をしている。父親は捕虜を恐れて隠れているか、解放軍兵士として軍隊とともにどこかにいるのか、姿が見えない。

家の土台は日本の縁側のように使っており、それが家の壁を補強して雨水の浸入を防いでいる。土台は荷物の置き場にしたり、座って涼み台として使っているどこでも見られる農家の構造である。家の中は昼でも暗いので土台の上が居間のような役割もはたしている。

そこにドンブリが三つ並んでいる。その一つにメシが盛ってある。もう一つにはオカズで、小さな肉の切れ端のような物が入っている。どの村でも毎日市場が開かれており、現金収入の少ない農民を相手に一食分のオカズとして少ない分量の豚肉、鶏肉、海や川の魚などを量り売りしていた。それも買えない人は水田や川でカエルや小魚を捕る。ネズミ、ヘビはご馳走《ちそう》である。それらは魚からつくる調味料のヌクマムで煮るので、塩分の強いヌクマムを多く使えば少ない食材でもオカズとなる。もう一つにはスープが入っている。ベトナム料理には必ず薄い塩味のスープがつく。具は野菜が少し入っている。

一、二杯のメシをオカズで食べて、最後にご飯にスープをかけて日本の汁メシのようにするが、オカズの煮汁を少しつぎ足すと味が良くなる。このように書くと旨《うま》そうだが、この戦場の村の家族からは貧しい様子が感じられた。オカズに肉か魚が入っていたとしてもほんのわずかだろう。

母親が末の子に渡そうとしているドンブリに具は見られず、オカズの汁が足されたスープだけだった。普通、ベトナム人一般家庭の食事ではオカズの種類は多い。長男はドンブリを抱えているがオカズの器はそれよりも小さい。ドンブリのメシも四人家族には少ない。長女の着ているシャツもズボンもヨレヨレでアチコチが破れている。長男、次男の服も同じように傷んでいる。全員が裸足だった。

それが従軍中に見た中部・北部の一般的な農民の姿だった。同じ村でも客として訪れた場合はオカズの数も増えるかもしれないが、もともと物質的には貧しく、戦争が続けば一層、貧しさが増すに違いなかった。

そのような中部の農村が米第一騎兵師団の攻撃でさらに破壊されている状況を見て、沈んだ気持ちになってサイゴンに戻った。

## 解放軍の兵力と組織

南ベトナム政府軍・アメリカ軍と戦う解放軍はどのくらいの兵力であったか。
「解放軍」は南ベトナムに住んでいる人で構成されている「南ベトナム解放民族戦線軍」。北ベトナムから南下して戦っている「北ベトナム正規軍」をベトナム人民軍と呼んでいる。

この二つの軍が合同で作戦をする場合、どちらの部隊か分からない場合は解放軍とした。しかし、解放軍の正確な数字は政府軍・米軍のようには公表していないので分かりようがなく、政府軍・米軍の情報部が推定発表した数字に頼るほかはなかった。

一九六五年五月、カンボジアに近い中部の森林地帯で北ベトナム軍の第三二、三三、六六の三個連隊と、米軍の第一騎兵師団が激突した。ケサンでも六七年の末から三カ月にわたって米海兵隊と北ベトナム軍四個師団が激しい戦闘を続け、南ベトナムにおける「北ベトナム軍」の存在が明らかになった。

アメリカ情報関係の推定によると、解放軍は六七年一〇月の段階で二一万三〇〇〇〜二四万八〇〇〇人。そのうち解放戦線正規軍は六万四〇〇〇人。北ベトナム軍五万四〇〇〇人。解放戦線正規軍は各省に一個大隊（推定六〇〇人）配置、省を守る地方部隊三万五〇〇〇〜四万人。村や集落を守るゲリラ七万〜九万人。こうした部隊を支援する民兵がほかに一三万〜一五万人。学生、技術者、医師などの「南ベトナム解放青年義勇隊」が二〇万人、このなかには大勢の女性が含まれているという。正規軍、地方部隊に所属する政治委員が七万五〇〇〇〜八万五〇〇〇人。こうした数字を合計すると最大六八万三〇〇〇人となる。

南ベトナムの面積は一七万一六〇〇平方キロメートル、日本の約半分。人口は六七年一二月サイゴン政府発表で一七〇八万六五〇〇人。しかし、解放区の人口は調査できないので正確さに欠ける。ちなみに北ベトナムは一五万八七五〇平方キロメートルで南より狭い。人口

米同盟国のオーストラリア、ニュージーランド、タイ、フィリピンなどは1968年に計6万5760人を派兵。そのうち5万人が韓国の猛虎師団　ビンディン省

は一七〇〇万人でほぼ同等。この数字は正しいと考えられる。

南ベトナムは四四省のほかにサイゴン、フエ、ダナン、カムラン、ダラット、ブンタウが独立した行政市。村は約二五二二、集落は一万三〇九八（『東南アジア要覧』東南アジア調査会）。一九六七年から六八年、南ベトナム全土の三分の一が解放区、三分の一は政府・米軍が支配、三分の一は昼間は政府、夜は解放区の競合地区という説があったが、私が従軍中に見た限りでは解放区の方が圧倒的に多いように思えた。

解放戦線は六八年に「解放区は南ベトナム全土の五分の四を占め、全人口の三分の二、約一一〇〇万人が解放されている」と発表している。

六八年一二月には南ベトナム政府軍八一万

九〇〇〇人、米軍五三万六〇〇〇人、外国支援軍・韓国五万人、オーストラリア七六六〇人、タイ六〇〇〇人、フィリピン一五八〇人、ニュージーランド五二〇人。

この軍隊と向かい合う「南ベトナム解放民族戦線」とはどのような組織であったのか。成り立ちを少し遡《さかのぼ》ってみる。

一九五四年、フランス軍はディエンビエンフーの戦いでベトミン軍（ベトナム独立同盟）に降服し、スイス・ジュネーブでの休戦会議で、五六年ベトナムの統一選挙を決めた。しかし、選挙をすればホー・チ・ミン率いるベトミン側の勝利となりベトナムは共産化する、と選挙に反対したアメリカの支援で、サイゴンに五五年、ゴ・ディン・ジェムを大統領とするベトナム共和国を樹立。ベトナムは一七度線を境に南北に分断された。

南ベトナム政府は省と直轄市に省長、市長を任命、軍隊と警察を配備した。そして、統一選挙を要求する人びとを逮捕、投獄、殺害などで弾圧した。政府のこうした行動に対し、六〇年一二月「南ベトナム解放民族戦線」が結成された。

## 解放戦線の姿

一九六八年まで解放戦線にはいろいろな団体が参加している。政党は、①ベトナム人民革命党（議長ヴォー・チ・コン＝戦線副議長）、②南ベトナム民主党（議長フィン・タン・ファット＝戦線書記長）、③南ベトナム急進社会党（書記長グエン・ヴァン・ヒュー）。農民、労働者、学生、青年、婦人の各解放連合、商工者グループ、愛国民主ジャーナリスト協会、教育者協会、解放赤十字社、AA連帯委員会、ラテン・アメリカ人民連帯委員会、仏教協会、カトリックやプロテスタントなど。中央委員会幹部会、議長グエン・フー・ト（弁護士）、副議長フィン・タン・ファット（建築家）、フン・ヴァン・クン（平和委員会委員長）ほか。解放軍最高司令部代表チャン・ナム・チュン（解放戦線副議長・軍事委員会委員長）、副司令官グエン・チ・ディン夫人（解放婦人連合議長）、解放青年義勇隊司令官ドン・ヴァン・コン中将、副政治委員チャン・クォク・ビン。

少数民族兵士を通訳に、少数民族の農民を調べる米兵。プレイク省　1966年

解放軍の武器は、ジュネーブ協定でベトミン軍が北へ引き揚げた時、かなり多く南に残したと伝えられていた。六五年四月、ビンディン省での

政府軍海兵隊との戦闘で捕獲された解放軍の兵器を見たが、多種にわたっていた。私は兵器に関してはうといが、ベトナムに駐留していた日本軍やフランス軍のもの、中国製、ソ連製、東欧製などが使われていたようである。ドイツとソ連との戦闘で使われたドイツ製の兵器もソ連を通して南ベトナムへ送られていた。米軍から奪った兵器も多く使われた。

解放軍には大砲はなく、ソ連・中国製の迫撃砲が多用されていた。ベトナム戦争中盤から解放軍はソ連製自動小銃ＡＫ47、同型の中国製コピー53式、私たちはＢ40と呼んでいたＲＰＧ－７対戦ロケットが多く使われていた。Ｂ40は手で簡単に持ち運びでき、肩にかけて発射した。

カンボジアではロン・ノル政府軍もポル・ポト軍もＡＫ47型自動小銃、Ｂ40ロケットを使っていた。解放軍のソ連製・中国製の兵器は北ベトナムからホーチミンルートや海上から南へ運ばれていた。

解放戦線の本部はタイニン省と、その周辺のカンボジア国境の森林地帯のなかにあったようだ。米軍は本部をつきとめる作戦をくり返していたが、敵が近づいたと分かると本部は移動し、ベトナム戦争中、最高幹部たちが一網打尽にされるということはなかった。本部と思われる場所への爆撃も激しかったが、深い地下壕へ逃れた。

広い解放区の解放戦線行政下では、農業・畜産・養魚・工業＝製粉、製糖、製紙、製塩、紡績、製薬なども行われていた。また解放区の教育は、各村に小学校（五年制）があり、初中学校（四年制）が置かれた村もあった。六六年には七〇万人の児童・生徒が学んでいたと報告されている。

診療所・病院もあり、解放戦線に参加した医師、看護師が治療にあたったほか、解放区の医学校では医師を育てた。歌舞団・文工団が村や軍の基地で公演した。新聞・放送・映画製作。「解放通信社」はテレタイプで外国にも解放ニュースを送り、南ベトナム全土に五〇の解放戦線系新聞社があり、地方広報、定期刊行物も発行された。解放戦線中央機関紙、各党機関紙、解放軍機関紙が解放区にある印刷所で印刷された。私もいくつかの宣伝ビラ、絵画集などを見たことがある。

解放戦線放送局は、ベトナム国内だけでなく、フランス語、英語、中国語、カンボジア語でも放送して、ラジオチャンネルを合わせると外国でも聞くことができた。

解放戦線の資金源は税金四〇％、戦時公債四〇％、外国の援助二〇％。外国に代表部を設置し解放戦線外交官が常駐した。設置順に一九六二年キューバ、六三年アルジェリア、チェコ、インドネシア、六四年東独、中国、六五年ソ連、ハンガリー、六六年ポーランド、アラブ連合、北朝鮮、六七年カンボジア、六八年ブルガリア、ルーマニア、アルバニア、モンゴル、タンザニア、シリア。

このように解放戦線の活動はあらゆる分野で広範囲に行われていた。南ベトナム政府やアメリカ大使館も解放戦線の動きは分かっていて、その拠点を掴み中心人物を捕えるための軍事作戦をくり返したが、大きな成果を上げることはできなかった。その原因は広い解放区、政府軍に解放戦線の協力者がいて軍事作戦が事前に通報されることなどだった。政府軍も米軍も「見えない敵」を探し出すことが主な作戦だった。

# 第四章
# メコンデルタの従軍

メコン川の上を飛ぶ政府軍兵士が乗るヘリコプター。メコンデルタ地帯には政府軍3個師団の基地があり、米軍ヘリが兵士を作戦地へ運ぶ。1966年

## カントーの宿舎で

従軍の時は、私はいつも輸送機の出発時間に合わせてタクシーかシュクロバイで空軍基地へ行く。入口で降りて検問を受け、基地内ランブレッタ（小型三輪バス）でターミナルへ向かう。外国通信社、放送会社の記者やカメラマンは、基地への出入り許可証を持った社有車で行くので羨ましかった。

短い滑走路で離着陸可能なカリブー輸送機には、第四軍管区へ行く政府軍将校や米軍事顧問が乗っていた。機体の鉄板や鉄骨がむき出しになった縦列のシートに並んで座ると、サイゴン（現ホーチミン）から一時間足らずでカントーに着いた。空港でランブレッタに乗り、運転手に住所を書いたメモを見せると彼はうなずいて市内の一角に連れて行った。フランス植民地時代の古い二階建て兵舎で、周囲はブロック塀で囲まれ、入口に衛兵が銃を肩に立っていた。プレスカードを見せ、コーチ少佐の名を告げると通してくれた。すぐ日本人と分かったのだろう。どこへ行ってもベトナム人は親日的だった。

コーチ少佐は髪を短いＧＩカットにした三二、三歳の陽気な将校だった。質問というよりは雑談で、ベトナムへ来てどのくらいになるか、ほかにどの部隊に従軍したかなどを聞いた。コーチ少佐はベトナムへ来てまだ四カ月だから「あなたの方が先輩だ」などと冗談を言った。明日、バクリュウのヘリコプター基地へ行く便に乗せる、そこではリンゼイ中佐が従軍の手配をする、ということだった。今夜、泊まるところはあるかと聞かれたので、まだ決めていないと答えると宿舎を手配してくれた。

コーチ少佐が手配したところは、司令部からさほど離れていない市街の大通りにある大きな住宅だった。昔はフランス人かベトナムの財閥が住んでいたようだった。とくに受付というのはなく、ベトナム人女性が二階の寝室へ案内をしてくれた。八畳ぐらいでバス・トイレも付いている。こうした部屋がいくつかあるようだった。夕食付きで五ドルを払った。シャワーを浴びて居間兼食堂の広いロビーへ行くと、テーブルにはほかに二人のアメリカ人がいた。

私は従軍する時は軍服姿であり、それ以外には予備の肌着を持つだけだった。五〇歳前後の女性は、とくにおシャレはしていないがさっぱりとしたシャツとスカート姿だった。三〇歳ぐらいの男性もシャツとズボンで、私だけが軍服で何となく間の悪い感じもした。自己紹介をしてテーブルに座ると、私の軍服の胸にジャパンプレスと名前を縫い込んであるので、日本人報道関係ということはすぐに分かったようだった。女性の名はマーサと言った。私は映画にもよく表れるこの名が好きなので、いまでもよく憶《おぼ》えている。白い髪で優しく聡明な表情だった。男性も知的な感じがした。

二人はカントー市のＵＳＩＳ（米文化交流局）で仕事をしているとのことだった。サイゴン、フエ、ダナンなど大きな都市でＵＳＩＳ、ＵＳＩＡ（米広報文化局）などの事務所を見たことがあった。一階の図書館のようなところにアメリカの雑誌・本などが並べられていた。

## 文化活動の米シビリアンとの語らい

アメリカが、ベトナムでの軍事活動と並行して行っている文化活動だった。こうした仕事についている人は軍とは関係のないシビリアンだった。マーサはベトナムへ来て八カ月、カントーに来て二カ月、最初はサイゴンで三カ月、その後フエで三カ月。一カ所に三カ月と決まっているわけではないが、自分としてもベトナム各地の文化を勉強したいので、三カ月転任にしてもらっているとのことだった。

マーサは「フエでは中国の影響を受けた王宮、皇帝廟などが大変興味深かった」「市の中心に川が流れて静かな素晴らしいところだった」「ＵＳＩＳの事務所にはフエ大学の学生が雑誌や本を読みに来た」「ベトナムのいちばん古い学校で現在は高校となっているクオック・フォックの雰囲気がとても良く、女子生徒の制服となっている民族衣装のアオザイがきれいだった」などと話した。

男性は、「カントーはサイゴンからの出張で、一カ月後にはサイゴンに戻る」と言った。二人の仕事はアメリカの文化をベトナム人に知ってもらい、ベトナムとアメリカとの交流を広げることだろう。

アメリカがベトナムに介入した大きな理由は、ベトナムの共産化を防ぎ、ベトナムを防波堤にしてアジアおよび世界への共産主義拡大を防ぐということだった。そのためにベトナム政府軍に資金・武器援助をし、アメリカの部隊も派遣した。軍事援助のほかに親米政権をつくるための経済援助も続けていた。南ベトナムの政府と民衆をアメリカ側につけるシビリアンによる宣撫《せんぶ》工作でもあった。USIS、USIAの活動もそうしたアメリカの政策の一環だった。

具体的にどんな活動をしているかはよく分からなかったが、遠くベトナムでそのような仕事についている人に私は好感を持った。ベトミンとフランスが戦ったインドシナ戦争へのアメリカの支援、ゴ・ディン・ジェム政権支援、軍事支援、米軍派遣などのアメリカの政策には反対の気持ちだが、ベトナム市民がアメリカと交流を深めることは良いことだと思った。

ベトナムの市民生活を破壊する軍の悪意に対し、市民の心を和やかにしていこうとするシビリアンの善意が感じられた。そうした活動をしている人たちのなかにCIA(米中央情報局)局員もいると聞いたこともあるが、誰がそうなのか私には詮索する気持ちはまったくなかった。

夕食はベトナム料理だったが、ベトナム人のように大皿に盛った料理を箸でとるのではなく、小皿に分けたものでそれぞれの前に並べられた。野菜サラダはヨーロッパ風、日本の揚げ春巻を小さくしたチャーゾー、蒸したエビ、そして甲羅と殻が軟らかい蟹《かに》の唐揚げは初めて食べた。スープとご飯とが別の大きなガラス器に入れてあり、大きなスプーンでそれぞれが自分の碗に移した。

私はベトナムに来て三年近くになっていた。各地へ行って、大きなレストランや小さな食堂での体験も重ねていたので、自然とベトナム料理が話題となった。

ここに長期滞在している二人は、宿のオーナーのベトナム人夫婦が毎日、日替わりでつくる夕食を食べ、ほかの客があった場合も二人のメニューは別になっている。昼食は街のレストランで食べてシエスタ（昼寝）で宿舎に戻り、また三時からの仕事に行くとのことだった。

テーブルには魚を塩漬けにしてつくられたベトナムの醬油《しょうゆ》「ヌクマム」と日本のキッコーマン醬油、ソース、塩、コショウなどが置いてあった。男性の名は忘れたが、仮にエリックとしておこう。私と彼はベトナムの〝33〟ビールを注文した。アルコールは別料金である。

「ヌクマム」の話題になった。マーサは、「ヌクマム」が好きだがエリックはまだ馴染《なじ》めないと言って、日本の醬油を使った。マーサは以前タイのＵＳＩＳで仕事をしていて、魚の醬油「ナンプラー」で味を覚えたという。バンコクにいた頃はときどき列車でラオスへも行ったが、ラオスにも「ナンパー」という魚醬があったと言った。

日本にも「ヌクマム」はあるのかと聞かれた。秋田に「しょっつる」があると聞いているが、私はまだ味わったことはないと答えた。ベトナムの中国人街チョロンでは、そのまま「魚醬」と漢字で書いて店頭に並んでいた。私も、もちろん「ヌクマム」は大好きだった。

マーサは慣れた手付きで「ヌクマム」を小皿に入れて、チャインと呼ばれる青く小さなレモンを絞り、細かく刻んだ生唐辛子を少し加えていた。それを見て私が「すっかりベトナム式に慣れましたね」と言うと、マーサはこれがないとベトナム料理とは言えないと笑った。

ご飯を自分の碗に盛りながら、コメの話題になった。私もラオス、タイへは行っていたのでベトナム同様、粘り気のないインディカ米を食べていた。日本のコメはジャポニカである。インディカとジャポニカは粘りの素となる澱粉《でんぷん》・繊維が違っている。日本では炊く時にそのまま蒸すが、ベトナムでは蒸す前に湯は捨ててさらに粘りをとる。これは食文化の違いで、ベトナムの風土や料理にはこの方法が合う。私もベトナムではインディカに限ると思っていたが、日本料理にはやはりジャポニカが良い。刺身とインディカは合わないと感じていた。

カンボジアでもインディカと聞いていたが、この時には、私はまだカンボジアの土を踏んでいなかった。「インドはカレーを指でつまんで食べるが、ジャポニカだと食べにくいでしょうね」とマーサは言った。彼女はニューデリーのUSISでも一年勤めていたという。インドも行ったことはなかったが、彼女の話は大変興味深かった。

一九六五年、私はラオスで行方不明となった日本の国会議員、辻政信の追跡取材をしたが、その時の経験で、ラオスではインディカよりモチ米の方が好まれているようだと話した。マーサもルアンプラバン（ルアンパバーン）という古都でモチ米を食べたが大変美味《おい》しかったと言った。小さな籠に蒸したモチ米を入れてきて、食べやすい大きさに手でつまんで口へ運ぶ。

このようにアメリカ人女性と長く話して過ごす時間は、私には初めてなので楽しかった。マーサは私にも分かるような易しい言葉を選んで、話す気遣いをしてくれた。

## 酒談議

　夕食のあと、小さなバーカウンターのある応接室へ席を移して、ソファーに向かい合って座ると、宿舎の女主人マイが「何かお飲みになりますか」と言った。彼女は四〇歳前後か、黒髪がうすいピンクのアオザイの腰まで流れている。落ち着いた雰囲気の女性で英語の発音がきれいだった。マーサはブランデー、エリックはジントニック。食後ではあったが私は「コニャックソーダ」を注文した。マーサは「おお、コニャックソーダ」と言って笑い「あなたはコニャックソーダが好きか」と聞いた。

「日本にいた時は、ブランデーは高いので飲んだことはないが、ベトナムに来て初めてブランデーを飲み、コニャックソーダという飲み方があることも知りました」と答えた。「日本では『サケ』を飲んでいたの?」と京都へ行ったことのあるマーサは日本酒を知っており、ソフトで美味しかったと言った。

　宿舎の主人クォックが用意した酒を、マイが運んできた。ベトナムに来てから得た知識だが、ブドウを発酵・蒸留させた酒がブランデー、ほかにリンゴ、サクランボ、プラム、ナシ、ベリーなどでもつくられているという。フランスのブランデーは主としてアルマニャックとコニャック地方でつくられ、なかでもヘネシー、カミュ、レミーマルタン、マーテルなど有名なブランデーの産地はコニャック地方に集中しているので、その銘柄のソーダ割をコニャックソーダと言ったようだ。ベトナムではマーテルがいちばん人気だった。

フランス植民地時代に流行したので、一九六五年ラオスへ行った時も首都ビエンチャンではコニャックソーダが飲まれていた。後にカンボジアでもずいぶんとコニャックソーダを飲んだ。マイが持ってきたコニャックソーダは、マーテルとソーダはウィルキンソン、自家用冷蔵庫製のキューブアイスだった。

植民地時代のインドシナで、フランス人に好んで飲まれてきたコニャックソーダは、フランスの技術導入によりベトナムで製造されたタイガー印のソーダとベトナム製の氷でつくるものだった。高さ一五センチぐらいの大ぶりなグラスに大きく砕いた氷を入れ、マーテルを瓶からドクドクと沢山そそぐ。横に添えてある瓶ソーダをグラスの口いっぱいまで割って、アルミ製の細長いスプーンで勢いよくかき回して泡を立てる。

これが古典的なインドシナ風のコニャックソーダのつくり方である。ときどき氷のゴミがグラスの底に残っている時があるが、このゴミもベトナム製氷の証明である。一応、蒸留した水を製氷していると聞いているが、どのような水でつくったか気にしたことはない。

ソーダの泡に混じってコニャックの香りと冷たい味が、ノドを通る時が何とも言えない。

しかし米軍基地のバーでは、ベトナム風より小さいグラスに、基地内で製氷したキューブアイスと缶入りウィルキンソンソーダとなる。同じコニャックソーダなのにベトナムのレストランの味とはずいぶん違う。小さなキューブアイスは、かき回すと水っぽくなるし、ウィルキンソンソーダも軽すぎて合わないような感じがした。

クォックはベトナム・コニャックソーダのことはよく承知していたが、ここに泊まるのはほとんどがアメリカ人なので、衛生を気にしてキューブアイスとウィルキンソンを使っていた。それにコニャックソーダよりもウィスキーソーダが好んで飲まれるとのことだった。

マーサはレストランのコニャックソーダを知っているが、ストレートをブランデーグラスで飲む方が好きだと言った。

カントーの市場の話題になった。マーサはときどき果物やゴム紐《ひも》、針や糸、サンダルなどの雑貨を買いに行く。アメリカ人と分かってもベトナム人たちは親切だし、身の危険を感じたことは一度もないと言った。スリがいると聞いたが、外国人の女性には遠慮しているのか物を盗られたことはないと笑った。

## 米人も危険なく歩ける戦時下の街

サイゴンでも市街で歩行中の米兵が襲われたという噂《うわさ》は聞いたことがない。

米兵のベトナムでの任務は一年だった。徴兵された一兵卒は一年間を無事に終えると本国に帰ることができた。その間に「R&R」（Rest and Recreation）と呼ばれていた一週間の国外旅行と、三日間のベトナム国内旅行があった。国外はシンガポール、ペナン、バンコク、香港、ハワイ、台湾、マレーシア、シドニー、沖縄、日本などだった。アメリカ本国は里心がついて脱走したりする恐れがあるので除かれていた。

ベトナム国内ではビーチリゾートのブンタウ、カムラン、ニャチャン、クイニョン、チュライ、ダナンだった。米兵専用のビーチは鉄条網で遮られて、ベトナム人は入ることができず別世界になっていた。沖縄の石川市（現うるま市）にあった米軍ビーチと同じだった。

私はダナンの海兵隊プレスセンターに泊まっている時、米兵専用のチャイナビーチを、プレスカードを見せて利用した。兵士たちはビーチ内の施設で酒を飲み食事をした。しかし、そうした施設を好まずに市内のホテルに泊まる兵士も多かった。

たとえばダナンでは、ベトナム人によって建てられたR&R兵士用のホテルやバーが沢山あった。兵士たちは戦場に戻れば明日をも分からない命なので、かなり派手にカネを使う。そのカネ目当ての営業だった。

農村が戦場となって、農民は都市に集まる難民となり、バーで働く女性も多かった。兵士はバーの女性をホテルへ連れて行ったし、シュクロ（三輪自転車タクシー）の運転手は案内役も兼ねていた。

R&R中の米兵たちは、サイゴンや各地のレストラン、バーや土産物店に入り、丸腰で市内を歩き回っていたがテロに遭うことはなかった。兵士個人を狙うテロはなかったが、米兵宿舎がときどき爆破された。

一九六四年一二月二四日、サイゴンのカラベルホテルに近いブリンクスホテルが爆破され、米兵二人が死亡、六五人が負傷した。私は翌年一月、このホテルを撮影した。六五年六月、サイゴン川の水上レストラン「ミイカン」が爆破され、夕食を楽しんでいたベトナム人四〇人、アメリカ人一二人が死亡、八〇人が負傷した。

アメリカ人やベトナム人の高級役人、資産家がよく利用しているレストランとはいえ、一般ベトナム人を大勢巻き込んだ悲惨なテロだった。血まみれで倒れている犠牲者の写真が地元新聞に掲載され「ベトコン」の残酷性が強調された。この時期、米兵相手のバーも爆破され、「米兵の行くバーはさけよう」などと私たちも言い合うことがあった。この民間人を巻き込むテロは、解放戦線も反省したのではないだろうか。

その後も、政府機関、警察、米兵専用ホテルなどへのテロはあったが、私が知る限りでは、大勢の民間人が犠牲になるテロは「ミイカン」と一二月のアメリカ大使館の爆破だった。この時は二人のアメリカ人が死亡、通行中のベトナム人が数人負傷した。その後、六六年チャン・フン・ダオ大通りにある九階建ての米軍専用ホテルが爆破され米兵四人、ベトナム人従業員四人が死亡、約一三〇人が負傷した。この時、私はすぐ現場へ行き負傷兵を撮影した。そのほかテロはあまりなく、休暇中の米兵がバーや土産物店の並ぶトゥヨー通りを往来し、私たちも米兵のいるバーへ行った。

エリックもサイゴンで昼間、通りを歩いて危険を感じたことはないが、でも夜、小さな暗い通りを歩くことは避けていると言った。韓国軍の作戦では、徹底的に村を攻撃してそのたびに大勢の民間人が犠牲になっているという噂がサイゴンに流れていたが、韓国人のビジネスマンが襲われたということは聞かなかったし、私たちが韓国人に間違えられて嫌がらせを受けたこともなかった。

その理由として、民間人の死者が出ると解放戦線の支持が落ち、都市では警戒が厳しくなる。そして人通りも減少し、商店街、各所にある市場に活気がなくなって、経済の悪化が解放戦線支援母体となる農村にも影響する。解放戦線の標的はあくまでも米政府、米軍、南ベトナム政府、南ベトナム軍であるためではないかなどと私は想像していた。

## ベトナムの市場

私はそのときまでに香港、マカオ、タイしか行っていなかったが、そのどの市場よりもカントーの露天市場がいちばん大きいと思った。マーサに、カントーより大きな市場をほかの国で見たことがあるかと聞いた。私が見た国のほかに台湾、カンボジア、インド、パキスタン、ネパールでも仕事をした彼女も、カントーは市場の敷地が広いし、店が多く商品が多種であること、売る人、買う人が多いことなどで自分の知る限りでは最も大きいと言った。私はサイゴンからバスの旅でカントーに来たことがあった。

マーサは、「ベトナムは中国文化の影響を受けているので、ベトナム料理も台湾や香港と似ている。フランス植民地時代、インドシナといわれたカンボジア、ラオスはインド文化の影響がある。ベトナムのお寺は日本、台湾、香港と建て方が似ているように感じた。中国へは行ったことはないが多分、中国の影響だろうと思った。ベトナム、中国、韓国、日本は大乗仏教だが小乗仏教（上座部仏教）のカンボジア、ラオス、タイのお寺はベトナムの寺とは大分違う」とも言った。

アジアの文化に詳しく「小乗仏教のお寺の屋根は金色や緑、赤など派手な色が多く、仏像も全身、金色に光っているが、ベトナムや京都の寺や仏像は地味で落ち着いている」と言う。

「アンコールワットはお寺というより石で造られて、お城のように大きい、長い廊下にはヒンドゥー教の神話にある戦争の物語が浮き彫りで描かれてとても面白い、猿の軍隊の大将猿や大蛇なども彫られている。アンコールトム遺跡のバイヨンには大きな仏像の顔が四つあって四方を向いている。石の壁には漁業、狩猟など市民の生活の彫刻がある。アンコールワットやバイヨンの女神の像は美しい」

マーサが見たカンボジアに魅力を感じたが、ネパールのカトマンズの大きな一つ目が塔に描かれたヒンドゥー教寺院、ナガルコットから眺められるヒマラヤ連峰などの話に、世界無銭旅行を計画して日本を離れた時の冒険心がくすぐられた。

マーサが訪ねたインド文化の影響がある国々の市場では、赤や黄色の香辛料の粉が沢山並んでいたが、カントーの市場ではあまり見られないと言った。これまでのベトナム体験では、香辛料は粉を使うより生の唐辛子や香りの強い草のような野菜が多かった。カレーもあるにはあったがご飯にかけるよりも鶏やカエル料理の味付けに使われていた。

メコンデルタ地帯の運河ではモミを積んだサンパン（小舟）をあちこちで見た。春秋二期作が普通である。1993年

「カントーの市場を歩いているとコメ、野菜、果物、魚、アヒル、何を見てもメコン川の恵みをいっぱい受けているという気持ちになるわね」というマーサの言葉に私も同感だった。

## メコン川の暮らし

メコン川はチベットの山岳地帯を水源にして中国の雲南省を流れる。中国ではメコン川全体は湄公河《メイゴンフ》、上流を瀾滄江《ランツアンチャン》と呼んでいるとのこと。中国からミャンマーとラオスの国境を流れてラオスに入る。ラオスを抜けるとタイとの間を流れて川は国境にもなっている。一九六五年、ラオスへ行った時、首都ビエンチャンの横を流れるメコン川沿いのレストランで、ラオス風鍋料理をつっつきながらメコンの流れを眺めたことがあった。

タイとラオスのメコン川周辺に住む住民は小

舟で自由に往来し、タイ人はタイ製の日用品を運び、ラオス山岳地帯で採取される蜂蜜、鹿肉、ラオス少数民族の織物、工芸品を買って帰るなど、政府黙認の密貿易が行われていた。

密貿易はベトナムとカンボジア国境でも行われているようだった。国境問題は政府が絡むと戦争となるが、住民にとって国境は交流の場だ、とマーサは言った。

ラオス南部からメコン川は、カンボジアの中央を流れてプノンペンでトンレサップ川と合流しベトナムへ入る。ベトナムではティエンジャン（前江）、ハウジャン（後江）という大きな二本の流れとなり、さらに南に下るにしたがっていくつもの支流に分かれて、南シナ海へと注ぐ。水源から河口まで四二〇〇キロ。長い川はメコン川水域に住む人びとの生活も歴史も支えてきた。

ベトナムではメコン川の流れる姿を、龍のように大きな支流が何本も流れているのでクーロン（九龍）と呼んでいる。カントーの横を流れるのはハウジャンである。ハノイ発音では「ハウザン」となるということだった。

カントーの市場にはウナギ、雷魚、ナマズ、川エビなどが入った大きな金属製のタライが並び、魚が動き回っていた。雷魚、ナマズは白身で味も淡白であり、いろいろな調理で味付けができるので主婦に喜ばれている。

ベトナム人が川魚好きな理由は二つあると思う。一つはほとんどの家庭に冷蔵庫がないので、生命力の強いウナギ、雷魚、ナマズなどが新鮮なまま手に入る魅力。一方で南シナ海の魚は、メコン川を漁船で運ばれてきても、漁船や市場の冷凍設備があまり良くないので鮮度が悪く人気が

戦時中も川魚（上）や野菜（下）などが豊富にあったカントーの市場。写真は戦後の1997年

ない。
「豚、牛、鶏の肉が露天で売られているが、冷蔵庫のないベトナム人たちはその日に買った肉はその日に料理して食べて、翌日はまた市場に行くという習慣なので、いつも市場は賑《にぎ》わっている。市場は毎日の食料を買う場所だが、人びとが交流するところでもあり、これはベトナムやアジアの国の文化でもある」とマーサは言った。

私は沖縄で生まれたが四歳の時に本土に移住し、両親は沖縄に帰り、私は本土に残った。高校を卒業した一九五七年、一五年ぶりに沖縄へ帰った。その時に那覇の市場で見た光景は故郷の思いを強く感じさせた。沖縄戦で廃墟《はいきょ》となった那覇市は復興途上であったが、市場に並んで座った女性たちがカツオ節、肉、野菜を台の上に置いて売っていた。その風景はいま思うとベトナムの市場にとてもよく似ていた。私はベトナムへ来た時、沖縄はアジアだと思った。沖縄の市場は故郷の食文化をよく表していた。

マーサとの話はとても面白かった。「もう寝るわ」と彼女が部屋へ帰ってからエリックと私はバーへ移って、また酒を注文した。そこへ突然、雪村いづみの歌が流れてきた。R&Rで日本へ行った軍事顧問からテープをお土産にもらったのだとクォックが言った。「オー・マイ・パパ」「想い出のワルツ」などを英語で歌っていた。アメリカ人にとって彼女の英語の発音はどうかと聞くと「すごく上手だ、完璧」とエリックは褒めた。私は映画を見るのが趣味で、アメリカ映画も沢山見ていたので印象に残っている「心の旅路」「サンセット大通り」「陽のあたる場所」「シェーン」

「探偵物語」「ローマの休日」など題名をいくつも挙げた。

エリックは西部劇が好きで「シェーン」「真昼の決闘」「荒野の決闘」などを見ていたので「シェーン」の最後のシーンに少年が「カムバック・シェーン」と叫ぶところで二人とも話が盛り上がって乾杯した。

私はコニャックソーダでほろ酔い気分になっていたので「映画の中でアメリカ人は『アイ・ラブ・ユー』という言葉をよく使っているが、日本人はそういう言葉は使わない」と言うと、「では何と言うんだ?」とエリックに質問されて私も困った。それに似たような表現をする前に失恋したので、経験がなかったからだ。

「明るい太陽、美しい夜空をあなたといつまでも見ていたい」というような表現をする、と酔いにまかせていいかげんに言うと、エリックは、「ロマンチックだが、女性には〝アイ・ラブ・ユー〟がいちばん効くのだ」と笑った。クォックのかけたテープからすごく静かな歌が流れた。初めて聴く曲だった。ジョーン・バエズという歌手が歌っていると言う。澄んだ声でどの曲も良かったが、ずいぶん悲しげで寂しく耳に響く声だなと思った。

部屋に戻り、明朝の荷物を点検して、天井から覆うように三角にさがっている蚊帳の裾を上げてベッドに入った。サイゴンの新しいホテルはすべて冷房装置が入っているが、地方の古いホテルや、フランス植民地時代の住宅には冷房はなく、天井でプロペラのような大きな扇風機が回り、蚊帳をつる方式が多い。

「カントー・イン」もプロペラだった。ベトナムは昼が暑いが夜は涼しいので、寝苦しいということはなく、プロペラ扇風機で十分だった。それに私は、冷房よりプロペラ扇風機が好きだった。いかにもアジアへ来たという気持ちになる。

昼間の一二時から三時までは、フランス時代からの昼寝をする習慣「シエスタ」がある。その時に扇風機は必要だが、夜は扇風機がなくても眠ることができる。心地よい会話の疲れと、コニャックソーダの酔いで、すぐに眠ってしまった。

## メコンデルタの従軍

私は早起きだ。中学生の時、新聞配達をしていたので、その頃の習慣が身についてしまったのだろう。八時には第四軍管区司令部へ行くので、その前にクォックとマイが用意してくれた朝食のコーヒー、フランスパン、目玉焼きを食べた。今日はどんな行動になるか分からないから沢山食べておきなさいとばかりに、温かい「肉まん」も二個ついていた。ベトナムの「肉まん」は具が沢山入っていて旨《うま》い。大きなマンゴーも一個分ついていた。宿舎を出る頃、マーサとエリックが「グッドラック!」と見送ってくれた。マイにも再会を約束して夫のクォックの車に乗った。

管区軍事顧問のコーチ少佐は「昨日、第七師団の探索隊がベトコンの本部を発見して大量の武器を押収した。これからランディ大尉が現場に行くが君も行くか?」と聞いた。昨日の予定ではバクリュウで第二一師団の基地へ行くことになっていたが、私は二つ返事で「行く」と答えた。

私が二一師団を希望していたのは、メコンデルタに司令部を置く南ベトナム政府軍三師団のうち、インドシナ半島のいちばん南の地域で作戦するのを見たい、というそれだけの理由だった。いずれ第七師団、第九師団の作戦に従軍するつもりでいたので、順番が変わっただけである。

ランディ大尉に付いて、第四軍管区の米軍曹が運転するジープでカントー空港の空軍基地へ行き、ヘリコプターに乗った。ヘリのパイロットと機関銃手は米兵である。ヘリがカントーから飛び上がると眼下にハウジャン（後江）と呼ばれるメコン川の本流、北方向にもう一つの本流ティエンジャン（前江）が目に入る。二つの本流の間と、本流を囲むように多くの運河が流れている。雄大で豊かな自然の土地だと思う。戦争も民間人の犠牲も、すべてが川と椰子《やし》などの樹木の中に隠れてしまって見えない。

メコン川は上空から見ると蛇行している。ところが水上バスなどに乗っている時には、メコンの本流が曲がっていることには気がつかない。メコンは川下になるにしたがって幅が大きくなる。カントーの近くでも幅の広いところは約三キロあった。その後、ラオスへ行ったが、ルアンプラバンの市内近くのメコン川では対岸が近くに見えて、幅は約三〇〇メートルとのことだった。

メコン川の本流・支流を結んで、フランス植民地時代に無数の運河がつくられた。一直線に延びている運河も沢山ある。メコンデルタは上空からは川と周辺の椰子やほかの樹木、その下に隠れるように農家が見える。また、カンボジアの国境近くで、葦《あし》が茂るような平原が広がっているのを見たことがある。

ヘリコプターは東のミトーの方へ向かっていた。遠くに海が見えてきた。南シナ海である。メコン川はベトナムに入って二つに分かれるが、ティエンジャンはカイベの周辺からさらにミトー川、コティエン川、中央にハムルオン川と大きな三本の支流に分かれる。地図で見ると三本の支流に囲まれた島がベンチェ省となっている。以前にミトー川と省内を流れるパライ川とを二回、フェリーに乗ってベンチェ市へ行ったことがあるが、水路に囲まれたような村が多かった。

南シナ海に近づくと、広いマングローブ地帯が眼下に見えてきた。赤い煙が上がっている方向にヘリコプターが降下した。着陸地点がないのでホバーリングしている間に飛び降りる、とランディ大尉が言った。

これまでもそのような経験はあったが、水の下がどのくらい深いのかと心配だった。ヘリの高度が下がるにつれて、地上で兵士たちの動き回っている様子が見えた。地上というより水上と言った方がよい。兵士の膝上ぐらいの水だったので安心した。それでも水面からヘリまで一メートル以上はある。リュックとカメラバッグを持っているので、バランスが崩れて水の中に突っ伏したりするとやっかいである。

下の兵士たちが面白がってヘリから私たちがどう降りるか見物していた。ランディ大尉は、ヘリが地面と接触するスキー板のようなところに足をかけて飛び降りたが、勢い余って横倒しになり下半身が水につかってから立ち上がった。ベトナム兵たちはそれを見て笑って喜んでいた。すでに戦闘は終わったのか、ベトナム兵たちは上半身裸で銃は持たずにのんびりした雰囲気だった。

米兵は足が長い。私は荷物を持ってスキー板まで降りるのに苦労をした。ヘリはホバーリングしているので、ぐずぐずはしていられない。やっと飛び降りると水の中に倒れそうになったが、周囲に集まっていたベトナム兵たちが体を支えてくれた。彼らはランディ大尉が水につかるのを期待していた節があったが、私に対しては最初から手助けするつもりだったようだ。

## 「これは、あなた方の国の戦争だ」

概してベトナム兵たちは米軍事顧問に対してはあまり良い感情を持っていなくて、一定の距離を保っていた。そのことは、これまでのベトナム海兵隊や空挺部隊の従軍で感じていた。ベトナム人は誇りが高い。ベトナム将校は米軍事顧問から指図されることをことさら嫌っている様子だった。

ベトナム海兵隊に従軍中にそのことを強く感じた。一個大隊が作戦していた。作戦の指揮はベトナム人のタン少佐がとったが、村への爆撃は軍事顧問のスラック大尉が米空軍に連絡をとって爆撃地点を伝えた。プレイクの第六三三戦術空軍と無線で連絡をとっていたスラック大尉が、大隊長のタン少佐に「爆撃が終了した。村へ突入しよう」と言った。もし解放軍が村にいれば空からの攻撃で動けなくなっている。そこを地上の海兵隊が攻撃を加えるのは作戦として素人の私から考えても当然だろうと思われた。ぐずぐずしていると解放軍はトンネルなどを使って撤退するか、反撃態勢を整え海兵隊に犠牲が増えるかもしれない。

タン少佐は「われわれは司令部からの命令を待っている」と言った。スラック大尉の「ベトコンが逃げてしまうぞ」という言葉は無視された。「ＯＫ、これはあなた方の国の戦争だ」という言葉が印象に残っている。

南ベトナム政府軍将校、兵士が反共産主義であることは従軍してすぐ分かった。彼らはベトコン（ベトナムコンサン＝ベトナム共産の略）と戦っていたからである。その点では共産主義との戦いを世界戦略としていたアメリカと、利害は一致していた。しかし、アメリカからは遠いアジアの国のことであり、アメリカの大統領はじめ政府の高官はいずれ代わって、サイゴンの大使も軍事顧問も任務を交代すれば帰国する。

ベトナム人たちは、南ベトナム政府にしても解放側にしても自分の国として運命をともにする以外になかった。彼らにとって米軍事顧問はよそ者だった。ベトナム人より大きな体で違う文化のなかで育ったアメリカ人が、ベトナムを支援しているのはベトナムの利益のためか、アメリカの利益のためか。

南ベトナムの政治家、高級将校、一兵卒まで、それぞれの立場でこの戦争はアメリカの利益のためと考えている人が多かった。その大きな理由は、アメリカはホー・チ・ミン主席を中心としたベトミン（ベトナム独立同盟）軍と戦うフランス軍を全面的に支援したからである。ベトナム人は当然、フランスの植民地支配には反対していた。

武装闘争で独立しようとしたファン・ディン・フォン、一九〇五年に日本に来て独立闘争の支援を求めたファン・ボイ・チャウ、フランスの協力のもとに独立を果たそうとしたファン・チュー・チンほか独立を図った人は多いが、一九三〇年、香港で「ベトナム共産党」を組織したホー・チ・ミンとそのグループが最後まで残ってベトミンを組織し、フランスと戦って勝利した。

一九四五年九月二日、ホー・チ・ミンはハノイでベトナム民主共和国の独立宣言をした。その後、共産主義社会を嫌った人びとが南部ベトナムに逃れた。そのなかには五〇万人以上のキリスト教信者が含まれているといわれていた。

サイゴン軍兵士のなかには北からの難民の子弟もいたし、また「ベトコン」との戦いで「戦友」を失うなど反共心を持っても、それが必ずしも親米には結びつかなかった。

フランス植民地時代、フランス人の下で働くベトナム人官吏を育てるため、リセを設立、さらに試験でバカロレアを得るとフランスへ留学させる、といった植民地支配体制を強化した。また、国内産業の北部なら錫鉱、亜鉛鉱、石炭、金、銀、鉄、マンガンなどの鉱業、南部のコメ、各種穀物、果物、畜産、水産などの農水産物の育成に手を貸したが、それらは搾取の対象であった。

ところで、フランス撤退の後を受けたアメリカは、反共親米の政権を続行させることが目的で、フランスのように領土的野心はなく搾取はしなかった。それどころか、莫大《ばくだい》なドルをベトナムに注《つ》ぎ込んだ。五五年、ゴ・ディン・ジェム政権を樹立させてから六八年までの経済援助は四一億ドル。六九年会計年度は四億六四〇〇万ドル。それに対しベトナム軍事援助も含めた六九年会計年度のアメリカのベトナム戦費は二八八億ドル。七五年のベトナム戦争終結までにアメリカが使用したドルはベトナム経済支援も含め総額三五二〇億ドルと言われている。一ドル三六〇円、当時としては莫大な金額である。

そのうえに米兵の戦死は約五万八〇〇〇人余。金を出し、血を流しそれでもベトナム兵は、米軍事顧問や派遣されてきた米海兵隊やほかの戦闘部隊に敬意を表さなかった。

歴史をふり返れば、ベトナムの戦国時代が終わって、フエを首都にグエン朝を建て、一八〇四年に国名をベトナム（越南）とした。フランスは一八六二年にサイゴンを含めた南部、八四年には全土を植民地とした。それからは一九四五年三月に日本軍によって武装解除されるまでの間、サイゴン、ハノイの市街をつくり、病院、学校を建て、道路をつくり、田園地帯に運河を掘り、ゴム園、コーヒー園などを整備した。これはフランスの利益のためにしたことではあるが、一応、そのようなものをベトナムに残した。

しかし、アメリカの軍事費は、米軍の派兵・爆撃・砲撃などすべてベトナムの国土の破壊と、人間に対する殺傷に使われ、経済援助も米国製品を輸入するバイアメリカンが主となり、工場、病院、市街の建設などベトナムの発展の基盤となるような施策は何もしなかった。その実体をベトナム人たちは肌で感じていた。米空軍は農村を徹底的に爆撃破壊したが、南ベトナム政府軍兵士の多くは農村から徴兵されていた。まして、農村を拠点としていた解放戦線にとって米軍は敵以外の何者でもなかった。

米軍事顧問は南ベトナム政府軍を反共軍に育て、支援することが役目で、直接、軍を指揮する

捕らえられた解放軍容疑者、同じ民族で憎しみ合う不幸。そんな状況を招いた政治は間違っていると思った。政府軍第7師団。ミトー近く　1968年

ことは許されていなかった。彼らは越権行為とならないよう心がけながらベトナム指揮官に助言をしたり、戦場ではベトナム兵と一緒に魚のにおいのするヌクマムで作ったおかずにパサパサのメシを食べたり、ジャングルや水田で野営し、ベトナム軍にとけ込もうとしている様子は、見ていて涙ぐましく感じられるほどだった。

六五年三月、直接の戦闘部隊として米海兵隊が上陸してくるまでのベトナムの戦場は米兵の「大尉の墓場」と言われていた。米軍事顧問には大尉が多かったからだ。

## 捕虜と米軍事顧問

捕虜が拷問されている間、どの作戦でも米軍事顧問は口を挟まず黙って見ている。軍事顧問は米軍へリコプターの手配、米空軍の爆撃要請などはするが、作戦中「戦争をしているのは政府軍であ

ってわれわれは協力しているにすぎない」という建前から、政府軍に口出しすることは控えていた。拷問の場面を撮影していても政府軍は何も言わない。

彼らにとって殺すか殺されるかの戦争であり、拷問は情報を得るための手段のひとつであり、悪いことをしているという意識はないからだ。軍事顧問が拷問をどう思っているかは分からなかったが、政府軍海兵隊の従軍でムービーカメラで捕虜の拷問を撮影している時、軍事顧問から「Do enough」と止められたことがある。スチールカメラだと二、三枚シャッターを切れば瞬間的に撮影は終わるが、ムービーカメラだとシャッターを押し続けなければならない。

全体の風景、拷問している兵士の表情、捕虜を取り囲んでいる兵士たちの表情、拷問されている捕虜の表情などのカットを撮影しているとスチールカメラよりずっと長い時間がかかる。軍事顧問はそれが気になっていたのだろう。

その軍事顧問は拷問は厭《いや》だったのかもしれない。軍事顧問の言葉は「やりすぎだ」という意味にもとれるが、海兵隊に長く従軍している間に彼とも親しくなっていたので「もうそれぐらいでいいだろう」程度に受け止めた。彼も強く制したわけではなかった。

## メコン川の南ベトナム政府軍

南ベトナム政府軍、第七師団の兵士を乗せたヘリは、椰子の木にぶつかるのではないかと思うぐらい低空で目的地へ向かって飛んだ。高いと速度が遅く感じられるが低く飛ぶと速い。地上からの狙撃や敵に見つかることを避けるためである。雑草が茂る広々とした湿地帯に兵士を降ろすとヘリコプターは待機している兵を運ぶために基地へ戻っていった。地上の兵士たちは灌木《かんぼく》の茂みに向かって進撃した。散発的な銃声が聞こえたが、こちらに向かって飛ぶ銃弾はなく戦闘にはならなかった。

兵士が集まっている場所へ行くと灌木の間を運河が流れ、解放軍兵と思われる男が倒れ、川の中に立っている男には銃が向けられていた。解放軍ゲリラの小部隊がいたようだった。川から引き揚げられた若者は恐怖のためか激しく体が震えていた。

数カ所で捕虜に対する拷問が始まっていた。ベトナム従軍中に私が目撃した拷問は、殴る、蹴る、顔を水につける、顔を仰向けにして鼻から水を入れる、銃剣で指や体に傷をつけるなどだった。拷問の目的は解放軍の行動や拠点、武器貯蔵場所などの情報を得ることにあった。ほかに弱い者いじめをしていると感じたこともあった。日頃、敵と考えている政府軍に捕まり大勢の兵士に囲まれると恐怖心が起こるのは当然である。そうした姿を見ていると、軍隊生活で鬱積《うっせき》している不満を弱者に向かって晴らしているのかもしれなかった。

米軍は解放軍を探すために五〇人ぐらいの小隊、時には一〇人ぐらいの分隊で分散して作戦をすることがある。そうした小部隊が攻撃された場合、待機していた中隊、大隊が解放軍を攻撃する。米軍の作戦は「サーチ・アンド・ディストロイ＝どこに潜んでいるか分からない敵を探して粉砕する」というものだった。先に送られる小部隊は〝囮《おとり》〟のような役割も果たしていた。

捕虜を拷問する政府軍第21師団兵士。解放軍部隊の場所や武器の貯蔵庫などを白状させる。戦争は憎しみを深くする。バクリュウ省　1966年

しかし、政府軍師団の作戦は大隊、連隊単位の大部隊の作戦が多かった。師団司令部は少人数での作戦は危険と考えていたのである。そのような考え方に、ベトナムの米軍司令部は政府軍の作戦は効果が上がっていないと大きな不満を持っていた。そして政府軍は頼りにならないと、米軍の戦闘部隊の派遣となった。

一九六三年のメコンデルタの「アプバク」、六四年、サイゴン東方の「ビンジァ」のように、解放軍が政府軍の大軍を待ち受けて撃破したこともあったが、たいがいの場合は政府軍の作戦を事前に知った解放軍部隊は、正面衝突を避けて姿を消し、ゲリラ戦術で政府軍を攻撃した。

それでも、ヘリコプターの奇襲によって逃げ遅れ捕虜となる解放軍兵士の姿が作戦のたびに見られた。解放軍兵士も捕虜になった時の拷問は知っている。大勢の敵に囲まれておびえる捕虜を

メコンデルタでは水の中も移動できる装甲車が多く使用された。水田を横切って攻撃目標の村へ向かう。政府軍第21師団　1966年

いたぶるかのように、政府軍は痛めつけた。

捕虜への尋問がひととおり終わると部隊は移動を開始した。捕虜となった解放軍兵士は、腕を縛られて政府軍とともに歩かされる。メコンデルタには第七師団のほか、第九、第二一と三個師団がある。私はいずれの師団にも従軍したが、作戦の方法は、ヘリコプターで解放軍が結集していると思われる地点に降下して、その後は夕方まで水田地帯の農村を捜索しながら行軍する。同時にほかの部隊が兵員輸送装甲車（ＡＰＣ）に乗って解放軍の退路を断つように水田に展開し、進軍するといった方法が多かった。

メコンデルタの農村は、ベトナム中部とはずいぶん異なっている。南ベトナム政府軍海兵隊のビンディン省での従軍では、ベトナム中部を縦に貫くアンナン山脈の裾から東海岸に広がる田園地帯で作戦が繰り返された。山から流れてくる水が水

田を潤していたが、水田はそう広くはなく海岸近くは砂地になり、農村は貧しかった。

しかし、メコンデルタには水田が広がっている。ベトナムの稲作は通常二期作だが、メコンデルタでは場所によって三期作も行われていた。メコン川が運んできた土壌は下流に豊かなデルタ地帯をつくった。

本流、支流、大小無数の運河がメコンデルタの村々を結んでいる。運河に沿っている農家の水際にはニッパ椰子、庭先には椰子の木、龍眼、レンブ、パラミツ、マンゴーなどの果樹が実をつけている。

農家は、上流の雨でメコン川の水量が増えた時に浸水されないように土台を高くしてある。玄関、土間、食堂・居間・寝室を兼ねた部屋、隣にもう一部屋と二間か三間の家が多い。三間といっても部屋は狭く全体に家は小さい。屋根は椰子の葉で葺《ふ》き壁は泥。瓦屋根、コンクリート壁の家もあるが、それは村の長老や村長などの家だった。

政府軍が入っていく村は解放区なので老人、子ども、母親などは残っているが、若い男女、中年男性の姿はない。政府軍の作戦の情報はすぐ伝わり、皆どこかに消えてしまう。

小さな集落を結ぶ運河にはちゃんとした橋はなく、椰子の木が一本横たわっているだけのところが多い。手すりとなる竹が横についているところもたまにあるが、ほとんどは手すりなし一本の丸太だけである。農民は丸太橋を渡るのは子どもの頃から生活の一部として慣れているので、大地の上を歩くような感じですいすいと渡る。

政府軍兵士たちも慣れたものだった。彼らも「メコンデルタの子」だったからだ。しかし、私は参った。もともと運動神経が鈍いうえに、背中にリュック、肩にカメラバッグ、胸にカメラがある。それほど太くなく手すりのない丸太で三メートル、四メートルの川を渡るのは怖い。運河に落ちればカメラは濡れて使いものにならなくなる。丸太の中央で兵士に手を差し出してもらっても、かえって体が不安定な状態になって危ない。自分でバランスをとりながら渡るしか方法はなかった。それが一カ所だけでなくメコンデルタの村のいたるところにあり、銃弾が飛んでくる時より緊張した。

時には川が深く顔まで水に浸かる。浅い場所にいた兵士が助けに行くこともあった。政府軍第9師団。ヴィンロン省　1966年

一個大隊五〇〇人ぐらいが、集落を結ぶ一本か二本の丸太橋を渡るのは時間がかかり過ぎるので、多くの兵士は川の中を歩いた。浅いところはよいが、首まで浸《つ》かるところもある。兵士

はリュックをリレー式に送り、銃だけを持ち上げて渡った。私も何度かそのようにして川に入り、カメラを持ち上げて渡った。ベトナム人とほぼ同じ背丈なので前を歩く兵士を見ていればどれぐらいの深さか見当がついた。

人間がもぐってしまうような深さの川は、兵士たちが農民のサンパン（平底の小舟）を「調達」してきて渡った。一日中、延々と歩くのは疲れるが、私が従軍した時は解放軍からの攻撃はなく、のんびりとした作戦だった。兵士たちは水に浸かって渡河のスリルを楽しんでいるようだった。

政府軍兵士には徴兵され仕方なく戦っているという様子が見られ、国を守るためにベトコンをやっつけるといった闘志は伝わってこなかった。だから彼らにとって、戦闘などないにこしたことはなく、一日の作戦が無事に終わればよかったのだ。

そうした政府軍の状況は、サイゴンにある米・南ベトナム援助軍司令官のウェストモーランド大将やその幕僚へンリー・ロッジ、駐ベトナム大使であるマクスウェル・テーラーや本国のマクナマラ国防長官ほか、ベトナム戦争を推進したアメリカ政府とペンタゴン（米国防総省）の軍部をいらだたせていた。

## 武器を捕獲・印刷機を押収

ヘリコプターから飛び降りて水の中に転んだランディ大尉は、自ら起き上がると私を待って、第七師団付の米軍事顧問のところへ行った。大勢の兵士たちが動き回り、農民から徴発したと思われる小さなサンパンに押収した大砲や銃を積んでいた。

マングローブ地帯のいちばん大きな木は、太くても直径一〇センチ、高さ五、六メートル、小さなものはベトナム兵の膝上に頭を出すぐらいだった。沖縄のマングローブ地帯でよく見られるヒルギではなく普通の雑木のようなものばかりだった。上空から見ると、うっそうとした森のようになって水面が見えないところが多かったが、そのような場所に、椰子の葉の屋根や壁で覆った小屋がいくつかあった。

マングローブ地帯に隠されていた解放軍の大砲。中国から運ばれたようだが使用された様子はない。政府軍第7師団は大勝利と宣伝した。ベンチェ省　1966年

そのうちの一つの小屋から箱を運び出しサンパンに移していた。箱の中に鉛の活字がビッシリと入っていた。「ベトコンの印刷所」とのことだった。

押収された解放戦線の宣伝ビラや新聞を以前に見たことがあるが、このような場所で印刷していたのかと思った。政府軍には一度に

多数の兵士を運ぶことのできる米軍のヘリコプター部隊がついている。解放軍司令部の人間は政府軍の攻撃を察知するとどこか安全な場所へ避難する。しかし、印刷所をすぐに移すことはできない。実際、今回も解放軍兵士の姿は消えていたという。

解放軍は各省ごとにそれぞれの作戦行動をとっているので、各省に印刷所、軍病院、武器貯蔵庫などを持っている。それは地下トンネル、山岳地帯の洞穴、カンボジア領など省の位置や地形によって異なっていた。米軍、政府軍の作戦はそのような場所を探索することが大きな目的なので、私もこれまでの従軍で発見された拠点を何カ所か見てきた。

これほど、大量の武器、印刷用具が発見されたのは私が見た限りでは初めてだった。大砲、銃器などの武器は油紙で丁寧に包まれていた。それらはサンパンでマングローブ地帯の外に運び出されヘリコプターでベンチェ省近くの建物の庭に運ばれた。

政府軍としては大量の武器を捕獲したことは大成果である。第七師団長ほかの幕僚・省長などの省幹部にとっては、一般民衆、中央政府に大いにPRする良い機会だった。建物構内では捕獲品を公開するための作業が進められていた。

第七師団米軍事顧問のシモンズ大尉によると大砲八門、ライフル三七〇丁ほか、砲弾、銃弾が捕獲された。大砲は米国製75ミリ。日中戦争の時、アメリカから中国に譲渡された物だった。現在の米軍や政府軍が使っている75ミリ砲とはずいぶん異なった形をしていた。その後、この式の大砲がベトナムで使われたという情報を私は知らず、ほかの戦場での捕獲武器のなかでも見たことがなかった。おそらく、中国からベトナムへ運搬されたが、かなりの重量と戦場での持ち運びに不便なので、ベトナム戦争では使用されなかったのではないか。

小銃は第二次世界大戦中、ソ連軍が使っていたモシン・ナガン式五連発小銃を中国が銃身を短く複製した53式騎銃（騎兵銃・カービン銃）で、各地の捕獲武器のなかでよく見られる銃だった。迫撃砲、重機関銃、解放軍の正式小銃となったＡＫ47式の自動小銃はなかったので、すでに各部隊に配布されたのかもしれない。

北ベトナムと解放軍を支持する中国、ソ連、ほかの社会主義国からの武器、医療品などはソ連・中国の国境から中国に入り、中国製とも合わせてトラックでホーチミンルート、輸送船でハイフォン港、サンパンで沿岸に運ぶなどの方法が取られていた。

今回、武器が発見されたベンチェのマングローブ地帯には、南シナ海の河口からメコン川の支流、小流をサンパンを使って運び込まれたと思われるが、河口までどのような方法で運ばれたのか、シモンズ大尉もこれから調べないと分からないと言った。

捕獲武器の展示は、サイゴンのレロイ大通りとトゥヨー通りの交差点角にあるカラベルホテル真向かいの政府展示場でたびたび催されており、今回の大砲もそこで展示されるかもしれなかった。

シモンズ大尉は、武器捕獲場所に私が来て撮影したことに機嫌が良かった。メコンデルタの政府軍の撮影をしたいという私の希望をランディ大尉から聞くと、近々、作戦があると思うから俺のところで待ったらどうかと言った。私はあちこちの戦闘をこの目で見たいという「戦場の放浪カメラマン」だったから、シモンズ大尉の誘いは渡りに船と第七師団の作戦を待つことにした。

## アウトポストという砦

メコンデルタのカマウ米軍事顧問団のケリー大尉から「今日、未明にウーミンの森に近いアウトポスト（前哨陣地）がベトコンの攻撃を受けた。これから、その状況を調べに行くが、一緒に行かないか」と誘われた。

こういう時に、恐怖感や躊躇《ちゅうちょ》するといった気持ちはまったく起こらない。いろいろなものを見たい、体験したいという野次馬精神で、攻撃現場を撮影し「AP通信」に売り込む、日本の雑誌に掲載するというフリーカメラマンとしての商魂よりも、現場への好奇心が優先した。

この時は、河川哨戒艇は大き過ぎて幅の狭い運河は通れないというので、強力なエンジンが付いた幅二メートル、長さ一五メートルぐらいの細いボート二隻に、ベトナム兵約二〇人、米兵四人が乗った。兵士たちはボートの縁に腰をかけて陸地に向けて銃を構えていたが、周囲にとくに危険な雰囲気は感じられなかった。

農民の家族が小さなサンパンで移動したり、水上バスで移動している人びとの姿などが見られて、私には珍しい風景ばかりだった。運河沿いの家では、運河につき出してつくられた縁側に、水を汲《く》み上げて洗濯をしたり、食器を洗ったりしていた。運河で泳いでいる子ども、四ツ手網で小魚を捕っている漁師、風呂代わりに川の中で体を洗っている女性もいた。

　このような光景を眺めていると、横に銃を持った兵士がいなければ戦争をしている国とは思えない。しかし、戦争の現実は確実に存在した。水上バスの通る大きい運河から、小さな運河、さらに川へ入ってしばらく行くと前哨陣地があった。このような陣地は南ベトナム全土各所にある。陣地を守っているのは師団や連隊の正規軍ではなく、地方軍の兵士たちだった。

　正規軍はヘリコプター、装甲車などを使って大部隊で作戦をする。地方軍兵士は地元の中小企業で働いていたり、商売などをしている二〇歳から四五歳までの人たちを兵役義務者として、一九六四年四月の地方軍結成法で徴兵された中年男性が多い。このにわかづくりの兵士が自宅から近い前哨陣地に配備されていた。

　昼間であれば前哨陣地が攻撃されても近くの米軍基地から「ガンシップ（武装ヘリコプター）」などが飛んできて支援されるが、夜は孤立する。解放軍に攻撃の意図があれば小さな前哨陣地は一夜でつぶされてしまうが、解放戦線ゲリラも地元生まれなので、血なまぐさい戦闘にはならないことが多かった。

　前哨陣地には、家族と一緒に住んでいたり、家族が訪れて二、三日泊まっていくといった長い戦争に対応した兵士たちの暮らしもあった。それも四、五人の兵士から三〇人ぐらいまでという、大小の前哨陣地が各地につくられていた。その後、たまたま友人の車でメコンデルタを走っていて、橋を警備する小さな陣地で妻たちが運んできた昼食を食べている兵士の光景を見かけ、撮影

メコンデルタ南端のカマウに行く4号道路（現在1号道路）脇に、見せしめのように放置された解放軍兵士の遺体。キエンジャン省　1966年

したことがある。兵士や女房たちもニコニコとのんびりとした雰囲気だった。

しかし、解放戦線も軍事行動が必要なこともあるだろう。やはりメコンデルタの道路を友人の車で移動中、前哨陣地を攻撃したゲリラの戦死体二体が、見せしめのために道路に放置されているのを目撃したこともある。

カマウの前哨陣地は運河が分岐する角にあった。小さな船着場に下りると周囲を泥で固めた堡塁《ほうるい》のところどころに、銃眼をつけた見張り所があった。三角形の陣地の外は鉄条網を張りめぐらせてあった。その下は地雷だろう、茅葺《かやぶ》き屋根、板壁の簡単な兵舎であった。ゴザに横たわった三〇歳ぐらいの農家の女性と二歳ぐらいの男の子の遺体の前で、二人の女性が泣いていた。それを私たちと一緒に来た兵士以外の三〇人ぐらいの兵士たちが堡塁の上から眺めていた。

一緒に来たベトナム兵中尉が、状況をケリー大尉に報告していた。通常、ここは一個分隊が守備しているが、二人欠員で八人の兵士がいた。兵士の一人の家族が一昨日、訪ねてきて家族小屋に泊まっていた。陣地内には家族が来た時に一緒に過ごせる小屋がある。この日午前一時頃、陣地がベトコンに銃撃され兵士たちは応戦した。ベトコンがときどき行う警告攻撃で、陣地を占領する計画はなかったようで三〇分ぐらいの攻撃で引き揚げていった。

しかし、ベトコンの迫撃砲弾が小屋の近くで爆発して兵士が負傷し、彼の妻と子どもが死亡し、負傷した兵士はヘリコプターで病院に運ばれたとのことだった。ケリー大尉は「ベトコンは女や子どもを殺す残酷な奴《やつ》らだ」と言った。しかし、米軍も近くの村で「ガンシップの誤射」で大勢の農民を殺傷したばかりだった。

これまでに、解放軍の攻撃に巻き込まれて死亡する政府軍側の民間人も見てきた。ベトナム戦争は農村が主戦場である。この陣地で死んだ女性と子ども、前哨陣地の兵士、近くの陣地から集まってきた兵士たちも、皆、地元のベトナム人である。ケリー大尉と私だけが外国人だった。私たちはいずれ帰国する。しかし、ベトナム人にとって戦争はこの先、いつ終わるのか分からなかった。

そして、カマウまでボートに乗って戻った。その途中は平和な風景だった。だが、見えない各地で戦争は続けられていた。

## 南ベトナム軍師団長に「戦略村計画」インタビュー

マングローブ地帯の革命軍の武器貯蔵庫、印刷所を取材したあと、シモンズ大尉とともにミトーの南ベトナム軍第七師団司令部へ行った。師団の作戦があるまで米軍顧問団の宿舎に泊まって待つことになった。シモンズ大尉が「師団長に会うか」と言ったので「会いたい」と答えた。

南ベトナム政府官僚、軍関係者、アメリカ外交官、軍事顧問と会っても、いつも自分たちのしていることは成功しているということに話が落ち着いた。とくに師団長に会いたいと思ってはいなかったが、シモンズ大尉がそう言うのであれば、挨拶をしようと思った。

私はやはりカメラマンだった。シャッターを押すためにはかなり無理もするが偉い人と会うのは苦手だった。

師団司令部は、かつてフランス軍が兵舎として使っていたと思われる建物の中にあった。会社の社長秘書のように師団長付の若い将校がいる。彼の案内で師団長室に入った。想像していたより若く端正な顔立ちで、軍服を着ていなければ高校か大学の教員のような印象だった。グエン・クオン・カイン准将は話し方も優しかった。「日本のジャーナリストと会うのはあなたが初めてだが、サイゴンのグエンフエ通りを歩いた時、日本大使館を見たことがある」と言った。

カイン准将は三日前の「ベトコン」武器を大量に押収し、印刷所を壊滅させたことから始まって、第七師団が各地の戦闘で勝利していることを、例を挙げて説明した。話のなかで「私たちの師団は『革命的開発計画』(Revolutionary Development Program)に協力して成果を挙げている」と言った。私はこの計画に関心を持っていた。

ベトナムへ来てから南ベトナム政府軍、米軍に従軍して、彼らが軍事力で解放勢力側を押さえ込もうとしていることに疑問を持つようになった。北ベトナム軍や解放軍の大部隊と戦闘になった場合は、米空軍と連携した政府軍、機動力を持った米軍が有利だった。しかし、農村を砲爆撃して解放軍を支える基盤を弱体化させるような方法は、かえって農民の反発を強くさせていると感じていた。

ベトナムの人口の八〇%は農民と言われていたが、そのすべてが解放軍支持ではないものの、政府側が考えている数字よりは解放軍支持の村が多かった。アメリカ政府はゴ・ディン・ジェム政府を南ベトナムに樹立させた後、ベトナムの農民がどうして「ベトコン」を支持するのか理解できなかったが、「ベトコン」支持の村が多いという状況だけは分かっていた。

一九六一年一〇月、ケネディ大統領は政治顧問のスタンフォード大学のユージン・ステーリー教授、軍事顧問のマクスウェル・テーラー大将を代表とした調査団を南ベトナムに派遣した。ベトナムから帰国した調査団は、ゴ・ディン・ジェム大統領が招持したイギリス人の対ゲリラ作戦の権威、ロバート・G・K・トンプソンなどの意見も盛り込んだ「ステーリー・テーラー計画」を作成した。

その中心となる「戦略村計画」(Strategic Hamlet Program) の内容は、政府軍が村の「ベトコン」を追い出し、竹矢来（竹の囲い)、杭、鉄条網で囲った村に農民を収容して「ベトコン」との接触を断ち、戦略村の周囲を政府軍や民兵が警備する、村の青年たちに思想・武装教育を施して自衛力を持たせる、といったものだった。

一九四七年三月一二日、共産主義との対決、封じ込めを宣言した「トルーマン・ドクトリン」に沿ったベトナムでのアメリカの政策は、共産主義から南ベトナムを守ると同時に、反共国家にすることであった。アメリカにとって共産主義は悪だった。

したがって「ベトコン」(共産主義者) は悪人である。ここに大きな見誤りがあった。たしかに南ベトナム解放民族戦線とその軍隊である解放軍の中枢は共産主義者だったが、解放軍兵士とその支持者の多くは一般農民だった。

「ベトコン」と農民を切り離すための「戦略村計画」は六二年三月に開始されたが、その費用はすべてアメリカの負担だった。当時、南ベトナム全土に一万三二〇〇の村があるとされていた。そのうち一万九三二村が「戦略村計画」の対象となった。

私もベトナム滞在中、あちこちの村へ行ったが、完全に解放戦線支配下にある村をAとすると、ここは政府軍の作戦対象村で大きな部隊でないと入れなかった。逆に政府の完全支配下の村Bは政府関係者は武器を持たず単独で自由に行動できた。ほかに昼は政府支配地区だが、夜は解放区となる競合村Cがあった。「戦略村計画」の数字から二二六八がB、Cは二七〇〇前後と推計されていた。すると残り八二〇〇は解放戦線支配の村となる。

当時の政府発表によると六三年一〇月までに八六七九の戦略村が建設されたというが、同年一一月、クーデターによってゴ兄弟が暗殺されると計画は挫折し、六四年には政府支配下の戦略村は一二〇〇弱と見られ、アメリカも「戦略村計画」の失敗を認めた。

私が考えても「戦略村計画」には無理があった。そのいちばん大きな理由は、先祖から生活の場としていた村や田園から、難民収容所のような鉄条網に囲まれた村に移住させたことだった。前に住んでいた農家は小さく組末でも庭には椰子の木や果物の木があり、小鳥がさえずり、リスもいただろう。鶏や豚も庭をウロウロしている。周りの水田や小川ではカエルが鳴き、子どもたちは小魚を追う。畦《あぜ》を通るヘビも見慣れた光景である。村では毎日露店市場が開かれ、そこは交流の場でもあり農村文化でもあった。

戦略村に移された農民には政府発行の身分証明書が渡され、村の出入りは政府役人や兵士によってチェックされた。こうしたことは、貧しいながらも自由に生きてきた農民の自尊心を傷つけることになったと思う。戦略村が失敗したのは農民の反発をかったこと、農民の肉親も多かった解放軍が戦略村の破壊を意図したこと、政府軍にすべての戦略村を守る軍事力がなかったことなどが原因だった。

しかし、南ベトナム政府、アメリカ政府とも農村の「平定計画」が必要として、「新生活村計画」「地方再建計画」などを実行したがやはり成功せず、六六年二月からは「革命的開発計画」を開始したのだ。六五年三月、米海兵隊がベトナムに派遣された後、空挺部隊、第一騎兵師団、歩兵部隊と米軍は続々と増加して、各地に基地を構築して農村を戦場にして破壊戦争を進めていた。そうした状況下で農民の支持を得るための「平定計画」を進めるのは矛盾があると私は考えていた。「革命的開発計画」は六六年二月、ジョンソン大統領が参加したホノルル会議で承認され、すぐ実行に移された。

私もメコンデルタでその作業を撮影したことがある。「戦略村」と違うところは杭や鉄条網でつくった村に農民を押し込めるのではなく、一チーム五九人による「革命開発隊」の青年が村へ出向いて、農民の生活向上に役立つように働こうとしたことであった。

サイゴンの東方、海に近いブンタウと高原地帯のプレイクに開発隊のトレーニングセンターが設置された。全土から志願した青年たちは三カ月間合宿して訓練を受ける。プレイクでは主として少数民族のための開発隊が養成されたという。ブンタウからは六六年五月に第一期生、四五一八人が七六組に分かれて各省に派遣された。

私が見たメコンデルタのフォンディン省カントーから近いところで作業をしていたチームは、全員が黒い上下の農民服を着ていた。運河に沿った場所に診療所と小さな学校を建てていた。

チーフになっている青年の説明によると、メンバーは高校を卒業して大学受験の資格を持っている人、大学中退者、卒業者、士官学校を卒業したが入隊しないで開発隊に入ったなど、いろいろな人がいるという。一二人の女性も含まれているとのことだった。見ていても皆が一生懸命仕事をしているという印象を受けた。トレーニングセンターでは「農民の生活を向上させるためにはどうしたら良いか、共産主義より南ベトナム政府の方がいかに良いか、ということをどう農民に伝えるかなどを教えられ、討論した」という。

「農民の要求を聞き、農民のために仕事をする。村の道、水路を整備。教育、衛生の向上、農業改革、肥料の提供などやることは沢山ある」「自分たちは徴兵を逃れるためにこの仕事についているのではない。ベトナムを良い国にしたいのだ」とも言う。

武器は手にしていなかったが、村は競合区になっていて村出身の「ベトコン」も多いので民兵が警護しており、攻撃された場合、自分たちも応戦できるように武器を準備しているという。トレーニングセンターでは戦闘訓練も受けていた。

話をしていてチーフには好感が持て、ほかのメンバーからもきちんとした挨拶があり、よく訓練され、軍の兵士とは違うと思った。ただ、どれほど、続けられるのか疑問に感じた。すべての費用はアメリカが負担し、方法は異なっていても「ベトコン」と農民との切り離し、政府側につかせるという目的は戦略村と変わりはなく、すでに開発隊は解放軍の攻撃を受け、年間に二五〇人近くが犠牲になっていた。開発隊は、農民と親交を深めるために村に泊まることになっているが、夜は危険なので市街近くで合宿するチームが多く、私が撮影したチームも町の近くに泊まっていた。

開発隊青年はベトナムを「良い国にしたい」そのために農民に奉仕するという。この気持ちは私には理解できた。解放軍に入隊した青年も「良い国にしたい」と思っている。平和になれば両者は協力し合えるだろう。その間に入って、青年たちの命を奪う戦争の原因をつくっているのはアメリカのベトナム政策だった。

カイン第七師団長に「開発隊の警備はどのようになっているのか」と質問した。

第七師団司令部のあるディントゥオン省には五四九の村があり、このうち政府支配の村七二、解放村五二、競合区四二五と政府側は見ていた。省には一〇チームの開発隊が派遣されていた。開発隊チームがひとつの村を平定するためには六カ月くらいかかるとされていた。単純計算すると一〇チームで競合区村を平定するだけでも二〇年はかかることになる。

開発隊は自衛するか、民兵が警備することになっているが、第七師団も一個中隊を開発隊警備に充て、各小隊がローテーションで開発隊のいる地区を回って警備し、攻撃を受けた場合、すぐ出動できるようにしている。「計算では平定作戦は長期となるが、もっと早く私たちはベトコンに勝利する。開発隊の仕事もその時に終わるだろう」と師団長は言った。

一九六七年末の数字で政府軍は民兵も合わせて六四万人、米軍五〇万人弱に対し、解放軍は北ベトナム軍六万五〇〇〇人と合わせて二七万五〇〇〇人。兵力、火力でも解放軍を圧倒していた。

しかし、北ベトナム軍以外の解放軍兵士は開発隊の入っている村の若者も多い。政府軍側兵士に警備された「よそ者」の開発隊が「善行」を施しても、農民の気持ちを政府側に変えるのは難しいだろうと思った。

## メコンデルタの誤襲撃で傷ついた人びと

メコンデルタの戦争で思い出すのは、一九六六年二月、メコンデルタの最大都市カントーからそれほど遠くない運河に沿った村が、米軍の武装ヘリコプター「ガンシップ」の攻撃を受けて、多数の農民が死傷した事件を取材した時のことだ。

サイゴンの朝、「AP通信」サイゴン支局に顔を出すと、写真部長のホルスト・ファッスが「ガンシップ」による事件を教えてくれた。ときどきネガを持ちこんでいるので、ファッスも支局長のエド・ホワイトも親切だった。

カントーの省立病院で負傷者が手当てを受けているという。「AP通信」は各都市に情報源を持ち、米軍事顧問との連絡網もあった。私はすぐ近くのレックスビルにある米軍広報部で、カントーへ行く輸送機に乗ることができるよう手配を頼んだ。三時間後に輸送機が飛ぶというので、シュクロで下宿に帰ってカメラを用意した。いつもは歩いて三〇分ほどだが、急ぐ時には料金の安い順にシュクロ、シュクロバイ、タクシーなどを利用する。

従軍ではないので日常的に着ているサファリスーツのまま、カメラバッグを用意し、着替えや肌着などを軍用リュックにつめた。荷物は従軍の時もこの二つだった。従軍では軍服、今回はサファリと服が違うだけである。

下宿から空軍基地まではタクシーで二〇分ぐらいだった。指定されたチェックインカウンターへ行った。

カントー空港は民間機と空軍との併用だが、戦闘機は駐留していなかった。サイゴンからそう遠くないので、作戦中に戦闘機の必要が生じたときはサイゴンの空軍基地から飛んでくる。

病院はカントー市の中心にあり、フランス植民地時代にフランスによって建てられた白い壁の二階建ての予想したより大きな建物だった。入口は負傷者を運んできた親類縁者と思われる人たちで混雑し、負傷者は一階と二階に分かれて手当てを受けていた。

大部屋のような病室に並んだベッドは大勢の患者で埋まっていて、その間の空いたベッドに今回の「ガンシップ」による負傷者がいた。病室には血の臭いと負傷者の痛みと悲しみ、家族の嘆きがこもっているように感じた。

病院の事務長のような青年の説明によると、ベトナムのテト（日本の旧暦と同じで、旧正月元日がベトナムの正月元日となる。ベトナムでは新暦の正月は元日だけが休日で、二日からは公官庁・学校は平常通り）は三日間の休日となる。テト用の野菜、果物、アヒル、ニワトリ、ブタなどを農民たちがカントーの市場へ出荷するために、未明に運河の大型船へ松明《たいまつ》を照らして運んでいる時、突然、武装ヘリコプターが飛んできて機銃とロケットによる砲撃を受け、運河には米海軍の河川哨戒艇が来て水上から機関銃、自動グリネードランチャー（40ミリ擲弾《てきだん》発射器）で攻撃されたと言った。

子どもを含む農民三一人が死亡、三八人の重傷者が病院に運ばれてきたが、まだ大勢の負傷者がいるとのことだった。

病院にいる負傷者は子どもが多い。撮影したネガを確認すると、次のようなカットがあった。

①少女の右腕が肩の下から、右足はひざの下から切断されて包帯に沢山の血がにじんでいた。左足にも包帯が巻いてあった。父親はカメラを持った私を見ると少女を覆っていた敷布をとって、傷口が見えるようにした。娘の悲しみを訴えたいという気持ちが伝わってきた。

病院事務長の青年は私のそばを離れずに案内をしてくれた。病院に二年勤めているが、多くの民間人の犠牲者を見続けてきて、農村を攻撃する米軍や南ベトナム政府軍に反感を持っているようだった。ベトナム戦争の実体を多くの日本人に知ってもらいたいと言った。傷ついた少女は一〇歳。八歳の弟は即死だったと父親が言っていると通訳した。

この父と娘の様子を一二枚撮影している。娘は麻酔が効いているのか眠っている。薄目を開けている写真もあるがぼんやりとして痛がっている表情ではない。やはり麻酔のせいだろう。父親は娘の横でうつろな表情で座り込んでいたり、娘の体を拭いたりしている。

②ベッドの男の子を母親が両腕で抱きかかえている。男の子は痛みを訴えているのだろう、腕を母の首に回し胸に顔をつけている。顔は見えないが一〇歳ぐらいと思われる。右足全部が包帯で巻かれ、左足は敷布に覆われている。この母と息子の写真は一六枚ある。母が息子の左足を覆っている敷布をめくって傷を見つめている写真もある。包帯の先に足首が見えるが流れ出た血で全体が黒くなっている。一度、血を洗って手当てをしたがその後に流れたのだろう。足は切断されていなかったがひどい傷のようだ。妹と思われる少女が母とともに傷ついた兄を見つめているが、その表情からは悲しみより兄へのいたわりを感じる。

③右腕の肩のすぐ下が、替えたばかりの新しい包帯で巻かれた少女がいる。それでも少し血がにじんでいる。肩から下は敷布で覆われているが切断されているようだ。右手と右足を失った少女よりは年齢が上で一二、三歳に見える。目をつぶって泣いている表情からは激痛が感じられる。母親が胸の上を押さえている。母がそばについていることを娘に伝えているようだ。

この少女と母親の様子に一〇枚シャッターを切っている。少女は左手首にも包帯を巻いているがそれはさほど大きな傷ではないのか、その左手で肩のところを押さえて表情をくずしている様子も見られる。かなり痛いのだろう。

母親は娘の頭に手を置いたり、左手をにぎったり、立ったままで痛がる娘をじっと見下ろしていたり、娘が受けた悲劇にどう対応してよいのか、オロオロとまどっているように見える。できることなら自分が娘と代わってやりたいと思っているのかもしれない。

④赤ちゃんに乳を与えている母親がいた。カメラを持った私に赤ちゃんの姿がよく見えるように体の向きを変えてくれた。足を失ったこの状況を多くの人に伝えてもらいたいという母親の意思が感じられた。四カ月という。

米軍の「誤射」で子どもを含む大勢の農民が死傷した。足を失って乳を吸う乳児が痛々しい。母親は布をまくって撮影するよう促した。カントー病院　1966年

麻酔が効いているのか痛がっている様子ではなく、無心に乳を吸っている。子どもにとってはいちばん安心した状態だろうか、おだやかな表情をしている。まだ四カ月では自分が受けた傷の重大なことに気がつかないだろう。

しかし、母親の顔には私がこれまで見たことがないほどの苦悩がみてとれた。娘が成長していく過程で自分の体の

ことをどう考えるか、娘の気持ちを想像すると親として大変つらい。傷ついたわが子に乳をふくませる母の姿に、残酷な戦争の実体を知らされた思いだった。
⑤ベッドに横たわっている七、八歳の息子をじっと見つめている母親。
⑥点滴を受け、鼻に入れた管から酸素を吸って眠っている一五、六歳の男の子の横で座り続けている母親。
⑦眠って点滴を受けている娘の体に手を添えている若い父親。
⑧二人の農家の女性、二人の女の子に囲まれて横たわっている人。女性か男性か大人か子どもか、ベッドのかげでよく分からないが、床に置かれた手提げ籠には急いで詰めてきたと思われる患者の着替えなど入院に必要なものが入っている。
⑨左手の肩から手首まで包帯を巻き副え木《そぎ》をした一二、三歳の少女。右手の五本指にも包帯がしてあり、毛布で隠されている体も傷ついているのかもしれない。家族はどこかへ行ったのか。一人で横たわっていたが整った顔なのに表情は暗かった。
⑩右腕と腹部の包帯姿の中年男性がベッドに座っている。
⑪右足首を厚く包帯した一二、三歳の男の子が一人で横たわっている。
⑫右足を膝上から失った中年の農民が妻とともにベッドの上に座って、妻が持ってきた弁当を食べている。
⑬傷ついた赤ちゃんの横で母親が仮眠していた。未明、攻撃を受けてからの疲れがでたのだろ

うか。

⑭傷ついた一〇歳ぐらいの男の子を、母親が抱いて廊下から病室へ運んでいる。その後、母親はしゃがみこんだまま廊下の壁に顔をつけて泣いていた。

⑮看護師が二、三歳の傷ついた男の子を抱いてきた。病室と廊下を挟んで手術室があると思われた。

⑯五、六歳の女の子が廊下の窓から病室をのぞいている。兄、姉、弟、妹、その誰かが傷ついてベッドにいるのだろう。病室全体を見渡すと手当てをしている医師、患者、家族の姿が見られる。この患者たちを撮影したのは六六年である。私はネガとメモを見ながら当時のことを思い出して書いている。三六枚撮りモノクロネガ四本、一四四カットである。このうち右足を失った四カ月の赤ちゃんを撮ったネガは一一枚ある。

## ガンシップ

カントーのメコンデルタを管轄する第四軍管区の米軍事顧問団は、カントー病院に運ばれた被害者たちの村への攻撃は「誤射」だったと発表した。

未明、まだ暗い時間に、プロペラ式のL19偵察機が地上で動く多数の光を発見した。運河に沿ったその村は、夜間は政府軍の支配下とならない競合区だったので「ベトコン（解放戦線）」の移動と判断して武装ヘリコプター「ガンシップ」と河川哨戒艇で攻撃した。

メコン川を往来する民間の舟が武器を運んでいないか、立ち入り検査し調べる米軍河川哨戒部隊。1968年

「ガンシップ」は一分間に六〇〇〇発発射できるミニガン（回転式機関銃）と直径約70ミリの細長いロケットが一九本入る発射筒をヘリコプターの片側に二基ずつ計四基装備している。ロケットは人間はもちろん陣地や建物に対して破壊力があり、機関銃は殺傷力が強い。生存者の子どもたちが腕や足を奪われているのは、機関銃やロケットで骨を砕かれているからだった。

後に、メコン川で作戦しているＰＢＲと呼ばれていた河川哨戒艇に乗ったことがあるが、普通の機関銃のほかに重機関銃、迫撃砲、それに連発グリネードランチャーが装備されていた。グリネードランチャーは日本の機動隊が催涙弾を発射する銃のように、単発中折れ式銃で40ミリ弾を発射する。60ミリ迫撃砲弾よりは小さいが、着弾すると爆発して目標を破壊するので小さな砲弾とも言える。その砲弾を一分間に四〇〇発連射できる装置も搭載されていた。

このような近代兵器で、電気も届いていない農村が攻撃を受ける。農民の一カ月の収入は米軍の使う機関銃の五発分にも満たないのではないだろうか。「ガンシップ」一機の製造費は村全体の数十年分の総収入に値するだろう。一分間に発射される費用を村に寄付すれば、学校が建ち、子どもたちに学用品を贈ることもできる。しかし、現実として銃弾は子どもの命と体の一部を奪っている。

「誤射」「誤爆」はベトナム戦争だけでなくどの戦争でも意図的に行われてきた。各地に空軍基地を設置、ベトナム全土を射程距離に置いている米空軍は、連日のように爆撃をくり返した。そこには解放戦線ゲリラもいたが、住んでいるのは家族の農民や子どもで、毎回の爆撃そのものが「誤爆」といえた。

## 南ベトナム政府軍戦場の昼メシ

昼食の時間になると作戦は中止する。兵士たちは待っていたとばかりに食事の用意を始めた。政府軍海兵隊、空挺隊、どの部隊も共通して四、五人の食事グループに分かれる。背負ってきたコメをこれも持参した鍋で炊飯する。

燃料となる枯れ木、椰子の葉は沢山ある。土を盛り上げてカマドをつくりメシを炊いて、持ってきた豚肉、鶏肉などを魚醤のヌクマムで煮てメインのおかずをつくり、野菜スープもつくる。メシ、オカズ、スープの三点セットはだいたいどの部隊でも同じだった。

メコンデルタでは早朝、基地を出発して夕方、基地に戻るという作戦が多い。その場合、朝用意した肉類は早く料理しないと傷んでくる。そこで早めに午前の作戦を終わらせて、料理の支度を始めるということになる。米軍事顧問にとっては政府軍のこうした行動も「やる気のなさ」と目に映る。

歩兵師団は基地の周辺に作戦区域があるので「日帰り」ができるが、海兵隊、空挺隊は激戦地に投入されるので、基地から遠く離れた場所で一カ月以上も野営することがあった。その場合はコメ、副食物、調味料などを「現地調達」していた。小さな村でも毎日、市場が立つ。兵士たちが、肉、魚、野菜などを買っている様子を見かけた。中部ビンディン省の一号道路沿いの町タムクアンで、野営している海兵隊にはトラックで、弾薬、食料などが補給されていたが、そのトラックが解放軍の地雷に触れて水田の中に転がって燃えているのを見たこともある。

私はフランスパン、ラプチョンと呼ばれるベトナム製ソーセージ、フランス製のフォアグラ（ガチョウの肝臓）の小さな缶詰などを二食分持っていたが、一度もそれを食べたことはなく、いつも中隊長か兵士のグループが招待してくれた。

中隊長は通常は、米軍も政府軍も大尉だった。大隊長となると米軍は中佐、政府軍は少佐だった。米軍事顧問は少佐もいたが大尉が多かった。軍事顧問は政府軍部隊だけでなく、各省にも配属されていた。

食事は米軍事顧問も一緒になることがあり、ベトナムの部隊に慣れようと戦場では中隊長とともにハシを使って碗に盛られたメシを食べ、ヌクマムで煮たおかずを食べていた。むろんベトナム兵と同じ食事なのは作戦同行中だけで、作戦終了後の宿舎では西洋料理に戻る。

メコンデルタのバクリュウにある米ヘリコプター部隊の米兵宿舎に泊まったことがある。ブロック建ての新しい兵舎が並んでいた。

この米兵部隊は、メコンデルタにある政府軍三個師団の作戦を支援しており、自前のヘリコプターを保有している。第一騎兵師団には四五〇機あると言われていた。

政府軍師団はヘリコプターを持っていないので、作戦のたびに米軍ヘリコプター部隊がベトナム兵を運ぶ。一機のヘリコプターにベトナム兵を七人乗せるとすると、一個大隊五〇〇人を運ぶには七二機を必要とする。普通、二度に分けて運んでいたので、一回の作戦で最低三六機は必要だということになる。バクリュウには五〇機以上あったのではないだろうか。

一台のヘリコプターにはパイロットと副パイロット、左右に機関銃手、合計四人の米兵が乗っている。単純計算して五〇機で二〇〇人の兵士、ほかに司令部の幕僚・連絡将校等を含めるとバクリュウ基地では米兵二五〇人ぐらいになるかもしれない。

## 米軍食堂

米師団基地内には中隊ごとに食堂があり、兵卒には保温容器に入ったBレーションを当番兵が皿に盛ってくれるが、日によってステーキ、ハンバーグ、サラダなどもあり戦場よりは種類が多い。無料である。アイスクリームのデザートが付くこともある。将校用の食堂は別になっている。料理内容は兵卒と変わりないが食器は紙ではなく普通の皿を使う。スープ、デザート、コーヒーもあり、料金を払う。市中のレストランと比較すると驚くほど安いが、料金をとることによって兵卒との差を無くそうとしているようだった。

メコンデルタのバクリュウにあるヘリコプター部隊の兵舎の食堂では、ベトナム人の女性がウエイトレスとして働いていた。将校も兵卒も同じ部屋だが席が別になっていた。同じ料理、同じサービスだが、将校はやはり料金を払う。ジャーナリストは米軍発行のプレスカードに「少佐」として記入され、将校待遇なので料金を払った。

新鮮な野菜サラダが山のようにテーブルの上にあり、取り放題となっていたので驚いた。兵士の食事に関する不満は士気に影響し、栄養バランスが悪いと体調にも影響する。そこで部隊の食事担当ではいろいろと気を使うのだが、彼らは危険な前線に出るよりはこうした仕事を好み一生懸命に料理の知恵を絞る。

肉、野菜そのほかの食材や食器の補充は、軍から委託された民間の業者が行い、野菜や卵はベトナムのほかフィリピン、日本、インドネシアなどから集められた。ベトナム特需として日本から大量の食器が納入されていた。

食事が終わると将校たちは食堂の横のバーで食後酒を飲み始めた。映画俳優のロバート・ミッチャムが来たことが話題になっていた。目に力がなく、話し方もゆっくりとして、薬でもやっているかのような感じだった、というようなことを言っていた。チャールトン・ヘストンも訪れたことがあるという。ボブ・ホープグループの定期的なベトナムの基地訪問は話題になっていたが、いろいろな俳優がベトナムの土を踏んでいるのだなと思った。女優のアン・マーグレットの基地でのショーに大勢の兵士が集まっている写真を見たこともあった。

ベトナム戦争中延べ二一五万人の米兵が現地へ派遣されたと言われているが、宣戦布告がなく、共産主義との戦いというだけで若者は戦争の大義名分もハッキリとしないままに徴兵され、遠くどのようなところかも分からないベトナムへ送り込まれた。兵士のベトナムでの兵役期間は一年だったが、その間、彼らをどう戦場につなぎ止めるか政府・軍上層部は腐心していた。

年に一度のベトナム内休暇、同じく年一度の日本、シンガポール、香港、バンコクなどのベトナム外休暇も兵士の不満をやわらげるための一環だ。

兵舎の中央に司令部、食堂、バーがあり、ちょっとしたアメリカ村という感じだった。私は基地のビジター用の部屋をあてがわれ、夕食をとるために食堂へ行った。内部は広々とした市街のレストランのようだった。テーブルは真っ白なカバーで覆われている。

## 米軍の野戦食・レーション

米軍の作戦で戦闘部隊に従軍して戦場にいる場合は、ヘリコプターで運ばれてきた缶詰のCレーションと呼ばれる野戦食を食べるが、ジャーナリストにも無料で配られた。Cレーションは五種の箱があり、それぞれの箱で内容が違っている。主食には小さなパンケーキかチーズクラッカー、ビスケットのいずれか。副食は豆とソーセージ、スパゲティミートソース、七面鳥、ハム、コンビーフなど。ほかにコーヒー、クレープ、砂糖、コショウ、塩、ガム、キャンディ、ティッシュ、タバコ、マッチ。

箱に書かれている番号でどんな食べ物が入っているか分かるので、好みで箱を選んでいる。副食はそのまま食べる兵士もいるが、空き缶に風穴をあけてストーブをつくり、ダイナマイトをバラして小さく丸めたものを燃料に食料を温めている兵士もいるし、軍用コップに湯を沸かしてコーヒーを飲んでいる兵士もいる。

私には、ベトナム兵のつくる野戦食の方が数倍も旨いが、味気ないCレーションを米兵はすこしでも旨く食べようと温めたり、タバスコ、チリソースなどを持参して工夫していた。

作戦に出発する時、兵士たちは事前に好きな缶詰を集めていてリュックに入れたり、靴下に入れてリュックの横に下げたりしていた。前線では動きやすくするためにできるだけ身軽な格好をしているので、Cレーションも沢山は持たない。そこで、一日に一回か二回、ヘリコプターがCレーションを運んでくる。

戦闘がなくて比較的安全な時は、大きな保温容器に温かいスパゲティミートソース、チリビーンズ、マッシュポテト、食パン、氷で冷やした各種清涼飲料も運ばれてくる。兵士たちは並んで順に紙の皿に入れてもらう。プラスチック製のフォークとナイフもある。

# 第五章
# 最大の激戦・ケサン基地攻防

サイゴン市街戦。68年1月30日の解放軍のテト全土都市攻撃で、米は軍事的勝利を断念したと言われている。写真は5月の都市攻撃で出動した政府軍の戦車　ミンフン通り

## ベトナム戦争の流れが変わった

ベトナム戦争で最大の激戦は、ケサン基地攻防戦だった。米軍が北ベトナム正規軍と対決した最大の戦闘でもあった。

「ケサンの戦い」は一九六七年初頭の米海兵隊の基地建設から始まった。ベトナムを南北に分断する北緯一七度線に接したクアンチ省の省都ドンハからラオスへ抜ける九号道路が横切っているが、ケサンはラオス国境から一五キロ、一七度線から二五キロの地点にあり、九号道路からは二キロほど北へ入っている。

米海兵隊はこの基地を拠点にして、北ベトナム軍と対決することを目的とした。ケサンには、かつて、フランス軍とベトナム独立同盟軍が戦った第一次インドシナ戦争当時、フランス軍がつくった古い滑走路があった。米海兵隊はその滑走路を大型輸送機C－130ハーキュリーズが離発着できるよう一二〇〇メートルに拡張した。

ケサン基地の構築は、米・南ベトナム援助軍司令官ウェストモーランド大将の要求であった。米軍のベトナムでの作戦は、基本的に敵を捜索して撃滅する「サーチ・アンド・ディストロイ」

だったが、インドシナ戦争ではラオス国境に近いディエンビエンフーのフランス軍基地をベトナム人民軍が包囲したように、ケサンに北ベトナムの大軍をおびき寄せて一挙にたたくという構想だった。

事実、北ベトナム軍がケサンを包囲したので「ケサンの戦い」は「ディエンビエンフーの戦い」(一九五四年)と比較された。しかし、ディエンビエンフーのフランス軍は降伏したが、米海兵隊のケサン基地は陥落しなかった。

私は「ケサンの戦い」は撮影していない。

北ベトナム軍のケサンへの本格的な攻撃は一九六八年一月上旬から開始され、四月中旬に終了した。私は六七年一二月末に一時帰国して六八年の四月上旬にベトナムへ戻った。その間、日本で何をしていたかというと読売新聞社から「週刊読売」の臨時増刊号『石川文洋写真集 従軍3年の記録 これがベトナム戦争だ!』(一九六八年二月二二日)という写真集を刊行するために写真を選択し、写真説明・従軍記などを書いた。

幸い一〇〇円という定価もあって六〇万部売れたとのことだった。印税ではなく三〇万円の原稿料をもらった。ふり返ると〇・五%としても印税だったら儲かったのにと思ったが、当時の私としては出版してもらうだけでも有り難いという状況だったのだ。三〇万円は当時ベトナムとの往復航空料金にも足りなかった。

二月中旬、臨時増刊号の作業は終わった。ケサンでの激戦が新聞やテレビニュースで報じられて、私は落ち着かない心境だったが、日本にいる間に弱気になり、戦場へ行くのが怖くなって、なんとなくぐずぐずとしていた。四月上旬にベトナムへ戻った時は「ケサンの戦い」はほとんど終わっていて、米海兵隊撤退後の無人となったケサン基地を上空から撮影しただけだった。

カメラマンとしてベトナム戦争の歴史的な場面を撮影していなかったことを恥ずかしく思うことがある。そのほか「イアドラン渓谷の戦い」にも行っていない。「八七五高地の戦い」へ行ったのも戦闘が終わってからだった。

その時の状況は、外国通信社、テレビ局はいち早く軍からニュースを入手し、当日の軍の記者会見でも発表があるので取材をするというものであった。私にも「AP通信」や記者会見場へひんぱんに顔を出して戦場ニュースを知る方法はあったが、当時、まだ、報道カメラマンとしての意識が薄かったせいか、戦場へ行くための情報を熱心に集めようとはしなかった。スチール写真の現像焼付もできず報道カメラマンという自覚に乏しかったのだ。

当時、「イアドラン渓谷」で米軍が北ベトナム軍と戦闘していたことを知らず、「八七五高地」も戦闘が始まったのは知らなかった。しかし、その間、何もしていなかったわけではなく、米第二五歩兵師団や、メコンデルタの政府軍などにマイペースで従軍していた。

ベトナム戦争中に撮影したネガのなかに歴史的な戦闘の場面がないのを残念に思いながら、あまり熱心な戦場カメラマンでなかったおかげで現在まで命をながらえることができた、と自分への言い訳にしている。米軍の大作戦の記録はないが、それでもほかの従軍で戦火のなかで苦しむ民衆の姿はひと一倍撮影しているという自負は持っている。

ケサンは高地に囲まれていた。基地の横にある小さな道から北東に一〇五〇高地、その北に九五〇高地。道の北西に五五八高地、その南に八六一高地、六八九高地。その西寄りに北八八一高地、南八八一高地があった。数字は高さを表すメートルである。

ケサン基地構築中、南八八一高地に米海兵第九連隊第三大隊B中隊が配備された。六七年四月二四日、B中隊のパトロール隊が八六一高地へ向かった時、北ベトナム軍の待ち伏せに遭って激戦となり、一三人が戦死、一七人が負傷した。

ケサンは米海兵隊のラオス国境に近いいちばん西側の基地で、さらにカンボジア領の近くに特殊部隊のランベイ基地があったが、それまでは北ベトナム軍の大きな攻撃はなかった。八六一高地の戦闘は「ケサンの戦い」の前哨戦となった。

ケサンは六二年にはまだ米軍事顧問と少数民族の特殊部隊がいるだけの小さな基地で、特殊部隊は九号道路沿いのランベイ基地に移っていた。米海兵隊は輸送機の滑走路とヘリコプター駐機場を合わせた飛行場を整備し、その周囲に塹壕を構築した。

鉄条網を張った基地の周囲に地雷が埋められクレイモアマイン（鉄球や破片が飛び散る対人方向性地雷）が設置された。六七年五月一二日、第二六海兵連隊第一大隊がケサンに到着後、米海兵隊は増強を続け、六八年一月には第九海兵連隊、南ベトナム政府軍第三七レンジャー大隊も加わって、ケサン守備軍は約六〇〇〇人となった。ケサンを囲む南八八一高地、五五八高地、八六一高地、九五〇高地に各中隊が配備された。

北ベトナム軍は三〇四師団、三二〇師団、三二四B師団、三二五C師団の四個師団がケサン包囲網を築いた。北ベトナム兵は四万人前後と推定されていた。ケサン基地内には105ミリ、155ミリ、175ミリの計四六門の大砲と、ほかに107ミリ重迫撃砲も配備された。

北ベトナム軍のケサン攻撃の主砲は59式130ミリ砲だった。ソ連製のM－46砲を中国がコピー生産した。最大射程距離は二七キロ。九人の兵士で操作して一分間に六発発射できる。車がついているのでトラックで引いて移動させるが、長さ約七・五メートルの砲身は取り外しができる。細いので森林などでは兵士が分解して持ち運ぶことができた。

この130ミリ砲が、ケサン基地や高地の海兵隊陣地攻撃に威力を発揮、ケサン基地の滑走路を破壊し、離着陸する輸送機を狙い撃ちした。米軍は空軍で北ベトナム軍の大砲発射地点を攻撃しようとしたが、北ベトナム軍は高地やラオス領内から発射した後、大砲をトンネルの中に隠した。北ベトナム軍は大砲のほかに122ミリロケット砲と120ミリ、160ミリの重迫撃砲を使用した。いずれも小型で数人の兵士で持ち運びができた。122ミリロケット砲は約三メートルの砲身を三脚に固定して発射できた。

私が従軍した作戦は農村でのゲリラ掃討作戦が多く、解放軍（南ベトナム解放民族戦線・北ベトナム軍）の主な大型武器は迫撃砲で、大砲、ロケット砲は使用していなかった。六〇年一月、メコンデルタで蜂起した少数ゲリラが南ベトナム政府軍の陣地を襲い武器を奪うなどして開始され

コンチエンは北ベトナムとの境界にいちばん近い米海兵隊基地。ケサン撤退までは激しい攻撃を受けた。撮影時もときどき迫撃砲、ロケット弾が飛んできた。クアンチ省　1968年6月

たベトナム解放闘争は、米軍、北ベトナム軍の参加で拡大し、大砲を撃ち合うようになった。「ケサンの戦い」が終わった後、私は一七度線に最も近い海兵隊のコンチエン基地へ行ったが、北ベトナム軍の砲弾が数発飛んできて近くで爆発するのを見て、ベトナム戦争の移り変わりを感じた。

## ケサン攻防

一九六八年一月二〇日午前零時、北ベトナム軍はケサン基地に対し130ミリ砲、ロケット砲、迫撃砲を一斉攻撃。こうして本格的な「ケサンの戦い」が開始された。同時に南八八一高地では米海兵隊と北ベトナム軍との間で接近戦が続いた。北ベトナム軍のロケット弾が米海兵隊の弾薬貯蔵庫を直撃して、一五〇〇トンの弾薬が爆発した。

北ベトナム軍の砲弾は基地に駐機していたヘリコプターを破壊し、滑走路に穴をあけ、海兵隊員は塹壕に身を伏せた。これはゲリラ戦でなく大部隊による本格的な戦闘だった。

ケサン基地を包囲した北ベトナム軍は連日、砲撃をくり返し砲弾の数は一日平均一〇〇〇発にもなったと米誌で報告されている。

そしてディエンビエンフーの戦いの時のように、トンネルを掘って北ベトナム兵たちは基地に近づいた。ディエンビエンフーとケサンの戦いの類似点と違う点をいくつか挙げてみる。

ディエンビエンフーのフランス軍は、アフリカなどフランスの植民地兵、ベトナムのバオ・ダイ政府軍兵も含め一万六〇〇〇人。ディエンビエンフーを囲む四つの高地にも陣地を構えた。当時、米軍提供新型の155ミリ砲を配備し、ハノイに空軍を待機させた。

ケサンに比べると参加した兵員は倍以上になる。ディエンビエンフー攻撃のベトナム人民軍は第三〇四、三〇八、三一二の各師団と三一六師団の一部、三五一野砲機械化師団の計四万人。ケサンの北ベトナム軍と同じくらいだった。ケサン攻撃部隊同様、人民軍も空軍は持っていない。

二つの戦いの大きな類似点は、道路をベトナム軍側で封鎖し、フランス軍、米海兵隊ともに道路からの弾薬、食糧、兵員などの輸送を断たれたことだった。ディエンビエンフーの滑走路は砲撃で破壊され、フランス軍は落下傘投下による輸送しか手段がなかった。したがって基地内の死傷兵を運び出すこともできなかった。

ケサンも滑走路をたびたび破壊されたが、そのつど米海兵隊員が修理した。しかし、輸送機が近づくと北ベトナム軍の砲撃が集中したので、輸送機は滑走しながら物資を滑り下ろしたり、落下傘で落としたり、短時間の停止で死傷兵を運び出した。それでも二機のC－130輸送機、三機のC－123輸送機、一七機のヘリコプターが対空砲火で撃墜され、滑走路への砲撃で破壊されたりしている。

ディエンビエンフーを囲む高地のフランス軍陣地はすべて人民軍に占領され、逆にフランス軍基地を攻撃する大砲、対空機関砲陣地となった。

ケサンでも北ベトナム軍は高地に接近したが、米海兵隊の陣地は陥落しなかった。その大きな要因はケサン、キャンプキャロル、ほかの高地からの支援砲撃、空爆だった。

ディエンビエンフー陥落のいちばん大きな要因は一〇万人以上の一般民衆が大砲も含め武器弾薬・食糧の輸送などで人民軍を支援したからである。人びとはフランス軍の空爆をさけて、森林を夜中に移動した。

この民衆の支援はフランス軍の誤算だったが、一九五三年に朝鮮戦争が休戦となり人民軍がソ連、中国の支援による75ミリ砲、105ミリ砲、カチューシャロケット、37ミリ高射砲など二〇〇門の重火器を高地に配備したことも予想外だった。ベトミンはトンネルを掘って基地に近づき、白兵戦になることもあった。五五日間にわたった戦闘でフランス軍は五五〇〇人の死傷者を出し、残る兵士は捕虜となった。

アメリカは当時、フランスの戦費の八〇％と武器弾薬を支援していたが、戦闘部隊は派遣しなかった。しかし、原爆の使用が検討された。日本でも二〇一〇年に一般公開されたベトナム戦争記録映画「ハーツ・アンド・マインズ」のなかで、ディエンビエンフーが危機にさらされていた時、フランスのジョルジュ・ビドー外相はアメリカのダレス国務長官が「原爆を二個あげてもいいぞ」と語ったと生々しく証言している。ケサンでも核兵器の使用が検討されているとの噂《うわさ》があった。

核兵器は使用されなかったが、ケサンでは「ナイアガラ作戦」と名づけられた徹底した空爆が「第二のディエンビエンフー」とならなかった大きな原因であった。「ディエンビエンフーの戦い」のフランスの空軍力と、「ケサンの戦い」の米軍の空軍力とは大きな差があった。米軍の空爆に対し、北ベトナム軍の対空力もディエンビエンフーのようには機能しなかった。

ケサンの場合、北ベトナム軍への爆撃には、ベトナム各地にある米軍基地とトンキン湾海上の空母やグアム、タイ、沖縄、フィリピンの米軍基地が利用された。B－52大型爆撃機からサイゴン政府軍が使用するプロペラ機A1スカイレーダーまで、各種戦闘機が動員された。多い日には四九機のB－52も含め一日六〇〇機が出動した。ケサン上空で待機し、リレー方式で次々と数珠つなぎとなって爆撃を繰り返した。「ケサンの戦い」の期間中延べ二万七〇〇〇機が出動し、投下した爆弾は一四万トン。広島型原爆に換算すると九・三個分になる。

B－52の出動は延べ二七〇〇機。一機で距離によって異なるが二五トンから三三トンの爆弾を運ぶことができ、投下した爆弾の総量は約九万五〇〇〇トン。原爆の破壊力に換算して原爆六・三個分。ベトナムでは二五〇ポンド（一一三キロ）から一トンまで各種爆弾が使用された。

爆弾の威力とはどんなものか。一九七二年と七三年に戦時下の北ベトナムへ行った時、各地で米軍による爆撃の被災地を撮影した。七二年一二月、ハノイのカムティエン地区がB－52のじゅうたん爆撃を受けた。翌七三年、現地で爆撃の跡を撮影したがひどい状況だった。大型爆弾は建物の破壊はもちろんのこと、地下にささって爆発するので大きな穴をつくる。防空壕ごと爆破されてしまうのだ。

七五〇ポンド（三四〇キロ）爆弾が爆発すると、直径一五～二〇メートル、深さ五～七メートルの穴となる。B－52一機で八八個積載したとすると、五〇機のB－52から投下された爆弾は一五〇〇トンにもなって、広域な市街を壊滅させる。不発の三〇〇〇ポンド（一三五〇キロ）爆弾を見たが、大人の背丈よりも高く二メートルぐらいあった。直径二四～二八メートル、深さ八～九メートルの穴ができるということだったが、農村地帯へ行くと大きな穴に水が溜《た》まり、養魚場や農民の洗濯場となっていた。

ケサンを包囲していた北ベトナム軍は地下壕で爆撃を防ごうとしたが、大型爆弾で地下壕ごと破壊され、ナパーム弾で焼かれて多大な犠牲を強いられた。それがディエンビエンフーとの違いだった。

しかし、北ベトナム軍はケサン基地の殲滅《せんめつ》を意図したかもしれないが、それよりも大きな目的は、海兵隊以外にも多くの米軍の注目をケサンに集め、その間に各都市を一斉攻撃する「テト攻勢」の準備をすることだった。

　ケサンの激戦が続いている一月三一日、解放軍は各都市へ一斉攻撃を開始し、解放戦線の二〇人の決死隊が、サイゴンのアメリカ大使館に突入し七時間近く占領した。ベトナムの正月であるテトの初日だった。この「テト攻勢」でアメリカ政府は、ベトナム戦争終結を考慮したとされている。

「テト攻勢」での牽制《けんせい》という北ベトナム軍の作戦によって、ケサン攻撃の目的は達せられたと言える。しかし「ケサンの戦い」での北ベトナム軍の人的損失は大きかった。死者は一万五〇〇〇〜二万人と、ウェストモーランド司令官は推計している。解放軍側の発表がないので実数は分からないが、膨大な戦死者が出たことはたしかである。

　ケサン包囲に動員された北ベトナム兵は予備師団も含めて四個師団四万人と推定されていたので、死者の比率はかなり高い。米海兵隊側の戦死は二〇五人と発表されたので、米軍推定の北ベトナム兵死者と比べて低い死亡率である。北ベトナム軍の死者の多くは米空軍の爆撃によるものだった。

　ケサン攻防戦のなか、ケサンからラオス側へ八キロの九号道路沿いのランベイ基地が北ベトナム軍の攻撃で陥落したが、ベトナム戦争中、初めて北ベトナム軍が戦車を使用したことで注目された。ランベイは一七度線とラオス国境に最も近い特殊部隊基地だった。

　ランベイ基地は二二人の米グリーンベレー「特殊部隊」と、主としてベトナム少数民族の特殊部隊兵四〇〇人がいた。六八年二月七日の未明、突然、戦車がバリケードを突破して基地に侵入した。ランベイ攻略に参加した一一台の戦車はソ連製PT76だった。

基地守備隊はケサンの米海兵隊に救援部隊を送るよう要請したが、ケサンも包囲されており夜間は危険として出動しなかった。ランベイ基地を支援する空爆と砲撃が行われていた間、特殊部隊は地下壕に身をひそめていた。ランベイ基地の政府軍ベトナム兵二〇〇人以上が死者・行方不明者となった。生存者は空爆の間をぬって基地を脱出し、基地は北ベトナム軍支配下に置かれた。

後にランベイ生存者は、北ベトナム軍の戦車の出現は予想していなかったので、基地内はパニック状態になったと語っている。

「テト攻勢」収束後、三月に入って北ベトナム軍は徐々にケサン包囲網をゆるめ、少しずつ撤退を開始した。四月一日、米第一騎兵師団はケサン救援の「ペガサス作戦」を開始した。四七一高地争奪の激戦などがあったが四月一一日、作戦は終了、北ベトナム軍もケサン地区から撤退を完了し「ケサンの戦い」は終わった。

ちょうどその頃、私はベトナムへ戻った。その前に日本では母や弟とも会い桜を見て過ごした。四年前の一九六四年、世界無銭旅行を実行するべく鹿児島経由で沖縄へ向かう時、京都へ寄って嵐山で桜を見た。四年ぶりの桜に酔いしれていた。香港からベトナムへ移って三年が過ぎていたが、まだベトナムを引き揚げるつもりはなく、ベトナムから次に行く国のことを考えていた。

ベトナムへ戻った時、戦闘は終わっていたが一応、ケサンの地勢は見ておこうとダナンの海兵

激戦があったケサンの滑走路　1968年4月

隊プレスセンターへ寄りフーバイの第三海兵師団司令部へ行った。あらかじめプレスセンターから連絡がついていたのでヘリコプターが手配され、見捨てられたケサン基地を上空から撮影した。基地周辺に海兵隊はいないので地上に降りることは危険だった。

上空から見たケサンは激戦のあったことが信じられないような静けさで、横たわった滑走路だけが戦いのあったことを表していた。

従軍を重ねるにしたがって死傷する農民の姿を見て、戦争は民間人を犠牲にすることを痛感した。沖縄戦では人口の四分の一にものぼる沖縄人が犠牲となったが、その多くは子どもを含む民間人だった。ベトナム戦争撮影中に故郷の沖縄戦を想像して傷つき死んでいくベトナム人と姿を重ね合わせた。

ケサンの戦いでは、ベトナムとアメリカの若者が命を奪われた。ことに北ベトナム人兵の死者は膨大な数となった。そのケサンが今では放置されている。一九六六年北爆が続くなかホー・チ・ミン主席は「独立と自由ほど尊いものはない」と言った。かつて「ディエンビエンフーの戦い」では勝利を得た。その結果、フランスとの戦争は終結に向かい、ベトナム民主共和国（北ベトナム）は完全独立を勝ちとった。

アメリカとの「ケサンの戦い」では米海兵隊は基地を放棄し、その後の「テト攻勢」の政治的勝利、六九年九月の米軍撤退開始へと結びついたことを考慮すると「ケサンの戦い」も解放側（北ベトナム・解放戦線）にとって勝利したことになる。

しかし、その代償としてケサンと「テト攻勢」では実に多くの命を失った。

アメリカ政府にとって、共産主義の拡大を防ぐことが「国益」だとベトナムへ派兵した。解放側も独立のために戦うことは

戦争中でもテト（旧正月）前になると各市街に花市場が立った。サイゴンはグエンフエ通りが市場で賑わった。現在もそれは続いている。1966年

戦死者を待つ軍人墓地は、毎日埋葬が行われていた。ベトナムでは遺体に向かって声で訴える。「私はどうしたらいいの」と叫ぶ妻がいた。サイゴン　1966年

「国益」であった。日本が朝鮮を植民地としたこと、中国を侵略したこと、真珠湾を攻撃したことも「国益」からだった。そのために双方に多くの犠牲が生じた。

　ベトナム戦争終結直後、私が解放側を取材した時、「戦争には勝ったけれど、私の息子の命は戻らない」と語っていた老いた父親と母親の姿が、いまでも印象に残っている。解放側は勝利したが、敗北した側の徴兵されて仕方なく戦場に向かっていた米兵の死、南ベトナム政府軍兵士の死は報われることはない。

　ベトナム戦争が終結したのは「ケサンの戦い」から七年後となるが、戦争に従軍撮影中、命を奪われていく兵士、民間人を見て「国益と命」という考えが脳裏に入り込んできた。

中央はグエン・ヴァン・チュー南ベトナム大統領。その右にグエン・カオ・キ副大統領。2人ともサイゴン陥落前ベトナムを脱出した。大統領官邸　1968年

## 南ベトナム軍に〝解放軍シンパ〟の存在

師団の将校には解放軍シンパがいて、作戦が事前に解放軍側に通報される場合が多いと噂されていた。当時、その真偽は私には分からなかったが、戦争終結後、南北ベトナムが統一され、社会主義政権となって以降、実は私は解放軍側だったという人が続々と登場した。

そのような人に私も会った。その一人が戦争終結直前、南ベトナム政府軍参謀次長だったグエン・ヒュー・ハン将軍だった。

一九七五年四月三〇日のサイゴン陥落の九日前、グエン・ヴァン・チュー大統領が辞任した。チャン・ヴァン・フォンが後を引き継いだが、一週間で辞任、四月二八日、ベトナム共和国最後の大統領としてズオン・ヴァン・ミン将軍が就任した。

その時点でチュー元大統領、グエン・カオ・キ

解放軍のロケット攻撃がときどきあるので、役所や警察などは土嚢を積んでいた。私の下宿そばのフランスパン売りも土嚢を置いた。サイゴン　1968年

元副大統領、カオ・ヴァン・ビエン参謀長などサイゴン政府首脳（六九年六月、南ベトナム共和国臨時革命政府が樹立された）は、外国へ逃亡していた。ミン大統領は戦争収束大統領だった。解放軍は怒濤《どとう》の勢いでサイゴンに迫っており、誰の目にもサイゴン政府軍の敗北は明らかだった。

　サイゴン政権側の人びとがミン大統領に期待したのは、戦況の挽回ではなく解放勢力との話し合いでサイゴン政府の維持か、または連立政権などによって解放勢力の「占領下」に置かれることは防ぎたい、ということだった。

　ミン将軍はベトナム人には珍しく背が高く太めの大柄な体格で、私がベトナム滞在中も一般民衆からは〝ビッグ・ミン〟と呼ばれ人気があった。その原因はグエン・ヴァン・チュー、グエン・カオ・キほかの将軍は、アメリカの言いなりとなって米戦闘部隊の駐留を増やし、戦争を拡大さ

せ、ベトナムを荒廃させていると思われていたのに対し、〝ビッグ・ミン〟からはアメリカとの繫《つな》がりがあまり感じられなかった。

逆に言えばアメリカからそれほど重く見られず利用価値も少ないと見られていたのかもしれない。〝ビッグ・ミン〟は一九一六年メコン川に近いディントゥオン省で生まれ、フランス植民地時代はフランス支援のバオ・ダイ政権軍の将校としてベトミン（ベトナム独立同盟）と戦った。アメリカ介入時代は中将としてゴ・ディン・ジェム政権軍の軍事顧問となった。

クリスチャンのゴ・ディン・ジェムは、ジェム配下の特殊部隊や、弟のゴ・ディン・ニュー秘密警察長官率いる警察部隊によって仏教徒を弾圧した。仏教徒の連日のデモでベトナム中が揺れている時、ミン将軍はゴ政権打倒クーデターの中心人物となった。六三年一一月二日、クーデターでゴ兄弟が殺害された後、国家元首に就任したが、三カ月後にはグエン・カーン将軍のクーデターで政権を奪われた。

その後、ベトナムではクーデターが繰り返されたが、ゴ政権に対するクーデター派の一人で第五師団長だったグエン・ヴァン・チューが大統領となった。ミン将軍はサイゴン陥落前まで直接軍を指揮する地位にはついていなかったが、サイゴン政権下の市民からの人気は衰えなかった。結局、ミン大統領は就任三日目に降伏を宣言することになった。

この時、サイゴン政府軍に戦闘中止命令を出したのがグエン・ヒュー・ハン参謀次長だった（ビエン参謀長はすでに外国逃亡していた）。実はこのハン参謀次長が解放勢力支持者だったと聞いて驚いた。大統領を別とすれば統合参謀本部の次長は軍のナンバー2である。

一九九五年になって、四月三〇日のベトナム戦争終結二〇周年式典の後、私は、ホーチミン市に住んでいるハン元将軍の家を訪ねてインタビューしたことがある。

フランス植民地軍の時、ズオン・ヴァン・ミン中隊長のもとでハン少尉は小隊長となったとのこと。ベトミン・フランス戦争終結後、ハンさんはゴ・ディン・ジェム政権軍の将校となり、その後、順調に昇進、一九六九年には准将としてメコンデルタ第四軍管区の副参謀長になった。

六八年まで私は第四軍管区司令部に何度か行ったので「遠くから顔を見ていたかもしれない」と言ったら、「その頃、会っていたら再会ということになりますね」とハンさんは笑っていた。

ハンさんに対する解放勢力側の工作は、ハンさんの故郷であるメコンデルタに住む祖父を通じて行われた。解放勢力側を支持するようになった理由としてハンさんは、「ほかに仕事がなかったので政府軍に入隊したが、アメリカが介入してから、農村の爆撃が激しくなり大勢の農民が犠牲となっていく様子を見て、この戦争は間違っているとの思いが強くなった。アメリカのベトナム政府への強い干渉の下では、ベトナムは真の独立国と言えなかった」。

ハンさんが政府軍高官としてどのような形で革命軍側に協力したのかは分からない。解放軍にサイゴンを包囲されミン大統領が解放側勢力と交渉方法を見出せないでいる時、ハンさんは早朝六時、ミン大統領の家に行き「いま、すぐに降伏の決意をしないと駄目です」と大統領に決断を促したという。

「ミン大統領は、しばらく黙って考えていました。そして、これ以上、ベトナム人の血を流してはいけないと二人の考えが一致しました」

九時三〇分と一一時三〇分、ミン大統領は大統領官邸からラジオで降伏を宣言し、ハン参謀次長も全軍に武器を置くように放送した。

大統領官邸の守備隊長からは電話で、戦うと言ってきたが、抵抗しないよう命令したとハンさんは言った。

ハンさんは戦後、貿易会社を設立したが成功しなかったので、政府からの年金で生活していると言っていた。それにしてもサイゴン政府軍ナンバー2が解放軍のシンパだったとは私の想像を超えていた。解放軍司令部は拠点を移動し、高官もサイゴン支配地区には姿を現さなかったが、解放軍の陰の協力者はサイゴン政府、軍部、経済界、仏教界、芸術家などあらゆる分野に広がっていた。そして、戦争終結後、続々と表に現れてきたのである。

ところで私が、ベトナム滞在中に下宿していた家の女主人の娘婿もハノイでホー・チ・ミン主席の側近であり、後にハノイ大学の教員になったが、戦争中、下宿の人はひと言もそれに触れないので、私はまったく知らなかった。

南ベトナム政府軍師団の参謀、作戦部の高級将校に解放軍シンパがいて作戦が事前に内通された場合、解放軍は攻撃目標地から避難するか、反撃態勢で待ちかまえるなどの方法が取られた。しかし、通報ができないか、間に合わない場合、政府軍の攻撃が成功し解放軍に大きな犠牲が生じる場合もあった。

## ベトナム戦争終結へ

一九六八年一月二〇日から開始された北ベトナム軍による攻撃は、米海兵隊ケサン基地の包囲（三月一八日に解かれた）、そしてテト（ベトナムの旧正月）攻勢に続いて、二月二八日からの第二波攻勢、五月攻勢と連続した。

二〇万人の増兵を要求した米ウェストモーランド司令官は三月に更迭され、後任はクレイトン・エイブラムズ将軍となった。三月三一日、ジョンソン大統領は北爆の停止や、北ベトナムへの和平交渉呼びかけのテレビ・ラジオ放送後、五月一三日、アメリカと北ベトナム代表による第一回パリ会談が行われた。

南北ベトナム、アメリカによる戦争終結に関する慌ただしい動きがあったにもかかわらず、六八年四月、サイゴン市民の生活には以前とあまり変わった様子は見られなかった。毎日、夕方五時からサイゴンのレックスビル内で開かれるＭＡＣＶ（米南ベトナム援助軍司令部）広報の記者会見も通常通りだった。

いつものように広報官が米軍の作戦内容を発表していた。五月攻勢後は、五月一七日、第一騎兵師団の「ジェブ作戦」がクアンチ省とトゥアテン省の境界で開始された。第一〇一空挺師団の「ネバダ・イーグル作戦」がトゥアテン省の中央部で開始。一八日、第一海兵師団の「マメルケ

サイゴン中心部にある米軍広報の記者会見場。毎夕5時から行われ、「ベトコンを何人殺した」などの発表をする。壇上でカメラを構える澤田教一。1967年

作戦」がクアンナム省で開始。六七年一二月、クアンガイ省で開始したアメリカル師団の「ムスカチン作戦」が六八年六月に終了、一一二九人の敵を死傷させたなどの戦況報告があった。

解放軍の五月攻勢は「週刊読売」にカラー、モノクロページと記事で発表した。「カメラ毎日」の山岸章二さんもグラビアページで扱ってくれた。五月攻勢は私自身精力的に撮影し、沢山のネガを残した。

しかし、心境として米軍・政府軍の従軍取材の心理的負担が以前に増して重く感じるようになってきていた。

さらに外国通信社、放送局には情報を集める記者たちがいた。放送局は記者とカメラマンが同一行動した。フリーとは違った苦労はあったと思うが給料も保証されていた。長期にわたってベトナムに滞在していた日本人フリーカメラ

マンは私だけだった（私がベトナムを去ってから一ノ瀬泰造さんが来た）。

フリーは戦場に出ても出なくてもそれこそ自由だったが、写真を売らないと生活が成り立たなかった。一九六五年一月、ベトナム（サイゴン）に住むようになって政府軍に従軍し、米軍が派遣されてきてからは海兵隊、空挺旅団、第一騎兵師団、歩兵師団などにたて続けに従軍した。生活のためもあったが、私自身の好奇心もあった。

初めて従軍した時は二七歳、六八年の五月攻勢を撮影した時には三〇歳を過ぎ、血気盛んな若者とは言い難い年齢になっていた。それに従軍を重ねるごとに恐怖心が増してきた。戦場に入ってしまうと開き直って落ち着いてくるが、従軍を決めて米軍広報との交渉、出発前夜の言うに言われぬ心のおびえ、そういったことをくり返すには元気が衰えてきたのかもしれない。

六八年三月五日、「UPI通信」カメラマンの峯弘道さんが海兵隊の装甲車に乗って移動中、地雷に触れて亡くなった。私は日本で峯さんの訃報に接したが、その時に受けた衝撃は、いまも忘れない。私がベトナムに住むようになった六五年一月から六七年末までに、アメリカ人七人、ベトナム、韓国、シンガポール、フランスと計一一人のジャーナリストが亡くなっていた。

しかし、具体的に日本人が犠牲になることは想像していなかった。とうとう日本人がと、ぐっと身につまされた。六八年に入ってからオーストラリア三人、アメリカ、イギリス、アルゼンチンの計六人が亡くなった。そういった状況も心理的に影響していた。私自身、いくつか危険な体験をしていたが、いつまでも運に恵まれるという保証はないことは自分が一番よく知っていた。

## 作家・開高健さんがサイゴンへ

しかし、従軍生活を止《や》めてどうしようという具体的な方法も見つかっていなかった。そんな時に作家の開高健さんがフラリとサイゴンにやってきた。西ドイツでの仕事の帰りに寄ったとのことだった。

開高さんと初めて会ったのは一九六五年二月頃、私が香港からベトナムへ移ってきて間もなくだった。その時は「週刊朝日」からの派遣で朝日新聞社出版局出版写真部の秋元啓一カメラマンと一緒だった。二人は南ベトナムの北から南まで実によく動いて精力的な取材を続けていた。私は二人と地方へ一緒に行ったことはなかったが、サイゴンのマジェスティックホテルなどで、何度も酒を酌み交わした。その後は、私が一時帰国したおりに赤坂や新宿で再会した。

それから三年後、やってきた開高さんは決まった取材仕事があるわけではなく、「朝日新聞」の池辺重利カメラマンの部屋に居候して、それこそブラブラとサイゴンを楽しんでいた。「朝日新聞」は六八年から一年間、カメラマンを常駐させていた。そのトップバッターが池辺さんだった。池辺さんはベトナム報道に挑戦するカメラマンという感じではなく、中年で写真の職人のような人だった。好人物で酒好き、開高さんも池辺さんのそういった人柄が好きだったようで、ホテルには泊まらず、朝日サイゴン支局があるビルの池辺さんの部屋に居続けた。六五年に開高さんとマジェスティックホテルの同じ部屋に泊まっていた秋元カメラマンと池辺さんは、好人物、酒好きという点では似ていた。

六五年の時はクーデターが連続し、公開銃殺や地方ルポと開高・秋元組も忙しくしており、酒を飲む時間もあまりないようだった。しかし、六八年は解放軍によるサイゴンへの砲撃はあったものの米軍は大規模な作戦を控え、サイゴン、ダナン、フエなど大都市や基地の防衛に重点を置いていた。ウェストモーランド将軍が要求した米軍二〇万の増兵は認められず、二万五〇〇〇人が派遣されたが、パリ和平会談の状況と南ベトナム政府軍強化の間の「時間稼ぎの派兵」と見られていた。

池辺さんは、記者に同行してサイゴンや、地方ルポの写真を送稿したりしていたが、比較的ヒマな様子で開高さんと酒を楽しんでいた。私も午前中から池辺さんの部屋を訪ねて雑談したり、昼食時には三人で小さな食堂へ行った。

私たちが夜も昼もよく利用した食堂「チータイ（時代）」は、ハムギー通りとグエンフエ通りを結ぶ小さな道にあった。「そば猪口」のような碗に入った蒸したメシをさまざまな料理とともに食べた。ベトナム料理、中国料理、シャトーブリアンなどのステーキといったヨーロッパ料理、ベトナム風カレーなど実に多くの献立があり、しかも安かった。

中国人街のチョロンで解放戦線によるテロが起こったという情報が入ったので、三人で一緒に行ったこともある。後に開高さんは『サイゴンの十字架』という本の中で、その時のことを書いている。

また、メコンデルタ地帯のメコン川支流の小さな島でバナナ栽培をする徹ちゃんと、元ちゃんの二人の若者の案内で、徹ちゃんが運転する自動車で四号道路を(現一号道路)をカイべまで行き、横道にそれてメコンの本流のうちの一本、ティエンジャン(前江)からモーターのついた小さなサンパンでバナナ島へ渡った。開高さんは持参した釣竿を使ってメコン川に糸を投げ入れていた。「釣れた、釣れた」と大きな声をあげたので近寄ってみると「カチャ」と呼ばれていたヒゲのはえたナマズの一種の小さな魚、だった。私の記憶では釣果はその一匹だけだった。この時のことは後に開高さんの『私の釣魚大全』という本に記されている。

## コンチエン基地取材

そのような時、「読売新聞」バンコク支局長の阿部義正記者がサイゴンを訪れた。私は前年の一九六七年一二月に読売新聞社からルポ『ベトナム最前線』を出版しており、ときどき「週刊読売」に原稿と写真を送っていたので、南ベトナム最北端のコンチエン米海兵隊基地を取材するという阿部記者に同行した。

南北ベトナムを分断する一七度線上にあるベンハイ川から南北五キロが非武装の緩衝地帯になっていた。ホーチミンルートほか、非武装地帯を通って南に侵攻してくる北ベトナム軍に備え、東の海岸地帯から西方のラオス国境方向へ、米海兵隊はジョリン、コンチエンの最前線基地を構築した。

さらに基地は南に下がった九号道路に沿って東からカムロ、キャンプ・カロル、カルー、ケサン、ランベイと続いた。六六年から六八年までのこの一帯は北ベトナム軍と海兵隊が直接ぶつかる激戦地となったが、北ベトナム軍がケサン包囲を解いた後は、大きな戦闘はなくなっていた。

コンチエン基地を取材するために、まずダナンの米海兵隊プレスセンターへ行った。ここは宿泊施設、食堂、バーが充実している。これまでも何回か来ていたが、そのつど日本では聞いたこともなかった料理やカクテルを口にした。

日本にいた時はステーキなどに縁はなく、私が知らなかっただけかもしれないがTボーンステーキという骨のついた大きなステーキを初めて食べたのもこの海兵隊プレスセンターだった。無税なので料理も酒も安かった。グレープフルーツというからブドウかと思ったら、夏みかんのようなものが出てきて驚いたこともあった。チェリーが入った甘いカクテル、トムコリンズを何杯かお代わりして酔ったこともあった。

翌日、広報担当の指示でダナン基地からクアンチ省ドンハ第三海兵師団基地へ行き、そこから海兵隊広報将校同行のジープに約二時間揺られてコンチエンに着いた。途中、海兵隊のトラック、民間のバスも走っていた。ケサンで激戦が続いていた頃まではジープでの移動は危険だったとのこと。戦闘が一段落していることが分かった。

コンチエン基地は、非武装地帯から約三キロの小高い丘の上にあった。八月は雨期だが砂ぼこりが基地を覆っている。分散した兵舎は小さく、周囲も屋根も土嚢《どのう》で覆われていた。北ベトナムのロケット、大砲、迫撃砲の攻撃から身を守るためだった。

基地はのんびりとした雰囲気だった。一年前のいま頃は一日、四〇〇発から五〇〇発の砲撃があったが、昨日から今日にかけてこの地区一帯に撃ち込まれた砲弾は六九発とのことだった。コンチエン司令官スミス大佐が状況を説明した。

「いま、NVA(北ベトナム軍)が静かなのは、ケサン攻撃隊と後方師団が交代中のためのようだ」と言っていた。スミス大佐は大柄のがっしりとした体格だった。説明のなかで北ベトナム兵を「RED(赤)」「BAD GUY(悪い奴《やつ》ら)」とハッキリと単語を区切って発音していたのが印象に残った。

ベトナムでの米海兵隊の役割は「南ベトナムの民主主義を守る。それがアメリカの国益となる。そのためには共産主義者のベトコン(解放軍)と北ベトナム軍を殲滅《せんめつ》させる」であり、米兵が敵を殺すのは、①国益・愛国心、②敵側に対する無理解、③敵に対する差別、④戦友が殺された復讐心と憎しみ、⑤「殺《や》らなければ殺られる」という心理、⑥人間の持つ残虐性、⑦こうしたことが重なって醸成される、異常心理のなかにあることを感じていた。

スミス大佐は連隊長である。これまで中隊長、大隊長として部下を失い、自身も危険な目に遭って、①~⑦までのすべてが当てはまるかもしれない。私自身はこのどれにも当てはまらない。スミス大佐から受けた「RED」「BAD GUY」に対する違和感は、この違いから生じたものだった。

取材を終えた阿部記者は広報将校と一緒にドンハへ戻った。私はこの機会に、パトロールする部隊に従軍しようとコンチエン基地に残った。

阿部記者の記事は一九六八年七月一七日付「読売新聞」朝刊に大きく掲載されていた。「異様な静けさ南ベトナム」「北部戦線をみる」「攻撃、どこに消えた　米兵に不安・期待の交差」の見出しがついている。

基地では、子犬を抱いてあやしている兵士がいた。子犬は甘えてクンクンと声をだしている。「パトロールに出た時に拾った」とのこと。兵士たちは暑いので上半身裸になっている。壕の中は板壁、しっかりとした木や管の柱で屋根の厚い土嚢を支えていた。二段の木製ベッドもある。小物を入れる戸棚も備えられ、基地内発電機による裸電球が壕内を明るくしていた。六六年からの基地は兵士が過ごし易いよう徐々に改良されてきた。砲弾や火薬が入っていた木製の箱をそのまま私物入れにしたり、バラして木材とするなどうまく利用していた。

大砲陣地では105ミリ砲がときどき発射されていた。一五キロほどの射程があるので一七度線の向こうの北ベトナムや南のほかの基地との空白地点などを砲撃する。戦闘はなくても「敵」の移動や潜伏防止の定期的砲撃とのことで砲兵陣地に緊張感はなかった。

基地の入口には〝すぐ戻ってくる。その時はビールを持ってくる〟との大きな看板があった。交代して基地を去っていく兵士が立てたものと思われた。

基地前街道を挟むように二列になって兵士が続々と帰ってきた。早朝、パトロールに出た中隊だった。交戦はなかったそうだが皆、砂塵《さじん》にまみれ軍服が白くなり足どりも重かった。

基地近くの川が池になっているようなところで、トラックのタンクが水を汲《く》みあげている。消毒して兵士の飲料水となるのだ。現地調達の水である。その横では丸裸になった兵士が二人泳いでいた。川の水は水浴びにも飲料水にも役立っている。

ところどころに、土嚢に囲まれた戦車が防壁のように陣地を守っていた。防衛陣地は一七度線方向だけではなく、基地を取り巻くように四方を守っているのが最前線であることを表していた。塹壕の窓から無反動砲が外へ向けられているのも、前線基地らしかった。

小さい無反動砲は手持ちで兵士が肩に載せて発射が可能で、砲弾はロケット式に自力で飛んでいく。朝鮮戦争では対戦車砲としても使われ「バズーカ」と呼ばれていた。私は兵器については詳しくない。政府軍の海兵隊も「バズーカ」を常に持っていたが、発射したのは一度も見たことがなかった。大きな無反動砲はジープに据えられていたが、ここでは陣地の中にある。

突然、下の兵舎のところでドーンと音がした。その方向を見ると煙が上がっていたので反射的にカメラを向けてシャッターを切った。迫撃砲が撃ち込まれたのだ。基地内に緊張感はなかった。負傷者もいないようだ。もう一発、今度は少し近くに砲弾が落ちたが、兵士が「ホーイ・ホイ」と呼んで壕の中に飛び込んだ。毎日のことで慣れている様子だった。

## 中佐と報道写真家

そういった様子を撮影していると「大隊長が君を呼んでいる」と将校が連絡に来た。大隊司令部へ行くとリード中佐がいた。スミス大佐とは違い私服を着ると高校か中学の教員でも通りそうな感じだった。「わが部隊へよく来た」と言って握手を求めた。

中佐の質問は「あなたは小部隊のパトロールに同行したいとのことだが、それは何故か」という点に絞られていた。「明日早朝、一分隊（一〇人）の定期パトロールがある。その同行を許可するが、危険である。会社からパトロール取材を求められているのか、義務か」

中佐は好意的に私に接し、兵士も行きたがらないパトロールにカメラマンの私がどうして行こうとするのか、よく分からない、その真意を知りたいという気持ちでいることが伝わってきた。

私のこれまでの従軍体験で、部隊リーダーや兵士がジャーナリストの同行を迷惑がったり、兵士から嫌がらせを受けたということはなかった。米第一騎兵師団のデビィクロケット作戦に従軍していた時、私に向かって何かわめいていた米兵士に銃を向けられたことがあったが、彼は戦闘に興奮して私がカメラマンか何かも分からず、東洋人というだけで銃を向けたのだろうと思ったことがある。

リード中佐は「いま、NVA（北ベトナム軍）の大部隊はいないが、小部隊が分散し地下壕に潜み、ときどき迫撃砲、ロケットで攻撃してくる。砲撃拠点を探し出すのがパトロールの任務だが、彼らは夜間に移動して定位置を持たない。われわれのパトロールを知っているので、待ち伏せしている。交戦になった時に備えて一個小隊とヘリコプターを待機させているが、救援部隊が着いた時は、彼らはトンネルに隠れてしまう。三日前も三人失った、その繰り返しだが、われわれはパトロールし続けなければならない。ときどき中隊の作戦もする。私は敵が近くにいることを確信している」と強調した。「それでも、行きたいという君の気持ちを知りたい」と言った。

パトロール同行に反対しているのではなく、ジャーナリストの気持ちを知りたいのだと言った。先に会社から課された任務ではないと言ったので、ますます私の気持ちが分からなくなったようだった。

これまで米軍の「待ち伏せ」、分隊で地上の「ベトコン」を捕獲する「スネーキーイーグル」、メコンデルタの河川パトロールなど少数単位の作戦に付いて行ったこともあるが、何も聞かれずすぐOKだった。

リード中佐は個人的に私の仕事に関心を持ったのだと思う。私は中佐の対応に好感を持った。軍事行動も含めたアメリカのベトナム政策に反対していたが、米兵個人に対し悪感情を抱いたことはなかった。彼らは私をいつも親切に扱った。

しかし、なぜパトロールに同行するのか。実は私自身よく分からなかったのだ。コンチエンに到着するまでその気持ちはなかった。着くまでは米海兵隊が現在、どのような作戦をしているのかも分からず、阿部記者とダナンでプレス担当将校と会って、大きな作戦はしていないということが分かった。しかし、コンチエン基地は私にとって初めてだったので、そこの様子はぜひ撮影したいと思った。コンチエンで阿部記者とスミス大佐との話を聞いているうちに、大きな作戦がないのであればパトロールを撮影したいという考えが浮かんだのだ。

そこで、ドンハから同行してきた将校にその旨を伝え、基地に残った。取材後の作品にタイトルをつけるとすれば「ケサン戦闘後の北部戦線」。パトロール中に何か起こり読者の興味を呼ぶ写真が撮れれば「週刊読売」に売り込めるかもしれない。「興味を呼ぶ」写真を撮るためには危険が伴うが、何かひとつ中心になる写真があれば、あとは基地内の写真と合わせてグラビアは構成できる。

せっかく、ここまで来たのだから何か仕事としてまとめたいと思った。それは仕事とは別に、実際にパトロールがどのようなものか「この目で見て体験したい」という気持ちの方が強かった。これはすべて私の行動の原点でもあった。世界無銭旅行で日本を離れた「原点」だった。

しかし、この原点を話すと私の下手な英語での説明では、面白半分の同行と誤解される恐れがある。そこで「ケサン戦闘後の北部戦線をパトロールを通して発表したい」と言った。これも本当の気持ちではあった。危険は承知しているが、いつも自分に対する幸運に期待しているとつけ加えた。

米軍はジャーナリストに理解がある。私がフリーでも差別はしない。「そのストーリーは高く売れるのか」と聞かれたので「『ライフ』のような雑誌は高い写真代を払ってくれるが、日本の週刊誌はベトナムの写真も日本国内での写真も写真代はまったく同じ、米軍の新兵の給料とあまり変わりない」と言ったら、中佐は「そんなものなのか、命を懸ける割には儲からないものだな」と言った。

収入は少ないが、戦場取材の積み重ねで本を出すことができた。ベトナムへ来なければ、私のような日本で実績のないカメラマンが本を出すことはできなかったろう、と伝えると、中佐は、急に遠くを見るような顔付きになった。

中佐「そうかもしれない。ベトナムに来てどのくらいになる？　これまでどの部隊の作戦を撮影したのか？」

私「三年半になる。私は沖縄に生まれた」

中佐「私もキャンプ・ハンセンにいた。今夜、私のバンカーに来ないか。一緒に酒を飲みながらもっと話そう」と言った。

# 第六章
# 南と北の両方から
# ベトナム戦争を撮った

合作社で働く人たちの射撃訓練は緊張感がなかった。太平洋戦争中に学校で体験した竹槍訓練の悲愴感とはずいぶん違っていた。ハノイ　1972年

## 北ベトナムを見たい

一九六八年一二月、サイゴン（現ホーチミン）を離れて日本に一時帰国した。その時はまたサイゴンに戻るつもりだった。それまでのベトナム滞在はほぼ四年におよんでいた。そして翌六九年四月からは朝日新聞社に社員として採用され、出版写真部のカメラマンとなった。

その六九年の仕事は、日本の右翼、そして韓国と北朝鮮との境界三八度線ルポ、また成田空港建設に反対する三里塚闘争、七二年五月一五日の沖縄返還の日とその前後などを撮影していた。

その間もベトナム民主共和国（北ベトナム）の取材を熱望し、個人的に日本ベトナム友好協会、ベトナム人民支援日本委員会などを通して、北ベトナムの対外文化連絡委員会へ手紙や資料を送っていた。

七〇年三月に、カンボジアのロン・ノル将軍らによるクーデターが起こり、四月からシハヌーク元首解任後のカンボジアを取材した。その年はジャーナリスト受難の年で、澤田教一さんほか日本人八人を含む二七人の西側ジャーナリストがカンボジアで死亡している。とくに私が滞在していた四月、五月、六月の三カ月間で日本人七人、欧米人一三人が犠牲になった。それは西側ジャーナリストからクメールルージュと呼ばれていた反ロン・ノル政府勢力が、取材移動中のジャーナリストを射殺したからだった。

ベトナムでは戦闘に巻き込まれて死亡したジャーナリストは多かったが、捕らえられてから殺された人は一人もいなかった。ジャーナリストと分かると全員が釈放された。カンボジアの反政府勢力はジャーナリストも敵とみなしていた。

七〇年四月一一日、私はベトナム国境に近いカンボジアのスヴァイリエン州を「日本電波ニュース」鈴木利一プノンペン支局長の自動車で移動中に、クメールルージュの銃撃を受けた。鈴木さんとともに銃弾が飛んでくる反対側の道路の低い位置に逃げ込んだ。周囲にはほかに人影はなく私たちだけなので、近づいてきて撃たれたら大変だととても不安だったが、遠くでこの状況に気がついたロン・ノル軍が数台の装甲車でやって来てクメールルージュと銃撃戦となり、その間に私たちは自動車でその場を脱出した。

一一日までに「フジテレビ」の日下陽さん、高木祐二郎さんを含む八人のジャーナリストがクメールルージュに捕まっていた（後に死亡が確認）。この時を境に鈴木さんと私は危険をともにした「戦友」となって交流を深めた。鈴木さんはプノンペン支局長の前は「日本電波ニュース」ハノイ特派員として北ベトナム（ベトナム民主共和国）に滞在していた。語学留学生としてハノイに滞在していた経験もあるのでベトナム語を流暢《りゅうちょう》に話した。

私は六月にカンボジアを去ったが鈴木さんは支局長としてカンボジア取材を続けていた。その

ベンハイツ川に架かるヒエンルオン橋の対岸に北ベトナムの旗が見えた。1966年

鈴木さんとの縁からも東京の日本電波ニュース社を通しても北ベトナム入国を申請していた。当時、北ベトナムのハノイに支局を置いていたメディアは「赤旗」と「日本電波ニュース」だけだった。

一九七一年の秋、日本ベトナム友好協会の一行が北ベトナムへ行くと聞いて羽田空港へかけつけ、伊藤吉紀事務局長にその年の八月に朝日新聞社から刊行された私のベトナム写真集『戦争と民衆』を、ハノイの対外文化連絡委員会に渡してくれるよう頼んだこともあった。

私が北ベトナムを取材したいと初めて思ったのは一九六六年三月だった。三月に南ベトナム政府のグエン・カオ・キ首相が、南北ベトナムの境界線となる一七度線に接した第一軍管区のグエン・チャン・チ司令官を解任した。これを機に第一軍管区所属の軍、仏教徒、学生などがフエ、ダナンで反政府デモを起こした。私はその場所で撮影をしていたが、デモが一段落したのでダナンから自動車でベンハイ川まで行ってみた。

一九七六年からベンハイ川に沿った反北武装地帯は激戦地となるのだが、その頃はまだ一号道路は安全だった。目測二〇〇メートルぐらいの川幅に架かるヒエンルオン橋の向こう側には、赤地に黄色い星のベトナム民主共和国の大きな旗がひるがえり、橋のたもとには事務所があった。北ベトナム政府の職員か兵士の姿を撮影しようと思ったがまったく人影は見えなかった。

ベンハイ川の向こうではどのような生活があるのだろうか、という強い関心を抱いた。いつか訪ねてみたいという気持ちになった。私はサイゴンに住むようになって一年半足らずだったが、米兵の数は増加の一途をたどって北ベトナム軍も南下して南ベトナムで激戦が交わされ、米軍は北ベトナムを猛爆撃するようになった。南ベトナムの戦場で米軍の農村に対する激しい爆撃を見ていたので、北ベトナムの人びとは米軍の爆撃下でどう耐えているのだろうかと思った。

## ベトナム戦争の始まり

ところでベトナムはどうして南北に分断されたのか、私が南ベトナムで見た戦闘はどのようなものであったか。ごくごく簡単に説明しておく。

一九世紀は、イギリスがインド、オランダがインドネシア、アメリカはフィリピンなどというように欧米列強国は発展途上国を植民地にしていた。一八八三年、フランスはベトナムを植民地とし、さらにカンボジア、ラオスも前後してフランス領インドシナ連邦に組み入れていた。

そのフランスの支配は一九五四年五月、ラオス国境に近いディエンビエンフーのフランス軍基地がベトミン（ベトナム独立同盟）軍の攻撃で陥落するまで続いた。フランスは一八五九年にサイゴンを占領したがその翌六〇年から、すでにベトナム人の反フランス蜂起が始まっていた。

フランス支配に抵抗したド・チン・トアイ、ファン・ヴァン・ダトといった人たちがフランス官憲に捕らえられ殺されている。北部タイグエン省で一八八七年から二六年も続いたイエンテー蜂起も、ベトナムのフランス抵抗史に残るもので、その指導者ホアン・ホア・タムの名が記されている。

一九〇五年、武器援助などの支援を求めて日本に渡ったファン・ボイ・チャウだが、日本政府によって帰属を余儀なくされた琉球王国の「亡国」に触れた『琉球血涙新書』を記したと言われている（しかし原文が残っていないようなので内容は分からない）人物である。チャウはベトナム独立を目指す青年を育てるために日本に留学させる東遊運動《ドンズー》に奔走した。一九〇七年前後には二〇〇〜三〇〇人のベトナム青年が留学したという。しかし、韓国を併合し、満州へ勢力拡大を図っていた日本政府はフランスに協力して一九〇九年にはチャウを追放した。

一九一七年のロシア革命は、植民地政策に苦しむ国の人びとに大きな影響を与えたが、ホー・チ・ミンもその影響を受けた一人だった。ベトナム北部ゲアン省で生まれたホーは一九一一年、二一歳の時、フランス船にコック見習いとして乗船、その後、職業を変えながらフランス、アフリカ、アメリカ、イギリスなどに住んだ。

一九一七年からフランスに住んだホーは世界共産党（第三インターナショナル＝コミンテルン）のフランス支部に入った。さらに一九二三年、ホーはソ連へ行き第五回コミンテルンに参加した後、ベトナムからそう遠くない中国革命の中心地となった「広州」に渡った。そこにはベトナムの独立を願う若い人たちが集まっていた。

ソ連、中国、そしてベトナム本土で革命を目指すベトナム人の組織が広がってベトナム北部、中部、南部で共産党が誕生した。一九三〇年、ホー・チ・ミンはコミンテルン代表という立場で、香港においてベトナムのそうした組織を統一する会議を開催し、ベトナム共産党（三〇年インドシナ共産党、五一年ベトナム労働党、七六年にベトナム共産党と改称）が結成された。

ホー・チ・ミンはソ連、中国へ行き独立のために奔走していたが一九四一年二月に三〇年ぶりにベトナムへ戻った。中国国境に近いカオバン省の山岳地帯でインドシナ共産党第八回中央委員会が開催されベトナム独立戦争の基盤となるベトミンが結成された。ベトミンの中核となった人びとはその後首相になったファン・ヴァン・ドンやヴォー・グエン・ザップ大将もいた。

一九四〇年九月、日本軍がベトナム北部に進駐、四一年七月には南部に進駐してベトナムをフランスとともに支配した。

日本軍の進駐が始まってから大量のコメが日本に運ばれたという。ねばり気の少ないインディカ米は戦争中「外米《がいまい》」と呼ばれ、私も食べたことがある。

一九四五年三月、日本軍はフランス軍を武装解除してチャン・チョン・キム政権を樹立したが、八月一五日にはアジア・太平洋戦において敗戦した。

一九四五年八月一三日、ベトミンは全国に蜂起司令を出し、一九日ハノイ、二三日フエ、二五日サイゴンなど全国に蜂起の火の手が上がって八月革命と呼ばれた。九月二日、ハノイのバーデン広場でホー・チ・ミンは「ベトナム民主共和国」の独立宣言を行った。そして翌四六年二月の国会でホーは主席に選出された。

第二次世界大戦が終わって、ベトナムの再支配を目指すフランスは、ベトナムの独立を認めず四六年一二月ハノイを攻撃し、ベトミン軍とフランス軍の全面戦争が開始された。ハノイを占領され、空軍、機甲部隊を持つフランス軍に対し初期は劣勢であったベトミンも、人民の支援を得て正規軍・地方部隊民兵と兵力を増強し、各地でフランス軍を追いつめた。

一九五三年一一月、フランス軍は形勢挽回《ばんかい》と大逆転を狙ってラオス国境に近いディエンビエンフーの盆地に堅固な基地を築いた。そこにベトミン軍の主力を誘い込んで爆撃と周囲の高地を固めた大砲陣地からの砲弾で殲滅させる作戦であった。

一方、ヴォー・グエン・ザップ将軍総指揮によるベトミン軍のディエンビエンフー基地攻撃は、五四年三月一三日に開始すると五月七日には司令部を占領、クリスチャン・ド・カストリ将軍指揮のフランス軍は降服した。この日をもってフランスのベトナム支配は終わった。

五四年五月八日からスイスのジュネーブで、当時五大国と言われたアメリカ、イギリス、フランス、ソ連、中国とベトナム民主共和国、南部のバオ・ダイ政権、ラオス、カンボジアが参加して停戦に関する会議が開催された。

それぞれの国の主張があったが、議論の末、ベンハイ川に沿った一七度線を暫定軍事境界線として一九五六年七月に「統一選挙」を行うことが決まった。しかしアメリカはそのジュネーブ協定にサインしなかった。

戦争中、アメリカは直接戦闘部隊は送らなかったがフランス軍の戦費を大きく負担し、戦車、大砲、弾薬などを送った。さらに一九五〇年八月からアメリカはサイゴンに軍事顧問団を送りフランスを支援していたが、その理由はインドシナを失えばタイ、ビルマなど近隣諸国も共産主義化するという「ドミノ理論」からだった。

一九五二年、一九五四年の国家安全保障会議でドミノ理論は繰り返されている。

### ベトナムが南北に分断

ジュネーブ協定によって統一選挙が実施された場合、ホー・チ・ミンが選出されることになると選挙に反対したアメリカは、一九五五年一〇月、南ベトナムのサイゴンに反共主義者ゴ・ディン・ジェム大統領の「ベトナム共和国」を誕生させた。こうしてベトナムは一七度線で南北に分断されるのである。

アメリカは南ベトナム政府軍にアメリカ製のヘリコプター、戦闘機、戦車、装甲車、大砲など近代兵器を与え、アメリカ人の軍事顧問を増加して、徴兵されたベトナム兵にアメリカ式軍隊をつくって教育すれば、南ベトナムを維持できると考えていた。

ゴ・ディン・ジェム政権は、ジュネーブ協定で決められた南北統一選挙の実施を迫る人たちを武力で弾圧していた。こうした南ベトナム政府のやり方に反対する人びとが一九六〇年一二月、南ベトナム解放民族戦線を結成した。ベトミンとしてフランスと戦った元兵士、農民、都市の青年、婦人、サラリーマン、芸術家などさまざまな愛国者がいた。六二年二月の解放戦線第一回大会で弁護士のグエン・フー・トが議長に選出された。解放戦線はベトナム民主共和国の労働党とも連絡をとりあった。

解放戦線には、村を守るゲリラ部隊、省で戦う解放戦線正規軍があった。後に解放軍として北ベトナムから派遣されてきた人民軍と連携して、南ベトナム政府軍・米軍と戦った。

一九六二年二月、アメリカはサイゴンにＭＡＣＶ（米南ベトナム援助軍司令部）を設置した。この年の一月、米兵は軍事顧問、ヘリコプターパイロットなど二六四六人が駐在していた。

六三年一月、メコンデルタのアプバクで解放戦線部隊約二〇〇人と政府軍一五〇〇～二〇〇〇人の大規模な戦闘があり政府軍のヘリコプター五～六機が撃墜、兵員輸送装甲車（ＡＰＣ）三～六台が破壊された。

政府軍の死傷者約四五〇人、米軍事顧問・ヘリコプター搭乗員の死者三人、負傷一〇人前後、解放戦線兵士は死者一二人、負傷一〇人。

アプバクの戦いはベトナム戦争で初めて解放戦線軍と南ベトナム政府軍の大軍が正面衝突し、政府軍が大敗した戦闘としてベトナム戦争史に記録されている。

その一方でこの戦いは、アメリカが支援するヘリコプター、APC、戦闘機による爆撃、ナパーム弾投下といった近代的兵器を充分に使用する政府軍は、ベトコン（解放戦線）に勝利することが出来るというアメリカ当局や南ベトナム政府が描いた幻想を、うち破った戦闘でもあった。

一九七五年六月に私は、ベトナム戦争終結後を取材する国際報道関係者の一員として臨時革命政府の案内でアプバクへ行っている。

アプバクはサイゴンからそう遠くないメコンデルタの入口にある。南ベトナム解放民族戦線が結成され「アメリカに支援された傀儡《かいらい》政府軍に大勝利した戦闘」として解放戦線幹部が誇らしく説明する様子が印象に残った。

政府軍の戦死者やヘリコプター、APCの破壊などをハッキリ数字で示すことができなかったのは、私が読んだアプバクの戦闘を記した内外八人の筆者の数字が米兵三人の戦死以外はそれぞれに異なっていたからである。

七五年に一緒に行った本多勝一記者の記録がある。ミトー省解放軍司令官、参謀長ほかの人びとの証言で、それによると解放軍は二個中隊二五〇人と地元ゲリラ一個小隊で、武器は米軍の重機関銃一丁、軽機関銃一二丁、その他60ミリ迫撃砲、自動小銃などだった。対する政府軍は第七師団一個小団（五〇〇人ぐらいか）、空挺部隊一個旅団一〇〇〇人である。政府軍の死傷者は約四五〇人。五機のヘリコプターを撃墜し六台のＡＰＣを破壊した。くらべて解放軍の死者一二人、負傷者一〇人。

アメリカの強い支援で樹立されたゴ・ディン・ジェム政府だったが、ゴ大統領と秘密警察を指揮した弟のゴ・ディン・ニューによる反政府者・仏教徒への弾圧、アメリカ当局への反抗などもあって、アメリカ政府の承認した軍部クーデターによって殺害された。クーデター部隊を指揮した将校の一人、第五師団長のグエン・ヴァン・チューは六七年九月に大統領となり七五年四月サイゴン陥落寸前まで実権を握った。

六四年八月、トンキン湾をパトロールしていたアメリカの駆逐艦マドックスが二日と四日の二回、北ベトナム軍の魚雷艇から攻撃を受けた。魚雷艇一隻はマドックスからの砲撃で撃破、あとの二隻にも損害を与えた。攻撃への報復として五日に米軍は、空母タイコンデロガから発進した戦闘機によって、北ベトナムの魚雷艇基地と燃料貯蔵所を爆撃したと発表した。これが「トンキン湾事件」である。この事件が、アメリカの本格的なベトナムへの軍事介入の契機になったといわれている。

日本の新聞もワシントン発で「アメリカ軍トンキン湾で再び交戦」としてアメリカ政府の発表を記事にした。私は八月八日、サイゴンに入った。「アカハタ」は二度目の攻撃はアメリカの作りごとと「ハノイ放送」の記事を掲載していた。当時は、私も米軍の報復爆撃と信じていた。多くの国の人びとがアメリカ政府にだまされていたことになる。国防総省のマクナマラ長官は終戦後の一九九五年一一月九日、ハノイで当時ベトナム人民軍の最高司令官であったヴォー・グエン・ザップ将軍と会談したとき、第二回目の魚雷艇の攻撃はなかったことを認めた。

軍事に関してうとい私でも、魚雷艇攻撃を受けた翌日の爆撃はあまりにも早いと思う。アメリカ大統領、国防長官、統合参謀長などの命令系統を経ての爆撃であるはずだから。

その経過は米国防総省秘密報告書に記されている。解放戦線部隊が各地で優勢なのは北ベトナムの支援があるからだと判断したアメリカは、報復爆撃と全面北爆の計画書を作るようジョンソン大統領命令が三月一七日に出て、五月には九四カ所の爆撃目標が決まっていたのである。

爆撃の機会を待っていたのだ。六四年七月三〇日深夜、南ベトナム奇襲部隊が「34A作戦」にしたがって北ベトナムのホンメ島とホングー島に上陸した。その時、米駆逐艦マドックス、空母タイコンデロガはトンキン湾近くにいた。八月四日、米駆逐艦が二回目の攻撃を受けたという報告で五日、米空母タイコンデロガと香港からかけつけた空母コンステレーションから発進した戦闘爆撃機が、北ベトナムを爆撃した。トンキン湾事件が起こらなくても何かの口実で北爆をしただろう。こうしてベトナム戦争は拡大し、翌六五年三月二日からは継続的な爆撃「ローリングサンダー」を開始した。

六四年一二月二八日から六五年一月三日にかけて、南ベトナム政府軍の精鋭といわれた海兵隊、空挺隊、レンジャー隊が、サイゴンから東南約六〇キロ、南シナ海に近いビンジアで解放軍と戦い、米兵軍事顧問も含め約三〇〇人が死傷し大敗した。

米国防総省秘密文書でも明らかにされているように、「34A作戦計画」と呼ばれた米軍、南ベトナム政府軍による北ベトナム沿岸攻撃は、マクナマラ国防長官公認のもとで六五年二月に計画され五月から開始されていた。

## ベトナムに五四万の米軍

南ベトナム政府軍の戦闘力に疑問を持っていた米当局は、一九六五年三月八日、戦闘部隊海兵隊ほか三五〇〇人の米軍をダナンに上陸させた。その後、空挺旅団、騎兵師団、歩兵師団など米軍部隊が続々と派遣され、私が滞在していた六八年一二月には、五四万人近くの米兵が駐留していた。

米軍に対抗して北ベトナム軍も南下した。解放戦線軍、北ベトナム軍は人数の正式な発表はなく資料によって数字も異なっているが、北ベトナム軍五万人という数字もある。解放戦線正規軍、ゲリラも合計すると六八年末の数字として解放軍は三〇万人ぐらいのようだ。南ベトナム政府軍八一万人、五万人の韓国軍を含めオーストラリア、ニュージーランド、タイ、フィリピンの支援軍計六万六〇〇〇人。私は米軍、南ベトナム政府軍のほかに韓国軍、タイ軍を撮影した。

六七年一二月までにアメリカは四八万五三〇〇人の兵力を送り、六八年六月六日には二万四〇〇〇人を超える戦死者を出していた。アメリカ政府や議会にはベトナム戦争を疑問視する人も増えてきた。ジョンソン大統領とともに米軍の介入をエスカレートさせてきたマクナマラ国防長官もその一人だった。一九六八年のテト攻勢でアメリカ政府は軍事的勝利をあきらめ、ベトナム撤退の準備に入ったと言われているが、マクナマラはその前にも撤退を考える機会が何度もあったと反省している。

六五年一二月「対ゲリラ戦には米軍の戦術と訓練が適切でない、との徴候が現れた時」、六七年一二月「米軍には南ベトナムで敵軍を撃退する能力がない、北爆でも北ベトナムの侵略を思いとどまらせることはできそうもない」とするCIA報告を受けた時などであったという。

六八年二月、ウェストモーランドMACV司令官は二〇万人の増兵要求など強気だったが、テト攻勢では南ベトナムの各都市で米軍、南ベトナム政府軍施設が攻撃され、短時間ではあったが解放軍決死隊にアメリカ大使館を占領された。米南ベトナム援助軍司令部（MACV）はベトコンは多数の兵士や指導者を失いわれわれは勝利した、と声明を出したが解放軍による一斉攻撃から受けたアメリカ政府の衝撃は大きかった。

三月二二日、ウェストモーランドMACV司令官は更迭され、三一日には米ジョンソン大統領も次期大統領選挙への不出馬を表明、一〇月三一日、北爆全面停止を発表した。

一一月、大統領となったニクソンにとってベトナムからの「名誉ある撤退」が目標となった。「サイゴン政府」（一九六九年六月八日、「南ベトナム共和国臨時革命政府」が樹立されたのでそれ以降を、筆者はこう呼ぶことにしている）が米軍の駐留がなくとも自立できる、とした上での撤退であることを自国にも他国にも見せなくてはならなかった。

## アメリカ軍撤退へ

一九六九年六月八日、ニクソン大統領はミッドウェー島でグエン・ヴァン・チュー大統領と会談。米軍は撤退するがあらゆる面でベトナム共和国の援助を続けることを約束した。チュー大統領はパリ会談でも米軍の撤退に反対であったが、米軍を引き止める方法はなかった。

七月八日。米軍撤退第一陣がベトナムを離れ、一二月一五日にニクソン大統領は米軍の役割をサイゴン政府軍に肩代わりさせる「ベトナム化計画」を発表した。

アメリカ国内でも大きな反戦の声があがっていて、ニクソンとしても撤退を早める姿勢を見せなければならなかった。そのためにカンボジア領内に存在する解放軍基地の破壊を考えた。アメリカの政策に反対しているシハヌーク元首ではカンボジア侵攻作戦は不可能として、軍人、国防相でもあったロン・ノル首相とＣＩＡが画策して、外国へ行っていたシハヌークを七〇年三月一八日に解任した。

七〇年四月二三日、アメリカはロン・ノル政権に武器援助を発表。四月三〇日、米軍、サイゴン政府軍はベトナム国境を越えてカンボジア侵攻作戦を開始した。

私は四月六日から、ロン・ノル軍によるカンボジア在住ベトナム人に対する虐殺やカンボジア内戦を撮影していたが、五月にベトナムへ行き、米第二五歩兵師団のヘリコプターに乗ってカンボジア領へ入り米軍の作戦を取材した。そして六月、また、プノンペンに戻った。

七一年二月八日、サイゴン政府軍はラオス領内のホーチミンルートの分断と、基地を破壊し北ベトナム軍に打撃を加えるためにラムソン七一九号作戦を開始した。

## 北ベトナム取材が許可に

一九七一年二月のラムソン作戦時にはまだ、約一五万人の米兵が駐留していた。しかし、ラムソン作戦に戦闘員は参加せず、戦闘機、B－52、輸送ヘリ、ガンシップなどで空から支援した。サイゴン政府軍は第一歩兵師団、レンジャー部隊、空挺部隊、海兵隊、機甲旅団約二万人。米兵第一〇一空挺旅団、第五歩兵師団など支援部隊は後方のケサン基地で待機した。

日本の新聞は二月八日の夕刊で大きくこの作戦を掲載している。「毎日新聞」は一面トップで「南軍ラオスへ進攻」の見出しがついている。二月一九日にはサイゴン政府軍が壊滅的打撃を受けたと報道された。

私はこの頃、日本で復帰前の沖縄や、都知事選、中国のピンポン外交などを撮影していたが、ラオス進攻作戦に注目していた。テレビニュースで北ベトナム軍の攻撃を受けたレンジャー部隊の兵士たちが、両手をあげて基地の防空壕から出てくる映像に衝撃を受けた。四年間のベトナム戦争従軍取材中に、そういった場面は見たことがなかった。救出に向かった米軍ヘリに、兵士がわれ先きに逃げこもうとしている様子もあった。

この作戦は事前に北ベトナム軍側に情報がもれていて、迎撃の態勢がとられていたようだった。

三万六〇〇〇人の北ベトナム軍が動員され高射機関砲、大砲、戦車を用意し、ヘリコプターを撃墜し、政府軍基地を砲撃した。南ベトナムの戦場の解放軍は重火器を持っていないゲリラ戦法だった。

小規模の部隊を相手にしてきた政府軍にとって組織化された北ベトナム軍の攻撃にもろかった。サイゴン政府軍だけの初めての作戦は米空軍の爆撃支援を受けたにもかかわらず大敗となった。三月二五日、サイゴン政府軍は撤退したが、作戦に参加した兵力の五〇％に近い、九〇〇〇人が死傷したと米軍は発表している。米兵も一四六二人が死傷、一六八機のヘリコプターが撃墜され六一八機がダメージを受けたという。

この作戦は、北ベトナムでは「九号道路の戦い」として知られている。七二年にハノイへ行った時、外務省対外文化連絡委員会から日本のベトナム人民支援委員会に届けてくださいと記録映画フィルムを渡されて、重いフィルムの缶を本多勝一さんと手分けして運んできた。

ベトミン軍がフランス軍を降服させた「ディエンビエンフーの戦い」も長編記録映画となっているが、「ラムソン七一九」も勝利を見越して撮影していたことになる。私たちはこのフィルムの部分を「週刊朝日」に掲載した。

米軍の報告に、四人のニュースフォトグラファーが乗ったヘリコプターが地上砲火によって撃墜され、死亡したと記されている。四人の一人がフォトジャーナリストの嶋元啓三郎（三四）だった。ほかの三人は「ライフ」誌のラリー・バローズ（四四）、「ＡＰ通信」のアンリ・ユエ（四三）、

「UPI」のケント・ポッター（一三）。

「ラムソン七一九」は厳しい報道管制が敷かれ、メディアの従軍は許可にならなかったそうだが、二月一〇日、四人はサイゴン政府軍将校のヘリに同乗して前線に向かった。撮影に成功していれば特ダネになったはずだ。嶋元さんとは一緒に従軍もし酒も飲んだ。嶋元さんの事故を知った時は驚きで言葉を失った。

ニクソン大統領とキッシンジャー補佐官は七二年二月二一日に中国、五月二二日にソ連を訪問した。両国のベトナム支援を減少させ両国から停戦へ向けて北ベトナム政府へ圧力をかけさせることが目的だった。しかしソ連、中国もそれに対しハッキリとした返事は与えず自国のプラスになるようにアメリカとの外交を利用した。

北ベトナム軍は、ニクソン大統領が中国を訪問した後の三月三〇日に、ベンハイ川を越えて南のクアンチ省に大攻撃を加え、省都ドンハを占領した。この戦闘でもサイゴン政府軍は敗北したが、米軍の猛爆撃によって解放軍の進撃はクアンチ省のタクハン川でくい止められた。

ニクソン大統領はパリ会談を有利に進めサイゴン政府を維持するために、七一年一二月二六日に北爆を再開し、七二年四月からハノイ、ハイフォン、紅河《ソンホン》堤などを破壊した。一〇月、米空軍のハノイ爆撃で、フランス代表部のピエール・シュジニ総代表が死亡、六月にはバクマイ病院、勤労者住宅が被害を受けた。

そのような状況のなかで、ベトナム民主共和国（北ベトナム）から突然、本多勝一記者ととももに一〇月二二日までにハノイに着くようにという電報が入った。本多さんが取材申請を出していることは知らなかったが、本多さんとは南ベトナム取材の時にサイゴンで時々お会いし、酒も一緒に飲んだことのある尊敬する記者だったので一緒に行けることは嬉《うれ》しかった。それに本多さんは六八年一一月に北ベトナムに行っているので心強い。

本多さんと相談して、九月二九日に日本と中国との国交が正常化したので、この機会に香港から中国を経由して行こうということになった。北ベトナムを撮影したいという長年の夢が叶《かな》い、カメラマンになって良かったと思う。これまでの人生最高の旅となった。

南ベトナムの戦場を撮影し、戦争終結前に北ベトナム入国許可になったカメラマンは後にも先にも私だけだった。後で知ったが、七一年八月に朝日新聞社から刊行したベトナム戦争写真報告『戦争と民衆』を見たことが、入国許可の決め手になったとのことだった。

## 北ベトナムに入国

羽田－香港、鉄道で香港－広州。広州のベトナム民主共和国（北ベトナム）領事館で入国ビザを受け、一九七二年一〇月二三日、中国民航機で広州から南寧。南寧でハノイ行中国民航機に乗り換えた。プロペラ機内の五〇ほどの座席を占めているのはほとんどベトナム人だった。北ベトナムで生まれ育った人が多いと思うが、もともとは北も南も同じベトナム人である。四年間、サイゴンで生活していたので異和感はなく、アメリカ軍の激しい爆撃に耐えている人びとという敬意を感じた。

七二年一〇月二三日、ハノイ上空に近づいた時は夕方で、しかも曇っていたので暗い視界だったが、爆弾跡のクレーター、高射砲陣地が見えて、大きな川が曲がって流れていた。紅河だった。南ベトナムでも上空から何度もメコン川を見たが、土の色が溶けて茶色に見える紅河の流れを見て念願の北ベトナムへ来たのだと感動した。六六年三月、ベンハイ川の南からヒエンルオン橋の向こうにひるがえるベトナム民主共和国の旗を眺め、北ベトナムへ行ってみたいと思ってから六年半が過ぎていた。

その間にベトナム戦争の状況も変化していた。戦争をエスカレートさせたジョンソン大統領は戦争に勝てないと分かって六八年に北爆を停止、パリ会談にのぞむと次の米大統領選出馬を断念した。次のニクソン米大統領とヘンリー・キッシンジャー特別補佐官はグエン・ヴァン・チュー大統領に戦争の後始末を任せる「ベトナム化」と米軍の「名誉ある撤退」をはかった。

七二年一月から私たちがハノイに到着するまでのベトナム戦争に関する動きと世界の反応を見てみよう。

日本の新聞はいっせいに七二年一月二六日付夕刊一面で、ワシントン発「米軍六カ月以内に完全撤退」の見出しで報じた。ニクソン大統領がパリ会談で北ベトナム代表に提案する内容を発表したのだ。
①北ベトナムとの合意に基づいて米軍、同盟軍は六カ月以内に完全撤退、②撤退と並行して捕

虜の釈放、③南ベトナムの政治は南ベトナム国民が決める。大統領選挙を行う。選挙の一カ月前に現大統領（グエン・ヴァン・チュー）と副大統領は辞任する、④双方は一九五四年のジュネーブ協定、六二年のラオス協定を守る、⑤インドシナ問題（ラオス・カンボジア・ベトナム）はインドシナ各国によって解決される、⑥合意成立後、インドシナ全域で停戦が成立する、⑦停戦、捕虜釈放、軍事撤退、協定の監視は国際的に行われる、⑧インドシナの恒久的平和は国際的に保障される。

このニクソン提案の前年七一年七月一日、南ベトナム臨時革命政府のグエン・チ・ビン、パリ会談主席代表は、①米国が七一年の末に完全撤退し全捕虜を交換する、②グエン・ヴァン・チュー政権支援の停止。解放戦線、中立主義者との連合政府をつくるため公正な選挙で新しい政府を決める、③解放戦線、サイゴン政府軍の問題を外国の干渉を受けず連合政府の話し合いで解決する、④南北ベトナムが平和的に統合されるまで民衆は自由に両方を往来できる。南北ベトナムは中立を守り外国の軍隊を駐留させず基地を置かない、⑤南ベトナムは中立を守り軍事介入の意図がない国の経済援助を歓迎し、アメリカとも経済、文化的な関係を擁立する、⑥アメリカは南北ベトナム人民へ損害と破壊をもたらしたことに対し責任をとらなければならない、⑦以上の諸原則に基づいて達成した協定が国際的に保護されることに合意する、との七項目を提案していた。

七二年一月の米ニクソン大統領提案に対し北ベトナム代表団は、①選挙の一カ月前までグエン・ヴァン・チュー政権を残し、チュー側の上院議長が政権を担当し軍隊を握っていては、選挙では公正を保つことはできない、②外国軍の撤退と捕虜交換が先。停戦は外国軍撤退後、南ベトナム解放軍とサイゴン政権との話し合いで決めるべき。外国軍が残ったままの停戦は侵略者と被侵略者を区別していない、などの理由で拒否した。ニクソン提案は彩りの良い包装紙に包んでいるが、北側の要求からはほど遠い内容ということだ。

アメリカの名誉ある撤退は、アメリカの支援したサイゴン政権を見捨てないことを世界に示すことであり、米兵の撤退は始まっていたがニクソン和平提案のあった七二年一月にはまだ一五万の地上軍がベトナムのダナン、ビエンホア基地などに残っていた。さらにタイ、グアム、三沢、岩国、沖縄の基地には空軍が待機、トンキン湾上では常時空母が出撃を準備していた。

こうした軍事力を背景にしてのアメリカの交渉を北ベトナムと臨時革命政府は信用していなかった。ニクソン提案の一カ月前、七一年一二月二六日から三〇日まで延べ一〇〇〇機によってタインホア省などが北爆を受けていた。

一九五〇年六月に勃発した朝鮮戦争は米軍、中国軍の参戦で拡大し、五一年七月一〇日に休戦会談が開始されてから五三年七月二七日の休戦協定成立までの三年間に、激戦、米軍の爆撃が続いて大勢の韓国・北朝鮮の民間人が死傷した。

たとえば沖縄戦も一九四五年六月二三日、牛島満司令官の自決で組織的戦闘は終わったとされたが、残った日本軍の一部は八月一五日の終戦を迎えても抵抗を続け、沖縄の日本軍が正式に降伏したのは九月七日だった。その間に多数の沖縄民間人が死傷、久米島では六月二七日から八月二〇日まで島民二〇人が日本兵によってスパイ容疑で殺されている。

また四五年八月、広島に原爆投下二日後の八日、日本に宣戦布告したソ連は一七〇万人を超える大軍で満州（中国東北部）の日本人開拓地と樺太、北方四島に侵攻した。そして将兵・民間人の男子五七万人がシベリアに送られた。約二七万人と言われた満蒙開拓団員と子どもを含めたその家族の逃避行は悲惨を極め、ソ連兵、中国人による殺人、凍死、餓死、病死、集団自決など八万人以上が死亡したと言われている。

ベトナム戦争も一九六八年五月一三日、パリ第一回会談が行われてから会談は重ねられたが米軍の北爆は続き、ニクソン大統領が米軍の撤退終了と戦争の終結を宣言したのは七三年三月二九日。その間に大勢の民間人が殺傷されている。

七二年一〇月、私がハノイに向かった頃に、日本では神奈川県相模原市にある米軍相模原廠《しょう》でベトナムから送られてきた故障した戦車、兵員輸送装甲車が修理され再びベトナムへ送り返されていることが問題になっていた。戦争が激化した六六年から七〇年の間に二〇〇〇台が修理され七二年一〇月の時点でも戦車約八〇台が修理中とのことだった。相模原のほか沖縄、岩国、横田、厚木、横須賀の米軍基地がベトナム戦争ではフル回転で活用され、私も沖縄、相模原、横須賀へ撮影に行った。

南ベトナムでは七二年三月三〇日から解放軍の春季大攻勢が開始され、米軍は五月九日、横須賀から出航した第七艦隊の空母と戦艦が、ベトナムで大規模の空爆と全港湾を機雷封鎖、艦砲射撃を開始した。ニクソン大統領は捕虜を釈放し停戦すればこの攻撃を中止し、四カ月以内に撤退すると発表した。

ハノイでは、ベトナム民主共和国政府の幹部は「アメリカはいつも脅迫しながら要求を通そうとします。北爆停止と全兵士の撤退が先です。それまで戦います」「アメリカが停戦と平和を呼びかけているのに、北ベトナムと臨時革命政府が応じないと、世界に見せかける常套手段で、私たちの国を破壊しているのです」と語っていた。

沖縄では本土復帰後もベトナムの状況によって慌ただしい動きを見せていた。五月にはベトナムの米兵は六万四八〇〇人に減っていたが、そのなかには沖縄にいる米海兵隊四〇〇〇人が含まれていると言われ、沖縄―ベトナム、沖縄―岩国、フィリピン、グアム、韓国などを往復するギャラクシー大型輸送機やグアム島アンダーソン基地、タイのウタパオ基地からベトナム爆撃へ出動するB―52爆撃機へ空中給油のためのKC―135が嘉手納基地から昼夜、激しい爆音をとどろかせて離着陸していた。

作戦中のB―52は二〇〇機以上、ベトナム周辺に展開している米艦は空母七隻を含め六六隻、戦闘爆撃機は約一〇〇〇機と言われていた。アメリカの戦争犯罪調査ベトナム民主共和国委員会は七二年一〇月三日の記者会見で、四月から八月までの五カ月間でニクソンの戦争犯罪行為として、B―52爆撃機を含む三万二四六一機の軍用機が八二二八回の爆撃を加え、三〇〇〇ポンド（一三六〇キロ）の大型爆弾、ボール爆弾（クラスター爆弾）、風圧爆弾をタインホア、クアンビン、ハティンなどできるだけ人口密集地に投下し、それも多くの人を殺傷するために人びとが働いている昼間、就寝後の夜中にしていると発表した。

## ハノイの街で見た北爆

七二年一〇月二三日、本多勝一記者とともにジアラム空港に降りたった。ハノイ中心地から一〇キロほど東にあった。現在は北に約三〇キロのノイバイ空港が国際線・国内線の空港となり高速道路で首都に到着するようになっている。

飛行機を降りると、対外文化連絡委員会の日本課長グエン・クイ・クイさんとホー・モン・ディエップさんが待っていて、花束をもらい小さなターミナルまで一緒に歩いた。二人とも日本語を話し、とくにクイさんは上手だった。乗客の荷物は小型トラックで運ばれてきてそのなかから自分のバッグを選び出した。観光客はなくベトナム人と入国を許可された外国人だけだった。ターミナルにはレストランも土産物店もなかった。外国商社マンや外国を往来できる階級のベトナム人で混雑しているサイゴンのタンソンニャット空港とは大きく違って質素な空港だった。それでも私は、とうとうハノイに来ることができたという感激で胸がいっぱいだった。

迎えの車で市内のホテルへ向かった。周囲は水田で大きな建物はなく、紅河に架かるロンビェン橋が折れて横に浮橋があった。フランス統治時代の一九〇二年に完成した長さ一七〇〇メートルの橋だったとのこと。その後七三年に修理の終わったロンビェン橋を渡った時は、列車、トラック、自転車、人間が利用し、しかも一方通行だったのでかなり混雑していた。今ではほかにタンロン橋とチュオンズオン橋がある。

戦争中、ハノイと北部、東部を結ぶ重要なロンビェン橋を高射砲陣地で固め、米軍の攻撃から守った。米軍は何度も攻撃に失敗したが七二年六月、誘導装置をつけたスマート爆弾で一部を破壊したとのこと。七二年六月二八日、タイに基地がある米第八戦術中隊司令官カール・ミラー大佐が北爆では戦闘機内に日本製の小型テレビを装置して攻撃目標に誘導していると発表した。

サイゴンのマジェスティックホテル、コンチネンタルホテルのようにフランス統治時代に建てられたトンニャットホテルに泊まることになった。現在はソフィテルレジェンドメトロポールハノイと呼ばれ、高級ホテルとなっている。

当時も中心地にありいちばん大きく部屋も広かったが、至って素朴なホテルだった。入口の右側に小さな受付、左側は細長いロビー。その奥が広いレストランで、取材で遠くに行かない限りは朝、昼、夕食をここで食べた。ほかに外国人の入れるレストランはなく、街にはベトナム人が食券を持って食堂に並んでいる光景が見られた。

本多さんと相談して決めた取材希望をクイさんに提出したが、ハノイほか地方の爆撃状況などほぼ希望に沿った予定をつくってあったようで、翌日から取材が始まった。到着の夜、レストランで「日本電波ニュース」の石山照男さん、大小島嘉一さん、「赤旗」の木谷八士さん、岩名泰得さんと会った。当時、ハノイの日本人特派員はその四人だけだった。

レストランはベトナム料理とフランス料理の定食だけだった。結論から言うと、サイゴンにはベトナム、中国、フランス料理の旨《うま》い店が沢山あるのにくらべ、トンニャットホテルの料理はサイゴンと比較して品数も少なく味も落ちた。

食事に関しては今でもこだわらない方だが、酒は好きだ。汗を流して取材後ホテルに帰って冷たいビールを飲みたかったが冷蔵庫に冷やしたビールはなく、氷を入れたコップについだビールをロビーで飲むほかはなかった。しかもそのビールがいくら振ってもわずかな泡しか出ず味も悪かった。私は世界一不味いビールと評した。

売店の品数も少なく、酒もウォッカ、ラムなど種類は限られていたが、アルメニア産のブランデーはすごく美味《うま》かった。ホテルにも外にもバーはなかったので、もっぱら「電波ニュース」、「赤旗」の支局で飲んだが、これが良かった。石山、大小島、木谷、岩名さんから北ベトナムについていろいろと教わった。木谷さんは早稲田大学の演劇部に所属していたとのことで身振り手振りの話が面白かった。

翌日からクイさん、ディエップさんの案内で取材が始まった。ソ連製のジープに乗り、まずハイバチュン区紡績工場の勤労者住宅へ行った。七二年六月四日、米軍戦闘機によって四階建て住宅三棟が破壊され、逃げ遅れた一九人が殺傷された。建物の壁の各所に穴があき窓ガラスはすべて無くなっていた。大勢の人が共同で建物の周囲を片づける作業をしていたが女性が多かった。現場を撮影していると、作業中の母親と来た子どもたちが集まってきたので、カメラを向けると記念写真のようにわれ先にと瓦礫の上に並んだ。

激しい爆撃を受けたのに婦人たちも暗い雰囲気ではなく、子どもたちはカメラに向かって笑っていた。爆撃から四カ月が過ぎていたこともあったかもしれないが、皆が一体となってアメリカの北爆と戦っている間に生じた気持ちの余裕かもしれないと思った。爆撃現場跡をその後数カ所撮影したが、どこでも同じように人びとは明るかった。

その印象を先に言うと、アメリカはベトナムに爆撃を加え人的・物理的に絶望感を与えようとしたが、北ベトナムの人びとはめげずに逆に抵抗心と結束を強めていった。これがアメリカに勝利した原因だと思った。それにしても各地の爆撃はすごかった。

紡績工場に近い二階建て長屋が並ぶチュンディンの市民住宅も、爆撃で八棟が破壊され死者一六人、負傷者二八人ということだった。早い空襲警報で防空壕に逃げても防空壕ごと破壊する大型爆弾、風圧爆弾、ボール爆弾などによって犠牲となっていた。こうなると無差別爆撃というより人びとの殺傷が目的の爆撃となる。

民間人では子どもの犠牲者が多い。とくに戦時中、ベトナムの農村地帯では五人ぐらいの子持ちは普通だったから、当然、爆撃を受けると子どもの死傷者が増えることになる。

ハノイ市チュンディンの破壊された集団住宅を撮影していると、弟や妹を腰や背に負ぶった子どもたちが集まってきた。「君たちは生き残ることができて良かったね」という気持ちで子どもたちに向かってシャッターを押した。

ハノイ市内のいちばん大きい病院、バクマイ（白梅）へ行くと爆撃で負傷した子どもたちが入院していた。病院の庭に九〇〇キロ爆弾による大きな穴ができ、水が溜《た》まって池のようになっていた。病棟に落ちていたら大変なことになっていたと思ったが、大型爆弾の破片や風圧で手術室や一部の病棟は廃墟と化していた。

患者、医師、職員たちは警戒警報で防空壕に避難したものの、医師と病院労働者二人が死亡。薬品ビンや医療器具が壊されたとのこと。

病室ではダン・ヴァン・ディエブ君（一〇）がベッドで横になり点滴を受けている。そばの椅子に母親が座っていた。一〇月一一日、米空軍のミサイル攻撃でディエブ君は両足を失った。足にはシーツがかけられていたがシーツに血が滲《にじ》んでいて痛々しかった。悲鳴をあげていなかったのは麻酔が効いていたからなのか。

わが子を見つめる母親は、子の将来を案じているのだろう。子は黙って足元を見つめていた。退院して学校へ行き、さらに成長したときにどんな生き方になるのか、多くの試練が思われる。

体の各所に爆弾の破片がくい込み手術を受けたズイ君（一三）、コン君（一四）、ほかの子たちが入院していた。バクマイ病院以外のハノイの病院にも大勢の子どもたちが入院しているという。大人たちも治療を受けていた。

ハノイ市内にある戦争犯罪調査委員会の爆弾展示場を見た。三〇〇〇ポンド（一三五〇キロ）大型爆弾から三センチぐらいのクギ爆弾まで実にさまざまな爆弾がある。それぞれを撮影しなが

2000ポンド(900キロ)爆弾で出来たハノイ・バクマイ病院の穴。患者・関係者は防空壕に避難し、死者は2人。多くの薬品や医療器具が失われた。1972年

ら、人びとを殺傷するために多様な爆弾を発明するものだと人間の恐ろしさを思った。

北ベトナム取材の後になるが、七九年五月、カンボジアの虐殺された場所を探していた時、地面が揺れた。殺されて埋められている人たちの体が腐敗して土が軟らかくなっていると知った時、恐怖で体が小刻みに震え口の中が渇いた。その殺人現場を目撃した人の話では、四角に大きく掘った穴の縁に座らせて首筋を鉄棒で打って穴に落とし、生き埋めにしたという。第二次世界大戦のドイツ兵による多くのユダヤ人に対する大虐殺と思いが重なった。

一九九四年二月五日、ボスニアヘルツェゴビナの首都サラエボのコソボ病院で負傷者を撮影している時、市場の爆発で死傷した人がトラックや乗用車で次々と運ばれてきた。病院によると死者六六人、負傷者一九七人とのことだった。

人の集まる市場を攻撃すれば殺傷の効果が上がる。恐ろしい事件だった。

その現場を見たその足でソマリアへ向かったが、途中、国連機に乗り換えるためにケニアに寄った。時間があったので国立公園へ行った。この時は見られなかったが、ライオンが鹿を襲う記録映画を見たことがある。残酷と思う人もいるだろう。でも自分たちが食べる分しか殺さない。戦争ではできるだけ多くの人を効率よく殺そうとする。サラエボの虐殺死体を見た直後だったので国立公園では人間がいちばん残酷な動物だと思った。

## 道路の脇に防空壕

ベトナムでは原爆以外のあらゆる近代兵器が使用された。戦争が進むにつれて開発された爆弾もあり、新兵器も加わった。

大きく丸々と太った三〇〇〇ポンド爆弾が、尾の部分をはずして床に立ててあったが全部の長さは四メートル五センチとのこと。ほかに二〇〇〇ポンド（九〇〇キロ）、三四〇キロ、二二五キロ爆弾が並んでいた。

戦略爆撃団司令官として東京大空襲を指揮し、広島・長崎の原爆投下にもかかわったカーチス・ルメイ大将は、ベトナム戦争では米空軍参謀長として北爆を指揮して、大型爆弾を投下して市街地を破壊、「ベトナムを石器時代に戻してやる」と言った発言は広く知られている。朝鮮戦争の空軍司令官としても多くの爆弾を使い民間人を殺傷した。ルメイ大将は一九六四年一二月、佐藤栄作内閣の時に、航空自衛隊育成に協力したとして勲一等旭日大綬章が贈られている。

六五年のルメイ引退後も北爆は続き、ジョンソン大統領からニクソン大統領に引き継がれてさらに激化した。北ベトナムでは徹底的に破壊されている町を見ているが、展示してあるのと同じ爆弾が使われたのだろう。建物の破壊だけでなくて出来るだけ多くの人間を殺傷するための爆弾も「発明」された。

北ベトナム取材中、ボール爆弾被害者の家族に会い、あちこちで半分土に埋まり錆びついているボール爆弾を撮影した。テニスボールぐらいの大きさの不発ボール爆弾にクワやカマで触れると爆発するとのこと。太陽の熱でも爆発することがあるという。

ボール爆弾にはパチンコ玉のような小さな鋼球が三〇〇個ぐらい入っている。そのボール爆弾が五〇〇個ぐらい入る親爆弾が投下され空中で割れるとボール爆弾が散らばり地面、家、樹木などにぶつかって爆発しパチンコ弾が四方に飛び出して人間を殺傷する。

一個の親爆弾から一五万個のパチンコ玉が飛ぶとすると、一機の戦闘爆撃機が四個の親爆弾を投下した場合、合計六〇万個ということになる。

一回の爆撃に二〇機、三〇機と編隊で来た場合、すべてがボール爆弾ではなく二二五キロ爆弾やほかの爆弾も積んでいたと思うが、それにしても沢山のボール爆弾が落とされている。

グワバ爆弾はボール爆弾の新型で、ボールは三層となっていて、外のプラスチックの破片が体に入るとレントゲンでも発見しにくい。二層目の鉄の破片はパチンコ玉と同じ効果があり、中心

アメリカが使用した殺傷爆弾。鉄玉を300個以上詰めたボール爆弾などさまざまな小型爆弾。ハノイ　1972年

の火薬は家を焼くこともできた。プラスチックや鉄の破片は急所以外は人間を即死させないが、傷を負わせたままにしておく方が負担が大きく、しかも不安を与えるので不発弾も含まれるようにしてあるとのこと。

貫通爆弾は防空壕などを貫く。布《ぬの》地雷は踏むと重傷を負う。布なので地雷探知機では分からない。クモ型爆弾は鉄のオモリがついた糸を周囲に張って、引っかかると爆発する。こうした小型地雷などが沢山入った親爆弾が投下されて人間を傷つける。

イラク、アフガニスタン、コソボなどの戦争でも親爆弾にいろいろな形の小爆弾を入れて投下したが、現在はクラスター爆弾の名称が一般的になっているようだ。

戦場撮影の経験から戦争は公然と行われる大量虐殺だと思っているが、ハノイの展示場で米軍が

ハノイの中心、ホアンキエム湖ほとりのビヤホール。戦時中にこんなのんびりした風景があるとは思わなかった。生ビールもあった。1972年

使っているさまざまな爆弾を見ていると、時代が変わっても戦争はなくならず、しかも殺傷能力のある兵器が発明されていくものだと思った。

ハノイを見て回った。市街の中央にホアンキエム湖がある。トンニャットホテルから近いので歩いて行ける。湖の右回りに歩くとゆっくり市電が走っていた。子どもたちが走り出した電車の後に飛び乗ったり飛び降りたりしている。お金は払っていない。遊んでいるのかもしれない。

デパートがあった。茶碗、お盆などの食器、子どものおもちゃ、洗面用具などの生活必需品があった。朝六時から営業している。職場へ行く前に寄っていくのだろう。大勢の人で混んでいた。生活用品、おもちゃもプラスチック製が多かった。石鹸もあったがホテルにあるのと同じように泡が出て役に立てば良いという品である。サイゴンの路上で売っている、基地のＰＸ（米軍の売店）か

ら流れたと思われる真っ白な石鹼とは違う。ホーチミンサンダルも並んでいる。こうした品々から北爆に耐え質素な生活を続けている人びとの姿がうかがわれた。

公園内では毎日、合作社や各機関に勤めている人たちが勤務時間外に交代で軍事訓練をしている。訓練といってものんびりとした光景だった。古い銃を使って射撃のマネをしている人たちの周りで子どもたちが見物をしていたり、順番待ちの女性たちが勝手におしゃべりをしていたりした。木の幹を支柱にして吊《つ》ったハンモックから子どもが親たちの訓練を眺めている。湖のほとりで語り合うアベックや魚を釣っている子どももいた。

ハノイ全体にゆっくりとした空気が流れているようだった。この雰囲気が長く戦争を続けていられる原因と思った。緊張感を持ち続けていれば、そのうち気持ちが折れてしまう。自分の国で我慢して長く戦っていれば、いずれ侵略者は音《ね》をあげて引き揚げるだろうという声をハノイの人びとから聞いた。コンクリート製の大きなタコツボが広場に沢山並べられ、牛車で運ばれていた。市内でも地方でも爆撃があった時に備え、誰でもすぐ避難できるようなタコツボ防空壕が道路脇に埋められていた。

七二年一〇月、パリでは米キッシンジャー大統領補佐官と北ベトナムのレ・ドク・ト、パリ会談特別顧問との間で秘密会談が続いており、新聞ではベトナム和平が近いように報じられていた。しかし、ハノイで新しいタコツボがどんどん生産されているのを見ると、アメリカがいかに和平提案をしても、北爆を停止して撤退を完了させない限り信用はできないという北ベトナムの人び

次々と製造されるタコツボ。ニクソン米大統領は和平案を出しながら北爆を続けていた。爆撃停止が先決というのが北ベトナム政府の意見。ハノイ 1972年

との気持ちが表れているようだった。実際に一二月一八日からはB－52爆撃機を中心にしてハノイ、ハイフォンを猛爆撃した。

ハノイ市内には「米軍機撃墜四〇〇〇機」と書かれた絵入りの大きな看板が立っていた。私には数字の確認はできないが、六九年一月北ベトナム発表三二六〇機、六八年一一月アメリカ発表九一五機と差がある。七二年一二月一八日から二九日までの「ニクソンの爆撃」ではB－52爆撃機グアム基地の一五〇機、タイ基地の六〇機が七二九回出撃し、米軍は一五機失ったと発表し、北ベトナムは三四機撃墜したという。戦争の数字はそれぞれに読み方があるだろう。私は聞いたことや、資料どおりの数字を書くようにしているが、アメリカ発表の少ない数字でもかなりの軍用機が撃墜されていると思っていた。

ハノイのドンスアン中央市場にはコメ、野菜、

豚肉、鶏肉、果物などの品々があった。サイゴン、メコンデルタと比較すると品数は少なかったが量はあり、日本の敗戦後、食料不足を体験している目から見れば紅河デルタがもたらす農産物の豊かさを感じた。敗戦後の日本で私たちはサツマイモ、トウモロコシの粉などの代用食ばかりで「白い御飯」を食べたいと願っていた。ドンスアン市場にはコメが並んでいた。

サイゴン市場のようにフォーを食べる小さな食堂もあったが、キツネ色の犬の丸焼きもあったのが珍しかった。南ベトナムでは見たことがなかった。ホテルで朝食を取っていたので、今度はフォーを食べに来たいと思った。

## 写真家・キャパ終焉の地

紅河の東、タイビン省の農村へ行った。タイビン省は写真家・ロバート・キャパが、フランス軍に同行撮影中に地雷に触れて亡くなった場所である。

キャパはスペイン戦争、第二次世界大戦のノルマンディー上陸作戦の写真で知られている写真家だ。

キャパは一九五四年四月、「カメラ毎日」の創刊記念行事で来日し日本各地を撮影している時、ベトナム、ディエンビエンフーの戦闘撮影をしていた「ライフ」のハワード・ソシュレックが母の病気で国へ帰ることになり、その代役として五月に日本からベトナムへ行った。

しかし、陥落前のディエンビエンフーのフランス軍基地に入る方法はもはやなく、七日にディエンビエンフーのフランス軍は降伏した。二五日にキャパは亡くなっている。キャパの最後の日に撮影した写真を見ていると、第一次インドシナ戦争の終焉《しゅうえん》が近づいている時もフランス軍はまだ作戦を続けていたのに驚く。

写真で見る限り戦闘はなく兵士ものんびりと歩いているようだ。こんな時に地雷を踏むのはまったく不運としか言いようがない。まだ四〇歳だった。もし元気だったらその後、どのように生きただろう。

その時の「子犬と兵士」という写真はナムディンの西で撮影とある。ナムディンから紅河を渡ってタイビン省に入ったのだろう。今回、本多勝一記者とともに爆撃で破壊されたナムディンの町を通り、紅河をフェリーで渡ってタイビン省に入った。省都タイビンの市街も爆撃でガレキの山となっていて、私たちは農家を宿舎にした接待所に泊まった。

ハノイからベンハイ川までの省都はすべて爆撃で破壊されている。だからホテルも食堂もない。爆撃を逃れた農家や廃墟に簡単な家を建て接待所にし、外国人が泊まれるようになっている。そこに三日間泊まってあちこちを回った。

食事は接待所でつくってくれた。カメから水を汲《く》んでかぶるシャワー、ベトナム式トイレ。竹でつくったベトナム式ベッドで眠った。食事をつくる女性の娘と思われる可愛い五、六歳の女の子が、朝夕となく遠くから私たちの方を見ていた。名前を聞こうと手招きしても笑顔を見せるだけで決して近寄ってこない。カメラを向けると顔を隠し逃げてしまう。でも、またやってくる。

こちらも意地になってなんとか写真を撮ろうとしたがいつも失敗していた。いよいよタイビン省を去る日となって撮影に成功した時は、やったという気持ちになった。一九七九年に再びタイビン省へ行って再会した時、少女は中学生になっていた。

タイビン省は人口一三〇万人。稲作が中心でフランス植民地時代はモミの収穫が一ヘクタール年間二トンだったが、五九年に合作社となって以降六六年五トン、七二年は六トンと予想されていて八トンという村もあった。三〇％を政府に、あとのモミは合作社家族への分配、販売して病院、学校、肥料、水利施設や住宅の建設など合作社の農業、福祉、家庭生活のために使われる。合作社農地の五％は各戸の自営地として分配され野菜をつくり、家畜を育て、合作社や市場で売り自家用にする。保育所、学校、病院は無料だった。学校は、省に初級（七～一一歳）、中級（一二～一五歳）、上級（一六～一八歳）がある。フランス時代は初級一〇校、中級一校しかなかったが、今では省に初、中級とも二九三校あるとのこと。上級は二〇校、大学一校。タイビン省ドンフォン村の託児所へ行った。母親も合作社で仕事をしているから託児所はなくてはならない。

一九五〇年一月、村の近くにフランス軍が監視所をつくった。村のゲリラと戦闘となりフランス兵七人を殺した報復として、フランス軍は戦闘機からのナパーム弾攻撃で民家を焼き六三人の住民を殺した。その後、何度か戦闘があったが、五三年七月、フランス軍は基地から退去した。

抗米救国戦争となり、ジョンソン時代は四年間でタイビン省の死傷者は二二〇〇人だったが、ニクソン時代になって半年で一七〇〇人に増えたとのこと。爆撃四九五回、艦砲射撃一五回。民家、鉄道、堤防、学校、病院が目標にされた。

合作社では若い女性たちが集団で畑を耕し、泥にまみれて灌漑《かんがい》用水路を直していた。この女性たちが民族衣裳のアオザイを着て化粧をしたら美しい女性に変身するだろうと思った。

大きな子どもは学校から帰って用水路の土手の補修を手伝い、小さな子どもは水牛の番をしたり水田で小魚をとったりしていた。「農薬を使っていないので田んぼの魚は子どもたちのものです」と村の人が言っていた。

朝、市場を撮影した。メコンデルタの市場より品数は少ないが量はかなりあった。生きているコイ、フナ、雷魚、ナマズなどの川魚や貝類が入った籠やタライが並んでいた。カニ、カエル、スッポンもある。コメ、豆などの穀物、野菜、果物、豚、鶏の肉、卵、スプーン、櫛《くし》、箸、ボタン、針、糸など生活に必要な物が並び、実に多くの人たちが集まり活気があった。合作社にも売店はあったが市場の方が品数が多い。農業、漁業、合作社の配給や自営で余った分を市場で売り、自分の収入とする。

早朝、紅河へ行くと朝霧のなかで大勢の人が二人組となり、前の人が車を引き後の人が押して土を運び堤防を補修していた。米軍は紅河の堤防を破壊するために爆撃を繰り返した。スマート爆弾も使われたという。堤防守備隊の高射砲隊によって撃墜される米戦闘機も増えた。

二〇一九年一〇月一三日、台風19号の激しい雨で長野県の千曲川、宮城・福島県を流れる阿武隈川などの堤防が決壊し、住宅、農業、商業、工業などが各地で大きな被害を受けたが、もし紅河が決壊すれば紅河デルタの合作社が受ける打撃ははかり知れず、多大な犠牲がでたことだろう。しかし、爆撃後すぐ修復する態勢を備えていて、上流の雨が少なく水位が上がっていなかったことで大きな被害にはならなかった。

私が南ベトナムで生活していた時に、日本軍による二〇〇万人の餓死について聞いたことはなかった。それは日本統治時代の北ベトナムで起こったことで、現在の南の若い人は知らなかったようだ。今では教科書にも載っており若い人でも知っている。

餓死者がでたのは一九四四年から四五年にかけての大飢饉の時、私に二〇〇万人という数字は確認する方法はないが、当時の骨と皮のようにやせたベトナムの子どもや餓死者の死体の山の写真を見ると、日本軍がいた時代にかなりの数の人が死んだことは間違いない。私たちが訪ねたタイビン省のドンフォン村では四四年に一三七人、四五年に一五五人が餓死したという。日本兵は食料を現地調達して農民のモミを奪う、軍馬や食用にしていた牛にもモミを食わせる。軍や本国で必要な麻を、食用の穀物や野菜の代わりに植えさせたことも飢饉《ききん》と重なったという。

## 港湾都市ハイフォン

タイビン省での取材を終え夕方ハイフォンへ向かった。「ハイフォンまで一〇〇キロ、ホテルに着くのは夜になる」と対文連のグエン・クイ・クイさんが言った。途中、大きな川を二つ渡るという。高射砲を引いているトラクターを何台も追い越した。最初のフェリーを待っている間、クイさんが買ってきたザボンを食べた。客の求めに応じて一房でも二房でも売る。塩に唐辛子をつぶして混ぜた「ムイアック」をつけると旨い。それをパイナップルにもつける。フェリーといっても屋根はない。大きな帆をつけた舟が音もなくすれ違っていった。

夜になった。ヘッドライトをつけて走る。道路横の並木に塗った石炭がヘッドライトに白く反射する。

石炭は樹木を虫から守る、街灯がないので目印にする、という二つの目的があるとのこと。

もうひとつの渡しのところでフェリーを待っている人が四人、地面に着きそうな小さな椅子に座ってお茶を飲んでいた。小さなテーブルに盃ほどの小さな湯飲み茶碗。小さな茶碗でお茶を飲むのは一般的である。合作社の取材でもまず事務所で、責任者から説明を聞く前にお茶が出る。お湯差しは冷めないように藁《わら》のような包みに入っている。小さな器なので何度でも近くの人がついでくれる。それが親しみを表しているように思えた。

街灯がないので、ロウソクを竹筒にいれて明かりにしていた。その光で友人らと茶を飲みながら過ごす夜のひと時はとても大切な時間であろう。空からは小さな光でも見えてしまうので、空襲警報が出ると竹筒に黒い布をかぶせるのである。このような光景は各地で見た。

遅くなって、爆撃を免れた小さなホテルに着いた。ベトナムの夜の道を車で走ったということは私には新鮮な体験だった。南ベトナムでは危険なので、市街から離れた道路を車で移動したことは一度もなかった。大きな都市でも夜の郊外は解放軍の支配地域となり、南ベトナム政府や米

北ベトナム最大の港湾都市ハイフォンは、徹底的に爆撃されていた。フランスとの戦いの後、北ベトナムが守り築いてきた国の財産が破壊されていた。1972年

軍の車はたびたび狙われた。一般の人も軍関係と間違われてはいけないので夜は移動しなかった。北ベトナムでは空襲以外、地上に敵は存在しなかった。平和な国からは想像できない状況が戦争をしている国にはあるのだ。ホテルで久しぶりにバスに浸《つ》かった。

ハイフォンの爆撃の跡はすごかった。南ベトナムの農村が爆撃された状況は各地で見ていた。農家はほとんどが椰子《やし》の葉の屋根、土の壁だった。爆弾で破壊されてもガレキの山とはならなかった。ハイフォンの市街は大型爆弾による穴があちこちに見られ、レンガ造りの二階建て四階建ての家やアパートが崩れていた。

市行政委員の説明によれば、ニクソン大統領が北爆を再開した七二年四月一六日、ハイフォン市にB－52爆撃機を含む攻撃機が一日三回爆撃して七五七人が殺傷された。トゥオンリー地区は四月

「ニクソンよ、われわれから奪った血を返せ」彼の時代になってB-52を中心に爆撃がひどくなり、ヒトラー以上の虐殺者と言われた。ハイフォン　1972年

一六日、B－52のジュウタン爆撃で一五四人が殺傷された。華僑街のハーリー地区は七月二九日から三日間、延べ一〇〇機によって七〇〇個以上の大型爆弾が町民の昼寝をしている時間に落とされ六八人が殺傷された。

ハイフォンの「ベトナム＝チェコ友好病院」にも子どもたちが入院していた。頭に重傷を負ったレ・コ・トアン君（三）に一一歳のお姉さんが付きそっていた。七月一三日、爆撃を受け昼食の支度をしていた母親は即死。父親は漁師だが病気。一一歳で五人姉弟の姉にかかる今後の生活の荷は重い。足を負傷してひとつのベッドに横になっていたルン・ゴック・キン君（一五）と弟のファン君（九）は九人家族でハイフォン港の入江で水上生活をしている。河口で漁業をしている時、船が機雷にぶつかった。負傷した両親は海に沈み末弟は即死だった。いろいろな状況での負傷者たちが

手を振って見送ってくれた高射機関砲陣地の民兵。今頃、孫たちに囲まれているかも知れない。ハイフォン　1972年

ほかに一三人入院していた。

ハノイ、ハイフォンの爆撃を取材しているとニクソン大統領への批判の声が強かった。「ヒトラー以上の虐殺者」「人口密集地を爆撃する凶暴な大統領」「ペテン師」など。ハイフォンの爆撃跡に「ニクソンよ、われわれから奪った血を返せ」の看板が立っていた。

北ベトナムには正規軍のほかに勤務している職場を守る「自衛隊」と自分の住む村や町を守る「民兵隊」がある。ハイフォン郊外に高射機関砲四門の民兵隊高射機関砲陣地があった。一門五人一組で、赤い旗を持ち「射て！」と指揮する人、双眼鏡で敵機の方向を見ている人、ハンドルで高射砲を回して位置を決める人がいる。

二門はすべて女性だった。セメント工場の労働者で一八歳から二二歳頃までの若い女性。結婚している人もいた。五月七日に一機撃墜したとのこと。この北ベトナム取材ではすぐプリントできるポラロイドカメラを持参していた（当時、撮影映像をすぐ見られるデジタルカメラは存在しなかった）。取材した時のせめてものお礼にと、沢山のポラロイドフィルムを用意した。その頃、北ベトナムでは個人でカメラを持っている人はほとんどいなかったので、女性民兵もポラロイド写真を見せると輪になってキャッキャッと笑い声をあげていた。陣地を去る時、遠くから振り返ると皆でまだ手を振っていた。

## ベトミン結成の地・ベトバク

ハイフォンからハノイに戻ってベトバク（越北）へ行った。ベトバクはベトナム北部の中国国境に近い省で、ベトナム革命を達成させた拠点である。一九四一年二月、ホー・チ・ミンはベトナムを離れてから三〇年ぶりに祖国へ帰り、中国国境に近いカオバン省のバクボでインドシナ共産党第八回中央委員会総会を開いて、独立戦争の基盤となるベトミン（ベトナム独立同盟）を結成した。

四五年九月二日、ホー・チ・ミンはハノイで「ベトナム民主共和国」の独立を宣言した。しかし再度ベトナムを支配しようとしたフランス軍は翌四六年一二月、ハノイを攻撃した。タイグエン省に撤退したホー・チ・ミンと政府首脳はベトバクでベトミン軍を強化して反撃、やがてディエンビエンフーでフランス軍を降伏させた。

私たちはベトバクでチュー・ヴァン・タン上将に会った。多民族国家のベトナムには五四民族があるといわれている。多数民族はキン（ベト）族だが、ヴォー・グエン・ザップ大将に次ぐ地位のタン上将は少数民族のヌン族出身だった。

上将は、ヒトラーが旧ファシストの典型とすればニクソンは新ファシストの代表であり、少数民族と多数民族との団結で必ず勝利すると語った。ベトバク地域は少数民族が多いので学校ではそれぞれの民族の言葉や文字、共通語であるキン族の言葉と文字の両方で勉強しているとのことだった。少数民族文化を大切にしそれぞれの言葉で歌、踊りを公演したりしていた。中央・地方政府幹部にも少数民族出身者がいて国会議員もいれば、軍には将軍もいるということだった。

少数民族のサンチ族の集落へ行ってみた。高床式の広い家には大家族が住み、竹を使った家は涼しかった。ドンズオン村合作社の託児所ではキン、サンチ、タイ、ヌン、ホアと五つの民族の子どもが集まっていて、一五人ほどの子どもたちは合唱を聞かせたあと、手を振って見送ってくれた。こういう時、いろいろなところに行けてカメラマンになって良かったなと思う。

畑ではやはり五民族の人たちが共同でモチ米を収穫していた。畑の脇には数丁の銃が組み立てられ（叉銃《さじゅう》）ていた。サンチ族の住むクワンソン村の家の前には爆弾の穴があった。

ハノイへ戻って、これでほぼ取材が終わったので気持ちに余裕が生まれてきた。ホテルの朝食はフォーか春雨を食べていたが、労働党機関紙「ニャンザン」社の近くにフォーの店があるということで、自転車を借りて本多さんと食べに行った。サイゴンでは私はずっと乾麺をゆでたフーティウを食べていたので、フォーがあることを知らなかった。

ハノイでも食堂がほとんど無く、フォーの店もドンスアン市場とニャンザン近くの二店しか聞かなかったから、ほかの都市にはまったく無かったのではないだろうか。「赤旗」の木谷さんがホアンキエム湖の近くにスッポンを出す店があるというので、本多さんも一緒に自転車で出かけた。五、六人がやっと座れる驚くほど小さな店だったが、サイゴンでよく食べていたマングローブ蟹を炒めた「クア・ラン・ムォイ」や鳩の丸焼きもあったので嬉しかった。ハノイへ来て初めてのご馳走《ちそう》だった。スッポンは一人一匹分ぐらいあった。スッポンを食べたのは初めてだったが、味付けがよく軟らかい甲羅だった。甲羅も食べられた。選んであるのだろう。地酒の焼酎があった。とにかく蟹、鳩、スッポンは安くてすごく旨かった。日本でだったら一〇倍ぐらい、一人二万円は下らないだろうと話し合った。中国人の店ということだった。

クイさん、ディエップさんの案内で旧市街を歩いた。商店はあっても商品が少ない。私は果実酒をつくる趣味があるので、道路に広げて売っていた朝鮮人参を買って土産にした。

ハノイを離れる前日、本多記者がファン・ヴァン・ドン首相をインタビューした。私がモノクロ撮影用ニコン二台、カラー用二台、さらにポラロイドカメラを持って部屋に入ると首相は開口一番「チョーヨーイ！　どうしてそんなにカメラを持っているのか」と言った。チョーヨーイ！という言葉は南ベトナムでもよく使われて、驚く、喜ぶ、おかしい、悲しいなどの感情を表している。

日本でカメラマンが五台のカメラを仕事に使うことは珍しくないが、北ベトナム入国を許可されるジャーナリストたちは記者なので沢山のカメラは持たない。「西側一般紙のカメラマンで入国したのはあなたが最初です」とクイさんが言っていたから、カメラを五台も持ったカメラマンを見るのは初めてだったろう。インタビューは限られた時間だったのでレンズは交換せずにカメラに付いているままで撮影した。

この北ベトナム滞在中の写真は、朝日新聞社から写真集『北ベトナム』として刊行した。それを送ると首相も気に入っていたとのことだった。後の写真集『ベトナム解放戦争』のために序文も書いて、単独インタビューにも応じてくれた。

人口が密集している場所の爆撃は被害を大きくするので、人びとは被害を避けるため出来るだけ分散して仕事をしていた。学校の生徒は都市から農村へ疎開する方法をとっていた。日本の戦争中、沖縄では米軍の上陸を予想して本土へ八万人、台湾へ二万人の疎開を計画した。それは当時の沖縄の人口の五分の一に当たっていた。

私は一足先に両親とともに本土に来ていたが、兄は疎開児童船で九州に渡ってきたので爆撃のなかを母に連れられて迎えに行った。本土でも都会から地方への疎開が行われていた。

ハノイ、ハイフォンでは疎開して助かった子ども、疎開する前に爆撃を受け亡くなった子や負傷した子がいた。ハノイではニクソンの爆撃が始まった四月一六日から三日間で約一〇万人の子どもを村へ疎開させたという。ジョンソン時代からの爆撃で農村の受け入れ態勢はできていたが託児所、幼稚園など新しく施設を用意したところもあった。防空壕も備えた。農村でも分散の方式をとった。

ハノイから約三〇キロ離れたホンズン村の農家で五年生（一一）の男子三人、女子一人が勉強していた。男女五人、女子三人など農家、お寺でそれぞれ勉強している。壁にはホー・チ・ミン、毛沢東、レーニンの肖像写真が飾られている家があった。ボール爆弾を防ぐための厚い麦藁帽を背にしている子もいた。村の人口は五〇〇〇人、疎開児童一九五人が各農村に分散していた。村の生徒もいる。村の学校の先生、ハノイから来た先生が分担して各農家を回り授業を受け持つ。村の託児所の庭で子どもたちが体操をしていた。村の入口では農民がモミを干し、娘が水牛を引いて歩いている。このような状況にある農村を爆撃しているとは、ニクソン大統領は想像したこともないだろうと思った。

ハノイ郊外にミサイル部隊の基地があった。基地というより三基のミサイルはサトウキビ畑にあって、すぐにも移動できるための置き場と言った方がよさそうだった。ソ連製である。この部隊は六六年から七二年一一月まで一三機の戦闘機を撃墜したとのこと。ミサイルの近くに豚小屋があった。空襲のない時は稲作、野菜などを栽培しているという。

ハノイを守る高射砲部隊陣地も見たが、陣地といっても三門の高射砲を農道脇の低い土手でそれぞれ囲んだだけの守りで防空にはなっていない。ここでも農業も兼ねて年平均モミ七トンのほか野菜、豚、ニワトリを収穫するという。トウモロコシ畑では兵士たちがクワを振るって耕している。また兵士たちは高射砲陣地で合唱し、歌い慣れた曲のようであり全員そろって声を出していた。畑を耕し豚に餌をやり歌をうたう。どうもベトナム人民軍の兵士はしまらないように感じた。ミサイルの横に立って気をつけをしている兵士からも迫力は感じなかった。後にビエンホア空軍の戦闘機部隊を撮影したが、二人の大佐はよれよれの軍服姿で農家のおじさんのようだった。

ミサイル部隊では大隊長が部下のタバコに火をつけていた。南ベトナム政府軍に長く従軍したが中隊長大尉、大隊長少佐ともなると付き人の兵士がいて威厳を感じさせたし、戦争中の日本軍なら佐官級になるとあたりを睥睨《へいげい》する態度だったようだ。それにくらべると後に会ったヴォー・グエン・ザップ大将も優しいおじさんのようだった。

しかし、こうした人びとのいるベトナム人民軍が、強力な兵器を持つ米軍、サイゴン政府軍に勝利した。表面は穏やかな人の内側に不屈の精神が込められていることを知った。七二年一〇月一九日に東京を出発して一一月一六日の帰国まで、北ベトナムでの初めての体験は私に多くの充実した日々を与えてくれた。帰国後の一二月一八日から二九日までにB－52爆撃機が七二九回出撃し一万五〇〇〇トン以上の爆弾を投下した。

## 二度目の北ベトナム取材

一九七三年は沖縄本土復帰（七二年五月一五日）の翌年。四月の末から作家の島尾敏雄さんと沖縄各地を取材していた。最初にお会いしたのは七〇年、島尾さんが奄美大島の図書館長をしている時で、それをきっかけに『死の棘』ほか島尾作品の愛読者となった。『琉球弧の視点から』

という本も書いている。「沖縄の文化」という楽しいテーマで取材をしている時に、北ベトナム入国許可の電報が入った。沖縄の取材も終わりかけていたので、島尾さんとベトナム戦争についても話し合った。

五月三一日、本多勝一記者と再びハノイの土を踏んだ。前の年は北爆で壊されたロンビエン橋は横につくった浮橋で渡ったが、今回は修理されてロンビエン橋を通ることが出来た。しかし、順番を待つ自動車が列をつくっていた。ホテルは同じトンニャット。対外文化連絡委員会のグエン・クイ・クイさん、ホー・モン・ディエップさんと再会して喜び合った。

この年の一月二七日には、北ベトナム政府、臨時革命政府、アメリカ政府、サイゴン政府代表によって、パリで「ベトナムにおける戦争終結と平和回復に関する協定」と、四つの議定書が調印されていた。

協定書は、二条　全軍事行動の停止。五条　調印後六〇日以内に外国軍隊の完全撤退。八条　捕虜交換、政治犯の釈放。一二条　南ベトナムは三つの平等な部分　①臨時革命政府　②サイゴン政府　③中立派で民族和解一致全国評議会を設置する。一三条　南ベトナム内のベトナム軍隊の問題は両当事者間で解決する。一五条　ベトナムの再統一は平和的方法で段階的に行う。外国の干渉によらない。などの二三条からなっていた。

以前の提案では、北ベトナムと臨時革命政府はグエン・ヴァン・チュー大統領の退陣、アメリカとサイゴン政府は北ベトナム軍の撤退を要求していたが、今回の協定ではそこは据え置きになっていた。三月二九日、米ニクソン大統領はベトナム戦争の終結を宣言した。米軍は「完全撤退」したことになっていたが、民間人を装った一万人以上の軍事要員がサイゴン軍を補佐していると言われていた。

サイゴン政府は支配地域拡張のための「三カ年平定計画」「五カ年軍事建設計画」に基づき、軍事力によって住民の強制移動、市民の逮捕、政治犯の殺傷などを行っているとハノイでは報道されていた。政府軍と解放軍との間で小規模な戦闘も生じていた。

そのような時のハノイでは、地方へ疎開していた子どもたちも戻り、昨年の訪問時より賑《にぎ》わいを見せていた。米軍の撤退は、北ベトナムや南ベトナム解放区の人びとにとっては米軍の敗北であり、われわれの勝利の時と受け止めていた。激しい爆撃にも耐えて戦い続けていれば、いずれ米軍は撤退すると信じていたからである。

しかし、再会したホアン・トゥン「ニャンザン」編集長をはじめほかの人たちは、南にはグエン・ヴァン・チュー政権とその軍隊約一〇〇万人が残り、二〇万人はいると言われる政治犯は協定調印後も釈放されずに、サイゴン政府は政治犯を五〇〇〇人余と言って、ほとんどを殺したり、政治犯でなく一般犯にしていると見ていた。また、アメリカが金銭・兵器などを提供して、サイゴン政権を支配している問題が残っていると、解放側は考えていた。

レ・ドク・ト北ベトナム特別顧問は一月二四日パリで、アメリカとの和平協定仮調印後の記者会見の席上、南ベトナムの二つの政府、二つの軍隊を認めた上で、一七度線は暫定的軍事境界線でありベトナムは一つ、再統一はベトナム人民の願いだと語っている。

平和協定では、統一は南北間で討議し合意の上、平和的に行うとなっている。実際、どんな段階を踏んで進むのか私には分からなかったが、戦闘・爆撃で多くの死傷者を見てきただけに、和平協定の調印は嬉しかった。

ハノイの野外展示場では、撃墜されたB－52ほかの各種軍用機、七二年の春季大攻勢で捕獲したという戦場では何度も見ている戦車・大砲などが展示されていた。クアンチ省の省都ドンハの戦闘が大きな模型でつくられ、砲撃で赤くなったり煙が上ったりする情景を大勢の人が眺めていた。

サイゴンでもトゥヨー通り（現ドンコイ）とレロイ通りの角でときどき解放軍から捕獲した兵器を展示していたが、ハノイでの展示は規模が大きく見る人の表情に勝利感が表れているように思った。

サーカス会場も満員で、空中ブランコの技に息をのみ、二人組の掛け合い漫才に声を出して笑っていた。前の年は大勢の人が集まってサーカスを見物する状況ではなかったので、ここにも爆撃の心配がなくなった安堵《あんど》感がおおっているのを感じた。

サイゴンでは、サーカスの存在は見たことも聞いたこともなかった。戦争中のサイゴンのことに詳しい友人に聞いてみると、サーカスのことは知らないと言っていた。二〇〇〇年に北朝鮮へ行った時、サーカスは大人気だった。社会主義国ではサーカスは庶民の大きな娯楽となっている

中国へ向かう北ベトナム、ファン・ヴァン・ドン首相（背が高く長そで白シャツ）、右ヴォー・グエン・ザップ（軍服）、レ・ズアン労働党第一書記（背が高く制服）、右チュオン・チン国会常務委員長、ほかにグエン・ズイ・チン外相、レ・ドク・ト労働党政治局員も。ジャラム空港　1973年6月3日

のだろう。私もあらためてサーカスの楽しさを味わった。

六月四日、労働党レ・ズアン第一書紀とファン・ヴァン・ドン首相が中国に向け出発した。ジャラム空港にはベトナム民主共和国政府首脳が見送りに来ていた。私は良い機会なので首脳たちを撮影した。チュオン・チン国会常務委員長、グエン・ズイ・チン外相、グエン・ルオン・ヴァン副国家主席、チャン・ズイ・フン・ハノイ市長ほかの人びとの顔があった。

ヴォー・グエン・ザップ国防相はカメラを見つめ笑顔を見せてくれた。七一年、対外文化連絡委員会に渡した私の撮ったベトナム戦争写真集『戦争と民衆』や七二年撮影した写真集『北ベトナム』を見ていたからだろうと思った。この時に撮影したザップ大将の写真は本人も気にいっていたとのこと。その後、二〇一七年八月、ザップ大将の生誕一〇六周年を記念した郵便切手に使われたのはその写真だった。長男のディエン・ビエンさんから手紙と切手を頂いた。ザップ大将はその時以降も何回か撮影し単独インタビューもして、私にとっても良い記念になっている。

二人を見送る人びとのなかに民族衣装のアオザイを着て、手にした国旗を振っている若い女性たちがいた。北ベトナムでいつも目にする女性の姿は白シャツと黒ズボンの作業衣なので、アオザイの団体が目に新鮮に映った。

レ・ズアン第一書記とファン・ヴァン・ドン首相の中国行きは抗米救国の支援の感謝と戦後復興計画の打ち合わせとのことだった。今考えると二人の中国訪問はいかにもベトナムらしいと思う。

## ニクソンのクリスマス爆撃

米ニクソン大統領は一九七二年二月に中国、五月にソ連を訪問した。ニクソン大統領のベトナム政策の柱はアメリカの「名誉ある撤退」だった。その実現にはサイゴン政府がしっかりしていなければならない。しかし、サイゴン政府、その軍隊は民衆の支持を得られずに弱体化していた。

ニクソン大統領は中・ソ訪問で、両国によるベトナムへの支援の削減と、サイゴン政府の維持というニクソン案を出して、和平協定の承認などを話し合ったようだ。中・ソは確約はしなかったが、ニクソンは「良い感触を得て」帰国した。東西冷戦のなか、アメリカが歩み寄って話し合いに来た機会を、中・ソは自国のプラスにしようとした。こうしたことに北ベトナムは不快感を持ち、八月一七日の「ニャンザン」紙で中・ソを批判した。

ところで〝ベトナム的〟ともいうべき国民性がある。たとえば、一時は中国を批判したが将来を考えた上で訪問する、という思考である。日本軍のベトナム占領時代に二〇〇万人が餓死したという問題でも、公式に日本を批判していない。ベトナム戦争中、米軍によって国土も人も大きな被害を受けたことは承知の上で、アメリカとも早くから国交正常化を望んだ。

八六年一二月、ベトナム共産党第六回大会では、これまでの国が計画・管理する経済方法から、個人でも農業や企業に参加できるドイモイ（刷新）政策を決めた。八八年には外国からの投資も歓迎することになった。それに対してアメリカは、約二二〇〇人のベトナム戦争行方不明者、ベトナム軍のカンボジア侵攻などを理由に国交や投資を拒んでいた。クリントン大統領が国交正常化を発表したのは戦争終結二〇年後の九五年七月だった。

韓国軍もベトナムでは民衆を殺したと噂《うわさ》されていたが、九六年八月ハノイで会った「エコノミッククレビュー」副編集長ド・ドゥック・ディン氏は、八八〜九六年までの国別投資額では一位の台湾から韓国、シンガポール、日本の順番と語っていた。いずれも戦争中はアメリカ側に立っていた国だった。こうした柔軟性ある政策を取れるのがベトナムの特徴といえる。

レ・ズアン第一書記、ファン・ヴァン・ドン首相を見送る空港はアオザイ姿の若い女性もいて賑やかだったが、その前年一二月に大爆撃を受けたハノイのカムティエン区はまだ立ち直っていなかった。バラックが建ち並び人びとは生活を再建しようとしていたが、多くの家族が肉親の誰かを失い、家とともに家具も破壊され、今後どのように生きていったら良いのか分からない状態でいるのではないか、と思われた。

本多勝一記者とともにハノイを去った一カ月後の七二年一二月一八日から三〇日まで、グアム、タイの米軍基地に駐留していた約二〇〇機のB－52が、ハノイ、ハイフォン爆撃に出動した。日本では「クリスマス爆撃」として知られている。パリで行われていた和平会談がアメリカの提案通りにならなかった報復爆撃だった。爆撃は建物を破壊し人間を殺傷する。命令を下したのはニクソン大統領である。目的を通すために政治家が戦争を起こし民衆が犠牲になる。どの国の場合でも同じである。抵抗できない人びとを虐殺する爆撃はテロであり、国が公然と行っている犯罪行為である。

戦犯調査ハノイ委員会によると延べにしてB－52五〇〇機がハノイを爆撃したという。グアムとタイから出撃した「クリスマス爆撃」の激しさは、B－52一機で三〇トンの爆弾を積載できるというから、たとえば超大型二〇〇〇ポンド（九〇〇キロ）爆弾だけでも三三個投下できる計算になる。それが五〇〇機ともなれば想像を絶する悲惨な状況だったろう。

カムティエン区のレ・チ・ドゥクさん（一八）は一五人家族で、子どもたち九人は疎開していたが二六日の夜一〇時半頃爆撃を受けた。長姉夫妻、長兄と一緒に庭先の防空壕に入った。母と兄嫁は近くの大きな共同壕に、たまたま疎開から帰ってきた中学生の弟（一五）は外で様子を見ていたようだとのこと。大型爆弾が投下されドゥクさんたちが入っていた壕が埋まり、五時間半後に助け出されたが長姉夫妻と長兄の三人は死んでいた。ほかの壕の母は死んで、兄嫁は助かったが弟も殺されたとのこと。多くの住民がドゥクさんと同じような運命をたどっている。

バクマイ病院は二二日午前三時半に爆撃され、二八人が死に、二二人が負傷した。一六ヘクタールの構内に一〇〇個以上の爆弾が投下され、すべての建物が全壊・大破した。直撃弾を受けた内科壕では一一人全員が殺された。九四〇ベッドの患者は疎開・分散していたのだが、残っていた医者、医学生、看護師が死傷した。殺された患者は一人だけとのこと。昨年、訪れた時は残っていた病棟も破壊されていた。

ハイフォンの爆撃後もすごかった。アンズン区のヴー・チー・コイさん（二四）は夫と同じ製靴工場に勤めていた。妹（二一）は食品工場、父（五二）は土地管理局に勤めていた。高校生と中学生の妹、小学生の弟、コイさんと二人の赤ちゃんの六人は郊外の母親の実家の農家に疎開した。コイさんは疎開先から通勤したが赤ちゃんが病気になったので爆撃のあった日は休暇をとって家にいた。弟はたまたま用事で自宅へ戻った。

一二月二三日午前四時半。Ｂ－52の爆撃が始まった。アンズン区の自宅にいた両親、夫、妹、弟五人が殺され疎開先の五人が生き残った。ハイフォンでクリスマス爆撃で殺された人は三〇五人だった。

B－52の搭乗員が押したボタンによって投下された爆弾は、大勢の人びとの命を奪った。殺された人それぞれに人生があった。親は子の成長を見守り子は親の愛を感じ兄妹は学校で仲間と遊んだ。子は大人になり結婚し子が生まれ、そのくり返しに楽しみも時には悲しみも生まれる。ニクソン大統領の爆撃はそうした多くの人生を奪った。

ジョンソン大統領時代の南ベトナムの戦場では子ども、女性、若い兵士ほか大勢の人びとが殺されていく様子を目撃した。戦争は国の行う大量殺人だった。

## ベンハイ川を南に越えて

ベンハイ川の南にあるクアンチ省へ行くことになった。

一二日間のクリスマス爆撃で北ベトナムは、三四機のB－52を撃墜したと発表した。ほかに戦闘機も含めると計八一機。一九五四年、堅固を誇ったフランス軍のディエンビエンフー要塞を陥落させたことにちなみ「空の要塞」と言われたB－52の大量撃墜は「ハノイ＝ディエンビエンフー」と言われた。アメリカは一五機損失、四四人の搭乗員が捕虜になったとしている。

ハノイ、ハイフォンで爆撃による被害者に会っている時、東京大空襲、沖縄戦の状況と重なった。私は東京都墨田区にある両国高校定時制に通っていたが東京大空襲で校舎の中央にあった講堂は鉄骨だけが残っていた。東京大空襲は下町と言われた墨田区、江東区、台東区が中心だった。同級生には東京大空襲の生存者もいて濱田嘉一君は家族とともに清澄庭園に避難した、藤本厚君は隅田川に近い松屋デパートの地下へ逃げ、河野進君は亀戸の寺の水が溜まった防空壕に入りうずまく炎の下で呼吸していたと語っていた。荒井一郎君は千葉県、志賀賢治君は新潟県に疎開して助かった。

私が生まれた沖縄県首里市（一九五四年那覇市に編入）の戦争当時の写真を見ると、爆撃と砲撃で家屋、樹木はすべ失われ、地面はクレーターのように穴だらけになっている。祖父は戦死、曽祖母と祖母は南部まで逃げたが途中、沢山の死体が横たわっていたと言っていた。

ハノイ、ハイフォンでは、就寝時間帯の午後遅くから早朝に爆撃されて犠牲が増えた。東京大空襲もみんなが眠った頃の午前〇時過ぎから爆撃が開始されている。私も当時、高空を飛ぶＢ－29を何度か見たことがあるが、東京大空襲では低空から焼夷弾を投下したという。一九四五年三月一〇日、千葉県船橋市から東京の空が赤く染まっている様子を見た。

焼夷弾は木造の日本家屋が燃えるように石油を固めたようなナパームをつめた細い爆弾になっていて、一発二・五キロのものがクラスター爆弾として一個の親爆弾に三八本入っているとのこと。東京大空襲は三〇〇機のＢ－29から、一七〇〇トンの焼夷弾を投下したと言われる。そうすると約七〇万発の焼夷弾がバラまかれたことになる。死者は八万三千人から一〇万人とのことだが、爆弾の数の方がずっと多い。火炎になると強い風が吹き炎が荒れ狂うという。

ハノイ、ハイフォンの爆撃は家屋を燃やすというよりは、土ごとめくりあげる大型爆弾が使用された。東京大空襲と同じように多くの人の殺傷が目的だった。

昨年の春季大攻勢で解放区となったクアンチ省ドンハまで、クイさんとともに一号道路を南下した。途中、臨時につくられた接待所に泊まるが、昼食をとる食堂はないとのことでホテルに注文した黒パンとソ連製の缶詰を持参した。

南下するにしたがって激しい爆撃の跡が見られるようになった。一号道路の各所に爆弾の穴があき修理をしていて、私たちの乗ったジープは臨時につくられた道を走った。ベトナムは北端は中国国境に接し、最南端は南シナ海につき出たカマウ岬まで一六五〇キロと細長い。西のラオス国境から東の南シナ海までいちばん細いところは五〇キロしかない。

ハノイからクアンチ省までひとつずつ省を抜けていくことになる。一号道路に沿って省都や主要都市があるがすべて破壊されていた。ハナム省、ニンビン省、タインホア省の省都とその間にある市街も徹底的に破壊されていた。昔はハノイ－サイゴンを結んでいた鉄道の線路も無くなっている。

各所で合作社の施設隊や人民軍兵士が道路や橋の修理をしていたが、ニクソンの戦争終結宣言、米軍の撤退後であり、爆撃はないだろうという安堵感が漂っているように感じた。

空色と赤地が半々、その中心に金の星という解放戦線の旗を前方にかかげたトラックがひんぱんにベンハイ川の方へ向かっていた。トラックには穀物と思われる袋、野菜、芋、水牛、豚などの家畜が積まれ、横に乗っていた男女たちが私たちの方へ手を振っていた。廃墟となった南部クアンチ解放区に食料や苗を運んでいるとのことだった。早くも米軍の爆撃から再建に向かって進

大型爆弾の池。B-52が投下した3000ポンド（1350キロ）爆弾跡。雨水がたまり洗濯場や養魚池に利用されていた。クアンビン省　1973年

んでいることを感じた。

道端で売っていたキュウリを買った。太く少し黄色くなり種が大きかった。格好は悪いが私の子どもの頃のキュウリの味と似てとても旨かった。現在のスーパーで売っている青く細いキュウリより好きだ。

ハティン省都も例外なく爆撃されているので、壁は組んだ竹、屋根は乾いた椰子の葉というにわか造りの接待所に泊まった。夕食は鶏肉や豚肉、野菜がありご馳走である。前年、タイビン省の接待所に泊まった時も、本多勝一さんと私は戦火の下、ベトナムの家庭で食べている食事と同じにしてくださいと頼んだが「あなた方はお客さんです」と、食べきれないほどの料理を出してくれた。申し訳ない気持ちになりながら有り難く食事を頂いた。酒はないがそれほど飲みたいという気持ちも起こらなかった。これから仕事が沢山あるという

緊張感やジープに乗り続けた疲れがあったのかもしれない。

朝早く食事を済ませ出発した。日中は暑くなるので地元の人たちは早朝から仕事をする。自転車にモミを入れた大きな麻袋を積んだ一団が遠くから来るのが見えたのでジープを止めた。私はいつでも撮影できるようソ連製ジープの助手席に座っている。望遠レンズを構えた。

自転車の両側に荷台をつけ二個ずつ袋を乗せている。左手でハンドル、右手で後ろに立てた棒を摑《つか》みバランスをとって移動する。トラック、牛車の代わりに考案された運搬方法である。荷物は二〇〇キロを超えると思われた。南ベトナムでは見たことはなかった。

ホーチミンルートで地元住民が武器、弾薬をこのような方法で運び軍を支援している写真を見たことがあるが、実物は初めてだった。人びとが近づいてきてこちらが日本人と分かると親しい笑顔を見せた。

細い水田の畔《あぜ》を天秤棒《てんびんぼう》を肩にして籠で土を運んでいる人の列があった。水田の水に人びとの姿が映っていた。爆撃で破壊された川や灌漑用水路の土手を修復する農民たちだった。

ハティン省行政委員会の説明によると一九五四年、フランス敗退後、省に二つの高校、各地に中学、小学校を増やし発電所、木材、製糸、肥料、機械工場を建てた。六四年八月五日、「トンキン湾」事件を口実にした米軍の突然の爆撃で約五〇人が殺された。その後の日常的な爆撃と艦砲射撃で市街はすべてが破壊され、省の二五八村は全滅した村も含め八割の家が失われた。爆撃の目標は交通路の破壊と人間の殺傷だった。ニクソン大統領の爆撃ではB－52のジュータン爆撃、機雷封鎖などで被害が拡大した。全体の数は非公開になっているが、海岸入江にある二つの村ではそれぞれ約三〇〇人の死傷者を出したとのこと。

大男のアメリカ兵を銃で追いたてる様子が北ベトナムの切手になっていた。六五年九月二〇日、戦闘機が撃墜されパイロットの救出に来たヘリコプターも落とした。その時の乗務兵をハティン省の民兵であったグエン・チ・キムライさんが捕らえて連行する時の写真がもとになっているとのことだった。

二四歳となったキムライさんは道路修理隊に従事していた。墜落したヘリコプターに乗っていた四人のうち二人はすぐ捕まり、山に逃げた一人も捕らえられたが一人は見つからなかった。キムライさんはほかの民兵から離れて水を飲みに沢へ下りたところ大きな兵士がいて顔が合った。ほかの人たちに知らせるために空へ向けて銃の引き金をひいた。近くから了解の銃声が鳴り応援の民兵が集まってきて、大きな米兵と一六歳の少女ということで切手になった。撃墜された爆撃機からパラシュートで脱出した兵士を捕らえる民兵の写真はずいぶんと見た。

戦争が終結し四〇年以上が過ぎて、今のベトナムではロシア、中国、キューバなどの社会主義国よりもアメリカ人に人気がある。外国人を対象にした企業へ勤めるにしろ、商売でも英語がゆきわたっているからだ。

二〇一五年、ベトナム戦争終結四〇周年でフエへ行った時、地元の高校生たちに私が見たベトナム戦争と沖縄の基地に関する講演で、アメリカに対する批判をしたが、高校生たちの共感を得られていないように感じた。現世代のベトナムの人たちに、アメリカ批判は通じないと思っている。

私自身もベトナムでのアメリカの政策、米軍の残虐な爆撃を批判しているが、個人としてのアメリカ兵には好意を持っていた。ハティン省で米兵を捕らえたキムライさんも、当時は村を爆撃し肉親、知人を殺傷する米兵を憎んでいただろう。戦後四五年、七一歳になったキムライさんに、戦争、そしてアメリカをどう考えているか聞いてみたい。

ハティン省は三つの目標を立てた。①分担された道路の区域を受け持った村の補修隊は爆撃の跡を直し、動けなくなったトラックを再稼働させるなどして輸送を確保する。②人民の犠牲を少なくするために分散の原則を徹底させ、山岳地帯、原野、畑などに離れて半地下の住居をつくり防空壕を家の横につくった。③食料を増産するために水利施設を増やし、爆撃を受けてもほかの施設が使えるようにした。コメの生産は昨年より一〇%増えた。そして必ず勝つという決意のもとに歌を合唱したり文化面を強化した。省の各村に中学校をつくり高校も一七校に増えたとのこと。

激しい爆撃にひるまないこうした構造や精神が、米軍をベトナムから撤退させた原因に結びついていたのだろう。自動車修理工場にもそれが表れている。

クアンビン省のトラック修理工場は上空からは発見し難い竹やぶや灌木の陰に隠れ、主要な機械は一カ所に集めないで離して地下壕に隠した。二〇〇人の工作員はカムフラージュされた壕を移動した。

爆撃に備えた半地下の家。家の横に、空襲の時に避難する防空壕もある。クアンビン省　1973年

石油貯蔵庫を撮影したが、畑や平原の草でカムフラージュされた穴にポツンポツンと石油缶が点在し、ジープの運転手は勝手にガソリンを入れていた。ガソリンスタンドも販売員もいない。トラックもそのように燃料を補給する。もし石油貯蔵所を破壊するのであれば、広範囲の荒野をジュータン爆撃する以外にない。すべてにおいて爆撃への対応が考えられていた。それでも人間がいる限り犠牲者は生じていた。

ドンホイを訪れている文工隊の公演を見た。文工隊は伝統衣装を着て民族楽器を使っての演奏、歌、短い劇などで、戦火のなか娯楽の乏しい生活を送っている人びとを楽しませる。爆撃が停止されていたので広場には大勢の人が集まっていた。いくつかの文工隊が各省を巡回するが、こうしたことも長い戦争のなかで人びとの気持ちを支えている原因と感じた。

半地下の通学路。各家から学校まで続く。ところどころに空襲の時に入る横穴の防空壕がある。クアンビン省　1973年

ドンホイから数キロ離れた海岸にある漁業合作社では、ちょうど漁が終わって漁民が船から帰ってくるところだった。海岸に沢山の防空壕がつくられており、一回の爆撃が終わると次の爆撃まで二時間あるので、その間に海へ出て漁をする。夜も昼も海に出ていたとのこと。一九七二年は六六五トンの漁獲があった。八〇％を政府が買い、一〇％は合作社の運用資金、一〇％を社員に分配、年平均一人三〇キロぐらいとのこと。村では魚醤のヌクマムを生産していた。

一九六五年から七三年まで米軍がベトナムで使用した爆弾、砲弾の総弾薬量は、ラオス、カンボジアも含めて一四二六万五〇〇〇トンと言われている。ベトナムだけでは一一二七万七〇〇〇トン。米軍が第二次世界大戦で使用した弾薬量六一〇万二八六六トンの二倍弱、原爆を含めた日本爆撃量一六万一四二五トンの約七〇倍となり、ベトナム

南ベトナムでも水牛の「お守役」は少年の役目だった。水牛は農耕の貴重な労働力として大切にされている。白い水牛を初めて見た。北ベトナム　1972年

攻撃がいかにすごかったかが分かる。砲撃とは地上の大砲陣地、軍艦からの砲撃である。

九五年、戦争終結二〇周年式典を撮影に行った時、ホテルで見た「ベトナムニュース」紙に、ベトナム戦争におけるベトナム民間人の死者南北合わせて二〇〇万人、負傷者二〇〇万人、北ベトナム軍と解放戦線兵士の死者一一〇万人（行方不明者三〇万人含む）、サイゴン政府軍戦死兵二二万三七四八人、米兵戦死五万八二〇〇人（行方不明二二一一人含む）と掲載されていた。その後、行方不明者の死者の確認で多少戦死者の数は増えているが、おおむねこの数字である。二〇一九年九月、ベトナムへ行った時、戦争証跡博物館フィン・ゴック・ヴァン元館長に民間人の死者を確認したら、二〇〇万人と発表されているとのことだった。

北ベトナムに投下された爆弾は九六一万トン、このうちB－52から一五九万トン。いかに北爆が

激しかったか分かる。クアンビン省の省都ドンホイは、給水塔と教会の壁だけを残し建物はすべて破壊され、人びとがガレキを片づけていた。現在、市街は復興しているが、給水塔と教会の壁は爆撃を記憶に残すため元の位置に保存されている。

一九五四年、ジュネーブ会議で南北暫定境界線となった一七度線の北にあるクアンチ省ヴィンリン地区は、まさにベトナム戦争を象徴しているようだった。アメリカはあらゆる近代兵器を使ってヴィンリンを攻撃した。そのためにアメリカを攻撃したことのないヴィンリンの人びとは苦しんだ。しかし、勝利を信じて戦っていた。

歴史に「もし－if」はないと言われるが、私は「もし」を考えることが多い。ディエンビエンフーでフランス軍が敗北してベトナムからの撤退が決まり、ジュネーブ協定でベトナムの統一選挙を五六年に行うことを決めた。しかし五四年、アメリカが支援しベトナム共和国がサイゴンに樹立されて、統一選挙は見送られた。

アメリカの介入がなく、「もし」統一選挙が実施されていたらベトナム戦争はなく，多数のベトナム人が死ぬこともなかったし、ひいては一九七〇年カンボジアのクーデター、その後のポル・ポトの虐殺もなかった。「もし」日本が韓国を併合していなかったら朝鮮半島の分断、朝鮮戦争もなかった。一八七九年「もし」日本政府が琉球を併合しなければ沖縄戦、米軍基地もなかったと考えている。

ヴィンリン地区に入って田植えをしている女性の集団と、掘っ立て小屋のような農家の彼方に

爆撃、艦砲射撃、南海兵隊基地の砲撃を受けたヴィンリン地区。農家の向うにベンハイ川があり、南の臨時革命政府の旗が見える。1973年

ベトナム民主共和国と南ベトナム臨時革命政府の旗が、重なるようにしてひるがえっているのが見えた時は感動した。旗の下にベトナムを南北を分けていたベンハイ川が流れているのだろう。ジープででこぼこ道に揺られ埃《ほこり》と汗にまみれて、とうとうここまで来たと思った。

二台の戦車が来た。一〇人ぐらいの兵士が上に乗っていた。前の戦車は米軍のもの、後ろはソ連製だった。カメラを向けると皆、笑顔を見せた。ベンハイ川を越えて行くのだろうと思った。

クアンチ省の北部を流れるベンハイ川の北に沿ったヴィンリン地区は、クアンチ省の一〇分の一ぐらいの面積だが、そこは北ベトナムなのである。米軍撤退まではベンハイ川の南わずか三キロほどのところに、米海兵隊の巨大なゾクミュウ基地、その南五キロぐらいにジョリン、西にコンチエンと基地が並んでいた。

ヴィンリン地区の中央にあるホーサーも米大砲陣地の射程距離に入っていた。同じヴィンリン郡でもベンハイ川によって分断された村もある。北側のヴィンリン区の人口は七万人。フランス撤退後、ホーサーを中心に病院、劇場、製材所、タピオカ製粉所などを造り、ベトナム民主共和国の一員として経済発展の建設を進めた。

しかし南のサイゴン政府と米軍事顧問に指導された米式軍隊に対する警戒も怠らなかった。トンキン湾事件の爆撃ではヴィンリン地区は被害はなかったが、地区全体に塹壕を張りめぐらせた。六五年二月七日、ジョンソン大統領による北爆開始で翌八日、米軍、南ベトナム政府軍、約五〇機の戦闘爆撃機の攻撃でホーサーの市街はすべて破壊された。

六五年三月米海兵隊がダナンに上陸して以来、クアンチ省に海兵隊基地が構築されると、ヴィンリン地区はベンハイ川南の米軍大砲陣地、ダナン空軍基地、海上空母の戦闘爆撃機、沖縄、グアム、タイ駐留のB－52、第七艦隊による艦砲射撃を受けることになった。

ヴィンリン地区に投下された爆弾は五〇万トン。日本空襲時の三倍以上の数字だ。一平方キロメートルあたり六〇〇トン、ほかに大砲・艦砲射撃七〇万発、一平方キロメートル八〇〇発。かくて地上の家、樹木は吹き飛ばされ農家、工場、学校は半地下に建てられた。深い地下壕が掘られ、通学路は半地下になっていてところどころに横穴が掘られ、空襲警報があると逃げ込めるようになっている。このような塹壕の道が掘り巡らされ、たとえばヴィンタン村では六五〇の防空壕が掘られて各家、各集落を結ぶ半地下・横穴の道は二五〇キロに達した。

ベンハイ川の北、ビンモク集落の地下壕。爆撃、艦砲射撃、南からの砲撃を受けたが命を守った。現在は観光客が訪れている。クアンチ省　1973年

ビンモク集落の地下壕を見た。地下数十メートルと深い。集落には五本の地下壕があり一本に七カ所の入口があるという。かなり大きく、大人が立って二人並んで歩けそうだ。横穴に井戸、会議室、産室、家族が住む部屋もある。現在はそのうちひとつが観光場所となって私も最近行ったことがある。

地区の人たちはひどい爆撃のなか、疎開せず農業を続け、輸送路を守り米空軍に反撃を加えた。ヴィンタン村では二機を撃墜、三機に損害を与えたという。

ヴィンリンでも仮設接待所に泊まった。ベンハイ川を見た時は感無量だった。一九六六年、ベンハイ川の南側で北ベトナムの国旗を見てから七年、今、その国旗が私の頭上ではためいている。そして七年前に立っていたベトナム共和国の、黄地に三本の赤い線の入った旗のところには、赤

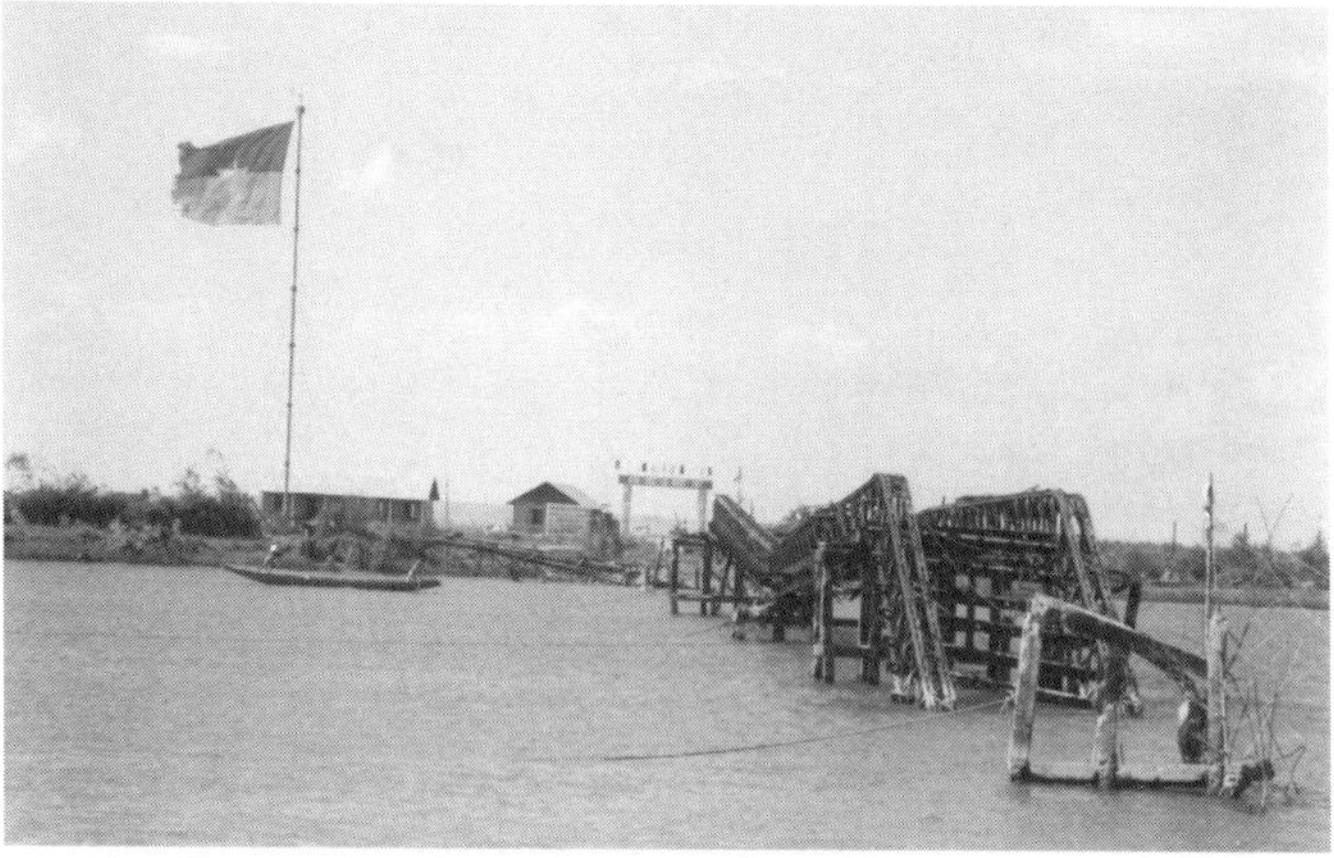

1966年に見たベンハイ川のヒエンルオン橋は爆撃されて、横の浮き橋をジープで南に渡った。旗は解放戦線・臨時革命政府のもの。クアンチ省　1973年

と青の中央に黄色い星の解放戦線の旗があった。時代が変わったのである。

七年前は立派な橋に見えたヒエンルオン橋は、米軍の爆撃で破壊され無残な姿をさらしていた。その横に浮橋がつくられていた。外務省・対外文化連絡委員会のグエン・クイ・クイさんに浮橋を撮影しないでくださいと言われた。七二年、初めて北ベトナムへ入国した時からその後、一九九三年まで一一回、一緒に行動したが撮影に注文がついたのはこの時、一回だけだった。

浮橋をジープで渡る時も、そしてベンハイ川を渡って、北ベトナム側を振り返って撮影した時も感慨無量だった。それは単にカメラマンとしての気持ちよりも私の人生が重なっていたからだ。

六四年四月、沖縄からオランダ船で香港へ向かった時は、生活のアテもない無銭旅行者だった。そして今、朝日新聞社のカメラマンとしてベンハイ川の

廃墟となった米海兵隊アイツー基地。南ベトナム政府軍が引き継いだが解放軍の72年春季大攻勢で陥落、米空軍が爆撃破壊した。クアンチ省　1973年

ほとりに立つとは想像もしていなかった。当時、ベトナム戦争のこともまったく分からず、アメリカを目指した無銭旅行の過程にベトナムは入っていなかった。

自分の人生の変化を考えながらベンハイ川を眺めた。壊れた橋の下をノン（菅笠《すげがさ》）をかぶった女性たちの乗った小舟が通り過ぎていった。その人たちもベトナム戦争を生き抜いたことに、良かったねという気持ちでその光景を撮影した。

ベンハイ川の南側に入国管理事務所があった。解放側は「ベトナムはひとつ」といっているが南北ベトナムは統一されておらず、クアンチ省の一部はまだ臨時革命政府の下にあった。パスポートと私の名、生年月日、資格などがタイプされたA４の紙を提出すると臨時革命政府の旗章の付いたヘルメットをかぶった若い係官が、ポンとスタンプを押した。それで「入国」手続き完了である。その用紙を記念に欲

しいと思ったが取材が終わって「出国」する時、イミグレイションに「保管」された。

ベンハイ川から五キロの非武装地帯を走った。その間、本当に何もない。ジョリン地区の丘から眺めると平原の無人地帯のなかに北と結ぶ一本の道があった。六八年八月、コンチエンの米海兵隊基地から非武装地帯のパトロールに従軍した時を思い出した。

一号道路に沿ってアイツー米軍基地跡にさしかかった時、雨期のスコールに遭った。基地の破壊された建物の軒先で雨やどりしながら、廃墟となっている基地を眺めた。

一九六八年に来た時、クアンチ市、ドンハ市も地上には大勢の民衆と南ベトナム軍兵、米兵とトラックとジープ。空にはヘリコプターと飛びたった戦闘機などで騒然としていた。米軍基地も多数の兵士が動き回っていた。今、ときどき、雨の中を通りすぎていく農民以外に人影はない。滑走路は爆弾でめくれあがり、兵舎、燃料タンク車、戦車など多くの残骸が雨のなかに横たわり、滑走路には実に多くの不発弾が散乱している。

## 戦争は誰のためにするものか

ベトナムへ来てから「これが戦争か」といろいろな場面を見て考えさせられた。それは農村へのナパーム弾の投下であり、死傷した民間人や兵士であり子どもの姿でもあった。目前の残骸となったアイツー基地もそのひとつだった。米軍は農民の土地を奪い莫大な費用をかけて巨大な基地を構築した。解放軍に占領されると自らB－52の爆撃で基地が利用されないよう破壊した。基地建設と破壊、どちらも私たちには想像できない費用だが、ベトナムの民間人の生活を向上させる役には立っていない。いったい誰のための戦争だったのかと思う。

ドンハの市街にも満足な姿で残っている建物はなく、すべて爆撃によって破壊されていた。七二年の春季攻勢で解放区になったため米軍が爆撃した。省都クアンチも爆撃された後、サイゴン政府軍が戻ってきていた。以前はベンハイ川が南北の境界になっていたが、今はドンハ市とクアンチ市の間のタクハン川が境界となっていた。川の向こうのガレキとなった建物の横にサイゴン政府の旗がひるがえっていた。私が長く従軍した南ベトナム海兵隊が守備していた。

臨時革命政府によると全クアンチ省には五つの郡があるが、ハイラン郡のうちの八五％とチューフォン郡の一八村のうち二村はサイゴン政府軍側にあるが、残りの七分の六は解放区となっているとのことだった。

クアンチ解放区の取材は七三年七月一二日から七月一六日までの短い期間だったが学ぶことの多い日々だった。

## クアンチで強く印象に残ったこと

①解放軍の姿を見た。解放区の取材をしたことがなかったので、ベトナムの戦場で見た解放軍兵士は捕虜か死体だった。実際はサイゴンや地方市街で見ていたかもしれないが、南ベトナム政府支配区では彼らは解放軍兵士であることを表に出さなかった。クアンチ解放区ではゾクミュウの陣地、市場、ドンハ市街、書店、図書館などあちこちで緑色の軍服を着た兵士と出会った。

彼らは市場で買い物をしたり、書店で本を見ていたり普通の青年だった。南ベトナム政府軍、米軍の兵士も戦争がなければ解放軍兵士と普通の交流ができたはずだ。

②市場には売る人、買う人、農民、市民と実に大勢の人が集まっていた。その多くは南ベトナム政権時代ドンハ市やその周辺に住んでいた。民間人は共産主義、資本主義どちらでも良いと思っている。戦争がなく民間人の生活を向上させてくれる政府が良い政治なのだ。

③解放軍ゲリラとなって戦い続け、時間的、状況的に学校へ行けなかった人が多い。その人たちのための学校があった。学齢期を過ぎた若い女性、中年男性が教室いっぱい二七人いた。学力に応じてクラスが分けられ、このクラスは小学校上級、四年生程度とのことだった。私たちからは易しいと思える算数に一生懸命取りくんでいる人たちの姿を見て、南ベトナム全土にこうして独立のために戦ってきた人びとがいるのだ、と思うとこれまでご苦労さまでした、これからも頑張ってくださいという気持ちになった。

④チェウフォン郡の病院で医師から一月二八日の停戦以来、不発弾による死傷者が三〇人

いるとの話を聞いていた時、灌漑用水路をつくっていた三人の負傷者が運ばれてきた。不発弾が爆発したという。医師の手当てでボール爆弾と分かった。三五歳という女性と男性は腹と手足に負傷していた。グエン・チ・トゥーさん（二一）という若い女性は痛い痛いと言うように、大きな声をあげていた。血まみれになったズボンを看護師がハサミで切っていた。肺と頭にも破片が当たっているとのこと。

農家を改造したような病室の前には大勢の人が心配して集まっていた。ボール爆弾は爆発すると中につまった約三〇〇個のパチンコ玉ぐらいの破片が飛び散るが、近距離では破片が集中して体に当たる。四七年が過ぎた今でも女性の悲鳴が耳に残っている。後にクアンチ省を取材した「日本電波ニュース」の宇崎真さんによると、トゥーさんは亡くなったという。小さなボール爆弾は長い年月で土に埋まり現在でも犠牲者、負傷者が出ている。

⑤ドンハからケサンを通りラオスへ続く九号道路に近い平原で破壊された戦車を見た。雨にさらされ全体が茶色にサビている。その戦車に乗っていたのだろう兵士たちの骨が散乱していた。一〇個の鉄カブトが転がっている。機関銃弾が沢山ついたままの弾帯もある。破れた軍服や靴もあった。

鉄カブトのマークを見ると南ベトナム政府軍でも精鋭とされたレンジャー部隊の兵士のようだった。恋人、妻、子どもがいる兵士たちもいただろう。家族は戦死した肉親の遺骨を埋葬できなかった。こうして骨が野にさらされているのは知らないだろう。

南ベトナムで米軍従軍中、沢山の解放軍の死体を米兵が穴の中にブルドーザーで埋めている様子を見たことがある。このなかには行方不明三〇万人と発表された解放軍兵士も含まれているのだろう。戦死した北ベトナムの兵士の荷物に恋人に書いた手紙が残されていた。戦死した米兵の遺体を家族に送るために体裁を整える作業をしていたという人に、沖縄で会ったこともある。

実に多くの将来ある若者が戦死した。太平洋戦争で特攻隊として沖縄へ出撃する航空兵が別れの酒を前にしている写真が目にこびりついている。戦死した兵士には、それまでの歴史があった。戦争はその先の人生を奪ってしまった。

サイゴン政府のグエン・ヴァン・チュー大統領は、解放軍のホーチミン作戦に対して兵士たちに陣地や市街の死守を命じながらサイゴン陥落直後、台湾へ脱出した。その時、任期中に貯《たくわ》えた金塊を持っていたと伝えられた。

ウェストモーランド米南ベトナム軍事援助司令官は、ベトナム派遣米軍に「サーチ・アンド・ディストロイ（索敵撃滅）」を命じたため、多くのベトナム民間人が殺傷された。ウェストモーランド将軍は「ハーツ・アンド・マインズ」という記録映画で「東洋人の命は安い」と証言している。

クアンチ省解放区の取材を終え、ハノイへ帰る途中、小さな接待所に泊まった。宿の人に頼んで近所の農家から自家製焼酎を分けてもらった。ランプの灯《あか》りで焼酎を飲みながら本多勝一さんといろいろなことを話し合っているうちに酔いが回ってきた。本多さんに歌を頼むと故郷の「木曽節」を歌った。今まで聴いた木曽節とは違い、これが正調木曽節かと思った。とても良かった。私は沖縄八重山出身、宮良長包作曲の「嘆きの海」をうたった。今でもときどき本多さんと会って酒を飲むと、ベトナム取材時の話が出る。

# 第七章
# 戦争終結

サイゴン市庁にひるがえる「臨時革命政府」と「ベトナム民主共和国」の旗。陥落前は「ベトナム共和国」の旗だった。1975年

## パリ和平協定後も戦うベトナム

私は「戦場カメラマン」ではなく「報道カメラマン」である。でも、一九六五年一月から六八年一二月まで南ベトナムのサイゴンに住み、南ベトナム政府軍、アメリカ軍に従軍していた頃は戦場の撮影以外に仕事はしていなかったから「戦場カメラマン」と言ってよいと思う。

ベトナム戦争のほかではカンボジア、ラオス、ボスニア、ソマリア、アフガニスタンの戦場へ行ったが、それ以外は報道カメラマンとしていろいろな撮影をしている。とくに新聞社カメラマン時代は事件、人物、地方ルポ、高校野球などを撮影していた。

一九七五年は赤塚不二夫、いいだもも、中山千夏、武満徹といった人たちも撮影していた。しかし、ベトナム、ラオス、カンボジア、沖縄にはいつも関心を持っていた。とくにベトナムはパリ和平協定調印後の進行に注目していた。

七三年九月二二日付「毎日新聞」はグエン・フー・ト臨時革命政府顧問評議会議長への質問状の回答として、①パリ協定は南ベトナムにおける二つの政権を認めているがサイゴン政府は臨時革命政府を否定し解放地域を攻撃し地区の住民を弾圧している。②南北統一を願っているが急いでいない。われわれ国民の要求はサイゴン政府がパリ協定を守り国民の移動、居住の自由を守ること。③日本政府は今でもチュー政権に特権的地位を与えている――という内容を載せた。

七五年一月二六日付の「赤旗」は協定調印から二周年という特集で、米議会は七四〜七五年度サイゴン政権軍事援助額七億ドル(政府要求額一四億五〇〇〇万ドル、追加要請三億ドル)を決めたと伝えた。さらに七二年一〇〜一二月、アメリカ政府のかけこみ武器援助は、戦車、装甲車数百台、戦闘機、ヘリコプターなど軍用機五一五機であり、北ベトナムの米戦犯調査委員会の資料では、平和協定調印後から七四年七月まで軍用機六九四機、大砲八〇〇門、戦車・装甲車一一〇〇台、弾薬一一〇万トン、燃料二〇〇トン。七四年七月一〇日の時点で、アメリカ人二万五〇〇〇人が残っている。内訳は大使館、武官事務所六三二六人、空軍・海兵隊要員一万二〇〇〇人、その他六七〇〇人(この数字は協定違反としている)。

サイゴン政権のパリ協定違反については、解放区に対する侵食作戦は七四年一二月二〇日まで五万八七一七回、監獄にいる人は七三年五月五日で政治犯二〇万人。その内訳は共産主義者を含む政治犯六万人＝解放戦線支持者二万人、非共産主義者の反チュー勢力、残り一四万人は一般農民(筆者により部分省略)。

南ベトナムの解放軍(北ベトナム軍・解放戦線軍)は一八万四〇〇〇人だったが七五年攻撃で増えた(『ベトナム戦争全史』ガブリエル・コルコ著　陸井三郎ほか訳　社会思想社)。

七五年初頭、サイゴン政府軍一三五万一〇〇〇人。主力軍四九万五〇〇〇人、地方軍四七万五〇〇〇人、民間自衛隊員三八万一〇〇〇人（『サイゴン解放作戦秘録』バン・ティエン・ズン著　世界政治資料編集部訳　新日本出版社）。

私は四年間の従軍生活で、南ベトナム政府軍、米軍が勝利することはないと思っていた。共産主義者のベトコン（ベトナム独立同盟）は悪であるとして農村を攻撃し、ベトコンを探す作戦を見ていて、これでは農民から反発されて、農業国ベトナムでは勝てないと感じた。

しかし一方の解放軍も、戦闘機、戦車、大砲など近代兵器で装備された政府軍、米軍に軍事的に勝利することは難しいと考えていた。

一九六三年一月、メコンデルタのアプバク、六四年一二月、サイゴン東方のビンジアで解放軍が大勝利した戦闘は、ベトナム戦争のなかで大きな意味をもつ戦いだったが、私は従軍していなかったので実感がなかった。従軍していたのは政府軍、米軍の大軍が、少数の「ベトコン」を捕虜にしている作戦ばかりだった。北ベトナム軍と米軍がぶつかった一九六五年一一月の「イアドラン渓谷」では米軍の発表では米軍の死傷二四一人、負傷七〇〇人、北ベトナム兵死者推定一三九九人（『ベトナム戦争』三野正洋ほか　朝日ソノラマ）、ケサン米海兵隊死者二〇五人、死傷者推定一万人〜一万五〇〇〇人（『*VIETNAM WAR ALMANAC*』）。

戦闘の死傷者は主に米軍発表で、資料によっても数字が異なるが、解放側の方に死傷者が多いことはたしかである。それはガンシップ、B－52など空からの攻撃力が影響している。

米軍は六五年に直接、戦闘部隊を派遣してから、六八年のテト攻勢まで三年以上戦っていた。その間、膨大な費用を使い、南北戦争を別とすれば第二次世界大戦に次ぐ戦死者数だった。強力な破壊力のある近代兵器を備えて、遠い大国からアジアの小国へのり込んで戦争をするアメリカ。激しい砲爆撃に耐えながら生まれた国で戦うベトナム、どちらが先に音をあげるか。

戦争中、メコンデルタの旅をしている時、ミトー、カントー、ヴィンロンなどでコメ、豆などの穀物、野菜、魚、豚や鶏の肉など豊富な食料を見て驚いた。これらの農産物はメコン川とその支流周辺の村から集まってくる。解放軍兵士は家族や村を守るために戦うであろう、アメリカはメコン川の流れを止めない限り、戦争には勝てないだろうと思ったことがある。

ベトナム中部はメコンデルタと比較すると農産物の収穫は乏しく、米軍の攻撃はひどかったが村を守る戦いが続けられていた。

米軍・政府軍も解放軍も武力で白旗をあげることはなく、いずれ南ベトナム政府、解放戦線の連立政府となるのではないかと思ったが、二つの軍が戦闘していた様子を見ているだけに、平和へどのように進むのか、六八年当時、私には想像がつかなかった。

私がベトナムを引き揚げる前にパリ会談が始まったが、それでもベトナムの行く末は分からなかった。六九年七月八日、米軍の撤退が開始されてアメリカの敗北を実感した。

在ベトナム米軍のウェストモーランド司令官は六七年三月二六日、一挙に米軍二〇万人の増兵を要求したが、米政府は勝てる見通しはないと拒否した。七二年に私が北ベトナムを訪れた時に北爆のなかで人びとは自分の国と生活を守る戦いを続けていた。

たとえ原爆を使って北ベトナムを廃墟にしても、南ベトナムの解放軍が戦い続ける限り、アメリカは武力でも政治でも勝利を得ることはできないと思った。

和平協定後も戦闘が続いていた。七三年中にサイゴン政府軍が使用した爆弾、砲弾など全弾薬量は三二万六〇〇〇トン、解放軍の一七倍、七四年は一二倍。米国防総省発表では七三年のサイゴン政府軍戦死兵二万五五〇〇人、解放軍三万九〇〇〇人、民間人一万五〇〇〇人が殺され、七万人が負傷、八一万八七〇〇人が難民となった（『ベトナム戦争全史』）とのこと。

南ベトナムでグエン・ヴァン・チュー政権支配地区拡張のために「三カ年平定計画」「五カ年軍事建設計画」を進めたことにより、解放区が侵食され難民の解放区への帰還が阻害された。

こうした状況をよく把握していたのはハノイの労働党中央委員会、中央軍事委員会ではなく、南でサイゴン政府軍と対峙《たいじ》していた解放軍司令部だった。一九七三年一〇月、ハノイで行われた第二一回ベトナム労働党中央委員会で「相手は和平協定を履行せず戦争のベトナム化を継続している。革命戦争を遂行し南ベトナムを解放する」ことを決議した。

七四年一二月一八日から七五年一月八日にかけてハノイで開かれた労働党中央委員会政治局会議で、アメリカは介入しないと判断した。その理由は「名誉ある撤退」にこだわりベトナム側の譲歩を引き出すために最大規模の爆撃を命じたニクソン大統領は、ウォーターゲイト事件で失脚していた。代わったフォード大統領に再介入の元気はなく、議会ももうベトナムに関わりたくないという空気の強いことを労働党は見抜いていた。

南部ベトナムの戦況を熟知する「メコンデルタ、サイゴン、中部高原地タイグエン地域A2戦闘区司令官で南ヴェトナム在留北ヴェトナム司令官であるチャン・ヴァン・チャ将軍は一二月の政治局会議に出席して南の状況を説明し今は攻撃の時と説明した」（『ドキュメント　ヴェトナム戦争全史』　小倉貞男　岩波書店）。

七四年九月からの労働党政治局で七五年・七六年二カ年計画で南部を解放することが検討されたが、総攻撃の時期はまだ決まっていなかった。結果として四月のサイゴン陥落は予想しておらず、七六年に戦争終結と考えていた。「軍事的な勝利は予期していたがその後の構想はまだ明確な方針を立てていなかった」（『ベトナム戦争全史』）。「B2戦区」最高指揮官チャン・ヴァン・チャ将軍は、「南ヴェトナムの〈B2戦区〉は、もっとも主要な、もっとも決定的な戦場だった。（中略）わたしはフォックロン攻撃命令にサインをしたあと、ハノイへ向かった」（『ドキュメント　ヴェトナム戦争全史』）。

ハノイで労働党政治局拡大会議を開催していた期間中、一九七五年一月六日、サイゴンから西約一〇〇キロ、カンボジア国境に接したフォクロン省が解放軍の攻撃で陥落した。この事実に勢いづいた政治局会議で一月八日、南部総攻撃が決定した。レ・ズアン労働党書記長は「タイグエン攻撃をことしのたたかいの幕開きにする」（『サイゴン解放作戦秘録』）と宣言した。

各地の守備を固めていたサイゴン政府軍は、フォクロンに援軍を送ることが出来ず政府軍の弱点をさらすことになった。

米軍は原子力空母エンタープライズをベトナム沖に派遣し、沖縄の第三海兵師団に待機命令を出して解放軍を牽制《けんせい》したが、グエン・ヴァン・チュー大統領の必死の要請にも、軍を出動させなかった。

各省で解放戦線の省部隊とゲリラがサイゴン政府軍主力を釘づけにしたうえに、米軍の爆撃はなくなったので北ベトナム軍を中心とした解放軍主力部隊は、攻撃に集中できることになった。

## バンメトート攻撃が突破口に

一九七五年三月一〇日、解放軍はタイグエン（中部高原地帯）、ダクラク省の省都バンメトート攻撃に手をつけた。南ベトナム解放総攻撃の開始だった。タイグエンはカンボジア国境に接し、抗仏戦争の頃から「タイグエンを制するものがインドシナを制する」と言われた戦略的要衝だった。

サイゴン政府は、タイグエンに対する攻撃はプレイクと決めて防備を固めていたが、解放軍はなぜ、攻撃目標をプレイクでなくバンメトートにしたのか。プレイクよりはるかにサイゴンに近く、占領すればサイゴン政府に与える衝撃は大きく、ホーチミンルートに近い。プレイクより防備が手薄、陥落しているフォクロンに近いなどの理由であった。私は、バンメトートで作戦をする政府軍海兵大隊に従軍したことがあるが、プレイクより地味な街だった。

プレイクには戦闘機一三八機を有する空軍基地があり、第二三師団、レインジャー部隊、機甲連隊、砲兵大隊などが配置されていた。解放軍は三月一日から小規模な作戦を展開していたが、主な攻撃目標は、プレイク、コンツム（コンツム省都）と思わせる陽動作戦だった。解放軍はバンメトート省都攻撃の秘密をいかに保つかが作戦成功にかかっており、それはタイグエン攻撃だけでなく南部解放戦争全体に影響すると考えていた。

三月一〇日午前二時、バンメトート攻撃が開始された。目標は第二三師団司令部、ホアビン飛行場、第五三連隊基地、マイハクデ弾薬貯蔵庫などだった。解放軍四個師団に対し、サイゴン政府軍は第二軍管区各地に分散しており兵力の上では解放軍が多かった。

解放軍の戦車、装甲車、大砲、高射砲の牽引車、歩兵輸送車が各方面から市内へ向かった。サイゴン政府軍は八〇機の戦闘爆撃機で攻撃したが高射砲隊に撃墜され、バンメトートは攻撃後三二時間で制圧され、第二三師団フ・チ・クアン副師団長ほか四人の高級将校が捕虜となった。

第二軍管区司令部とサイゴンの統合参謀本部も、解放軍が省都を維持する力はないと思っていた。ヘリコプターで第四五連隊をバンメトートの東地区に運んで省都の奪還を図った。しかしヘリコプターは地上砲火によって撃墜され、無事に着陸できても砲撃を受け兵士は逃げるのがせいいっぱいで、戦闘できる状態ではなかった。次に飛んできた第四四連隊も同じ状況となった。サイゴン政府軍の誇る空軍がプレイク基地から爆撃に向かったが、バンメトート各所に配置された高射機関砲によって撃退された。

第二軍管区のサイゴン政府軍兵士たちにとって、対空砲火、大砲、戦車をともなった大軍との戦闘は初めてであり、まったく戦意を失ってしまった。サイゴン政府は完全にひとつの省を失ったのである。

ニクソン大統領が米軍撤退を決めた後、ベトナムの多くの米軍事顧問団は南ベトナム全土に拡散しているサイゴン政府軍を、①防衛可能な地域に集中させる、②第一、第二軍管区の防備のゆき届かない地域を放棄して沿岸諸都市、北緯一七度線に近いニャチャン以南の地域に軍を集結させる、③南ベトナムの北半分を放棄する、などのことを勧告していた（『ベトナム戦争全史』ガブリエル）。しかし、サイゴン政府支配地域を広げようとしてきたグエン・ヴァン・チュー政権を説得することはできなかった。

ところで、バンメトートの陥落・奪還失敗でチュー大統領はタイグエン放棄を決意、プレイクの第二軍管区司令部のニャチャン撤退を命じた。このことはサイゴン政府、サイゴン軍全体に動揺と混乱が生じ、サイゴン陥落を早める結果となった。

バンメトート攻略軍も、次の目標コンツム、プレイク攻撃で勝利するのは分かっていても、時間はかかるだろうと判断していた。それを第二軍管区司令部は自ら放棄したのである。解放軍総司令官ヴァン・ティエン・ズン大将も「なぜなのか、だれの命令なのか」（『サイゴン解放作戦秘録』）と意外に思った。

「チュー大統領は戦争史上もっとも破滅的な決定を下した。ラムソン七一九号作戦や一九七二年の春季攻勢によって、チューが軍事戦略家としては移り気で、不適格であることはすでに明らかになっていた。この撤退計画は衝動的に決められたためアメリカは当時、誰も関与していなかった」（『ベトナム戦争全史』から筆者要約）。

三月一六日から撤退が始まり、サイゴン軍第二軍管区ファム・ヴァン・フ司令官ほか首脳はヘリコプターで脱出した。残された兵士、兵士の家族、ほかの民衆が狭い七号道路を沿岸都市部へと向かって避難している状況をテレビニュースで見て、混乱ぶりは悲惨だった。チュー大統領は三月二二日、タイグエン撤退は軍の態勢を整え反撃するためだと放送したが、軍も民衆も信じなかった。

三月二一日、解放軍はフエ攻撃を開始した。サイゴン軍第一師団、海兵旅団の兵士たちはトラック、戦車、装甲車でダナンへ撤退しようとしたが、一号道路が封鎖されたためトゥアンアンの海軍港から船で脱出しようとした。港は130ミリ砲の集中砲火となった。私も解放後、港へ行ったが破壊された戦車、兵士の鉄カブトなどが山のように散乱し、当時の混乱した状況を表していた。三月二五日、フエは陥落した。

三月二五日、ハノイで開かれた政治局会議で「雨期前にサイゴンを解放する」と方針を決めた。雨期になると軍の移動に支障をきたす。南部の雨期は五月下旬か六月上旬に始まる。

ベトナム第二の都市ダナンにはフエから撤退してきた部隊、ダナン死守のための増援部隊など約一一万の軍が守っていた。ベトナムの生命線一号道路はダナンと南のタムキ間が封鎖されダナンは孤立した。

解放軍はホアカイン基地サイゴン軍第三師団、ノンヌオック基地の海兵隊司令部、港湾、飛行場を砲撃した。サイゴン軍はパニック状態となりゴ・クアン・チュオン第一軍管区司令官、参謀、米軍事顧問はヘリコプターで脱出した。司令官の逃亡で兵士は戦意を失い三月二九日、ダナンは陥落した。

解放軍はミサイルなど重い兵器は置いて、できるだけ身軽になり一直線にサイゴンを目指した。途中、抵抗があれば戦ったが進軍を阻止するほどでなければ進軍を続けた。

解放軍はサイゴン軍が使っていたトラック、サイゴン軍兵の運転手で先を急いだ。ガソリンも残っていた。大砲、弾薬も沢山あり現地調達した。

三月二六日、米ホワイトハウスは陸軍参謀長フレデリック・C・ウェイアンド大将を状況分析のためサイゴンへ派遣した。チュー大統領とヴィエン将軍はB－52の派遣を要請した。

アメリカ国防総省は空軍で支援してもサイゴン政権は崩壊すると考えていた。国防総省と議会はホワイトハウスの爆撃の要請を通さなかった。ウェイアンド大将はサイゴン北のファンランに強力な防御線を敷くことを提案し、空母ハンコックと海兵隊を東シナ海に待機させた。しかし、この米軍はサイゴン軍支援のためというより、ベトナムに残っている六〇〇〇人のアメリカ人救出のためのようだった。グエン・ビン・ギ中将がファンラン防御第三軍団の司令官となった。

四月七日、ヴィンロン省のカンボジア国境に近いロクニンで後の首相となるファン・フン、ヴォー・ヴァン・キエト、後の大統領レ・ドク・アイン、後の書記長グエン・ヴァン・リン、パリ会談代表だったレ・ドク・ト、ヴァン・ティン・ズン総司令官、チャン・ヴァン・チャ副司令官ほかが出席した南ベトナム労働党中央局・地区軍事委員会で、サイゴン解放の作戦を「ホーチミン作戦」と呼ぶことが決められた。

四月一三日、解放軍第二軍団の第三師団、第二五連隊、砲兵部隊によるファンラン攻撃が開始された。サイゴン政府軍は空から戦闘爆撃機、海上から艦砲射撃、地上では歩兵師団、空挺旅団、レンジャー大隊などが激しく抵抗した。しかし三日で鎮圧されギ司令官ほか高級将校が捕虜となった。

ハノイから続く一号道路上、サイゴンを防衛するサイゴン政府軍最後の砦はスアンロクだった。解放軍第四軍団の第六、第七、第三四一の各師団がスアンロク攻撃部隊となった。サイゴン政府軍は第一八師団、第五師団の一部、第三騎兵師団、レンジャー部隊、空挺旅団、各部隊所属砲兵大隊。それにビエンホア、タンソンニャット、カントー空軍基地の空軍が加わった。

四月二一日、スアンロクは陥落した。この間の四月一七日、カンボジアではプノンペンが陥落、アメリカの支援したロン・ノル政権が崩壊した。そしてベトナムでもアメリカがつくりあげた政府が風前の灯状態になっていた。解放軍は五個軍団を投入した（『サイゴン解放作戦秘録』）。一個軍団は三個師団。一個師団一万人とするとホーチミン作戦に約一五万人が投入されたことになる。対して周辺の守備を固めているサイゴン政府軍は第五、第二五、第一八、第二二の四師団と空挺、海兵旅団、レンジャー大隊などだった。

解放軍の大部隊はサイゴンを囲むようにして五方面から迫った。サイゴン陥落後、市内に残っていた友人に聞くと、いろいろな方向から北の軍隊が現れたので驚いたと語っていた。

私も四年間、サイゴンに住んでいたので地理は分かっているが北方はビエンホアからハノイまで一号道路が続いている。サイゴンに在住の日本人は北ベトナム軍は北方から来ると思っていたようだ。

東は南シナ海の沿岸で私もブンタウの浜に海水浴へ行ったことがある。南はメコンデルタに繋《つな》がりサイゴン軍三個師団の基地があった。西はカンボジア国境だった。途中に第二五師団の基地があった。

解放軍がサイゴンに迫ってきた四月二一日の夜、チュー大統領はテレビ・ラジオの実況中継で辞任を表明し、日本の各新聞も一斉に報じた。チュー大統領は軍事援助を充分にしなかった米国政府を批判し「軍事情勢の悪化は米軍の責任と強調した」(四月二二日付「朝日新聞」)。チュー大統領は演説のなかで北ベトナム軍の南部駐留を認め、臨時革命政府、国民和解連合政府の樹立を認めたことが敗北を招いたとした。グエン・ヴァン・チューは二六日、台湾へ脱出した。副大統領チャン・ヴァン・フォンが暫定大統領に就任したが二八日ズオン・ヴァン・ミン新大統領と交代した。

ミンはゴ・ディン・ジェム大統領に対するクーデターの中心人物だったが、チュー大統領時代は第三勢力の人物と見られていた。

二八日、ミン大統領は「われわれは心から和解を望んでいる」として即時停戦、和平政治解決のための交渉、民主和解政府の樹立、パリ協定の履行などテレビで就任演説をした。臨時革命政府は一週間前までグエン・ヴァン・チューが大統領だったサイゴン政権を「米新植民地主義の道具となるようなサイゴン政府を廃絶する」として停戦提案、政治解決交渉に拒否声明を出した。

四月二九日、解放軍五個軍団による五方面からサイゴン攻撃が開始された。一号道路からサイゴンへ向かう第四軍団はビエンホア空軍基地を攻撃し一号道路を封鎖した。

サイゴン川の東から解放軍の第三二五師団が長距離砲でタンソンニャット空港を砲撃した。

四月三〇日朝、サイゴン軍カオ・ヴァン・ビエン参謀総長が脱出した。サイゴンの西、カンボジア国境方面の守備についていた第二五師団師団長も捕虜となった。サイゴンの北、ライケ基地で一三号道路を守っていた第五師団レ・グエン・ビイ師団長は自殺した。

サイゴンにいちばん近い北方トウドゥックに防衛線を敷いていた第一八師団司令官も捕らえられた。メコンデルタに続く四号道路守備の第二二師団も戦闘能力を奪われた。ほかに海兵隊、空挺隊、レンジャー部隊も壊滅しサイゴンは無防備となったが市内には空挺部隊、レンジャー部隊、野戦警察など五万六〇〇〇人がいた（『解放南ベトナム』島村矩生　NHK出版）。

解放軍は、サイゴン市内の攻撃目標は独立宮殿、サイゴン軍参謀本部、首都圏特別司令部、国家警察本部、タンソンニャット飛行場の五カ所を選んだというが、サイゴン軍残存部隊との市街戦になれば多くの市民に犠牲が生じる。

一九七五年四月三〇日午前一〇時一五分テレビ・ラジオを通してズオン・ヴァン・ミン大統領は解放軍への無条件降服声明を出した。「私は心から民族和解一致によって解決し国民が死と流血を避けることを望む。すべての政府軍兵士が直ちに戦闘をやめることを要求する。同時に臨時革命政府の兵士にも戦闘をやめるよう要請する。われわれは政府の権力移行に関して協議するために臨時革命政府を大統領宮殿で待っている」。続いてグエン・ヒュー・ハン副参謀長がミン大統領の停戦声明を実行するよう演説した。私は後にハン副参謀の自宅を訪れたことがある。

しかし、解放軍司令部は協議の余地はないと、ミン大統領に伝えた。ミン大統領も無条件降服を認め、抗仏戦争から続いたアメリカ介入の三〇年戦争が終了した。

## サイゴン陥落

解放軍のバンメトート作戦が始まった時、私はベトナム戦争を取材していたカメラマンとして、すぐ現地へ行って撮影したいと思ったが、一九七二年、七三年と南から見れば敵側である北ベトナムへ行っているので、勤務している新聞社のサイゴン支局に迷惑をかけてはいけないという気持ちがあり、遠慮した。

サイゴン滞在時代、一緒に酒を飲んでいた日本人仲間、ベトナム人の友人、従軍中に親しくなったベトナム海兵隊の兵士の安否が気になった。ファンラン、スアンロクなどの都市から危険をおかして避難する人びとの群れ、建物の屋上に着陸しているヘリコプターへ乗ろうと争っている人びと、避難民を乗せてきたヘリコプターを着陸場所の確保から海上につき落としている様子をテレビニュースで見ながら、私が願っていた「戦争のない平和な終結」とかけ離れた状況に心を痛めた。

私は、明らかに解放区と思われた南ベトナムの農村へ遊びに行き、ハノイ、解放地区となったクアンチ省を見ていたので、北ベトナム軍、解放戦線軍に恐怖感を抱く南ベトナムの人びとの気持ちが分からなかった。

しかし、これは私が第三者だからだった。実際に南ベトナムの人びとが家や財産を捨てて必死になって避難している現実があった。一九五五年サイゴンを首都に反共主義者のゴ・ディン・ジエム大統領のベトナム共和国が樹立、ベトナムが分断されてから二〇年、南ベトナム政府は共産主義を敵としてきた。都市ではアメリカの支援を受けながらも、市場経済のなかで生活をしてきた。分断後生まれた若者はサイゴン政府軍に入隊して〝ベトコン〟と戦い、その家族も多い。サイゴン政府下で暮らす人びとは、北ベトナムを知らず、南の解放区を知らなかった。

太平洋戦争が続くなか沖縄の人びとは、米軍の捕虜になると残酷な仕置きに遭うと多くの人が自ら死を選んだ。アメリカ人をまったく知らなかったからだ。本土の小学生だった私の教室には、頭に角が生えて目がつり上がり、大きな口をあけた恐ろしい顔の米兵のポスターが張ってあった。五年六年の高学年生は竹槍で鬼畜米英を殺す訓練をしていた。日本人はアメリカ人を知らなかったのである。

一九七五年四月三〇日、サイゴンに入った解放軍を迎える市民の明るい表情をニュースで見て嬉《うれ》しくなった。戦車の上に乗った兵士に手を振る人、水を差し出す人、話しかける人たちがいた。私は以前からサイゴン陥落という形で戦争が終わるとは思っていなかった。戦争を撮影しながらも、ベトナムの将来が分からなかったのだ。

バンメトート攻略からサイゴン陥落まで五二日。その間に兵士、市民など多くの命が失われただろう。この戦争も予想していなかったがサイゴン入城の様子を見てこれで戦争は終わった、もう、外国の介入、同じベトナム人による殺し合いもない、あとはベトナム人が知恵を絞って良い国を築くであろうと思った。カンボジア国境紛争、カンボジア侵攻、中越戦争、ボートピープル、そういったことが起こるとは思いも及ばなかった。

## 陥落後のサイゴンに北から入る

戦争終結後のベトナムを取材したいと北ベトナムに申し込んであった。入国許可電報があり、七五年六月八日バンコクへ行きラオスのビエンチャンを経由して本多勝一さんと一〇日ハノイに到着した。

今回は、サイゴン陥落後の南ベトナムへ入る各国取材班の一員として、サイゴン、メコンデルタまでは行動をともにすることになった。「毎日」の林勝一記者、「読売」永井清陽記者、「赤旗」

鈴木勝比古記者、「日本電波ニュース」鈴木利一記者、岩田力三カメラマン、「ジャパンプレス」中村梧郎カメラマン。イタリア「ウニタ」、フランス「ユマニテ」、ポーランドの女性作家、東ドイツのテレビチーム、「ニャンザン」ほかハノイからのジャーナリスト、外務省関係など大勢の人がジャラム空港からサイゴンへ向かった。私は七〇年六月、ベトナムから米軍のヘリコプターでカンボジアへ行き、カンボジア内の米軍を撮影して以来のサイゴンだった。当時、北ベトナムから飛行機で南ベトナムに入ることは想像もできなかった。

サイゴン川が眼下に見えた時、懐かしさがこみ上げてきた。一九六五年一月、サイゴンに住むようになってから一〇年が過ぎていた。サイゴンにはその頃、一緒に酒を飲んだ仲間たちがまだ残っていた。彼らはどんな気持ちでいるのだろうと思った。

サイゴンのタンソンニャット空港に着陸した時、誰からともなく拍手が起こった。乗客の多くがサイゴンは初めてだった。マジェスティックホテルに泊まることになった。戦争中、マジェスティックホテルに泊まったことはないが「週刊朝日」から特派された開高健さんと秋元啓一カメラマンがいたので、私もすごく広い部屋でよく一緒に飲んだ。二〇一九年に寄った時、その四〇二号室には「日本人作家開高健さんが泊まった」と英語で書かれたプレートがドアの横に貼ってあった。

一九七五年六月、宿泊客はソ連、東ドイツ、キューバなど、ハノイを経由してきた社会主義国の人がほとんどだった。サイゴン滞在当時よく見かけた小柄と大柄のギャルソンがまだ仕事を続けていた。当時、五階の窓にそった半円形のレストランからは、サイゴン川と向こう岸に広がるマングローブ地帯が一望できた。料理の数も多く味も定評があった。とくにワゴンで運んでくるオードブルの品数が多く、コニャックソーダが楽しみでときどき寄ったりしていた。

レストランは最上階に移り、ギャルソンは当時のように黒いスーツに蝶ネクタイをしていたが、客はまばらで少なかった。コックが国外へ出てしまったようだった。私が戦争当時来たことがあるというと驚いていた。昔の味を知っている人は来なくなったと寂しそうだった。

その後、七八年、七九年、八〇年と訪れるたびにサイゴンはシャッターをおろした店が増え活気がなくなってきたが、七五年には収入が無くなった人が家庭にあるものを売ろうと露店が増えて、市内は賑《にぎ》やかだった。

軍服を着たサイゴン軍の兵士や米兵の姿はなく、緑色の軍服とヘルメットの解放軍の兵士が市内中で見られたが、警備兵以外は銃を持たず丸腰だった。奥さん、姉妹、恋人への土産か女性の肌着、装飾品の露店にしゃがんで品を選んでいる姿があちこちにあった。時計も人気があるようだった。北ベトナム兵や、農村や森林を拠点にしていた解放戦線兵士にとって、サイゴンは見たこともない商品が溢《あふ》れている場所で、その様子に圧倒されているようだった。

私の親しい友人、澤口徹行、山元昭、森安宏、元日本人兵で丸紅に勤めている沖縄の同胞當間元俊さん。森ちゃんの上司、仙越の松村行郎さん、日本大使館の元日本兵坪井達二さんたちが残っていた。

森ちゃんによると、日本人を撤収するはずだった日本航空機は四月二八日、バンコクまで来たが、タンソンニャット空港が攻撃されているので引き返した。二九日、ＰＴＴ（電報電話局）の近くに集合、バスで海兵隊のヘリコプターが待っている場所へ行き、空母まで運んでもらうことになっていた。しかしＰＴＴ近くまで行くとベトナムの兵隊や大勢の人が集まっていて、日本人は一人しかバスに乗れなかった。

皆で大使公邸まで歩いた。公邸に入ると「ドーン」と音がしたので皆で地下室に入った。迫撃砲弾のようなものが木にひっかかって爆発したのだが、地上で爆発していたら大勢が死傷したろうと言った。公邸地下には各種酒が沢山あったので皆で飲んだ。三〇日、北ベトナム兵たちが来た。大使公邸に上がっていた日本国旗の赤い丸を見て「トマトの宣伝か？　下ろせ」と言われた。皆を庭に座らせて革命政府の方針を話した。三井物産で働く寿会（元日本兵士の会）の壁谷歳雄さんが通訳をしたとのことだった。

ベトナム人女性と結婚し六人の子どもがいる當間元俊さんは、元ベトミン将校としてフランス軍と戦った経験もありベトナムに残ると言っていた。しかし一九八〇年、新政府に帰国を要請されて家族全員で沖縄に帰った。私は当時、羽田に當間一家を迎え沖縄まで同行した。

戦争は殺人であり憎悪を生む、と従軍していて感じた。ベトナム戦争終結前後、国外へ逃亡したり、自殺したサイゴン軍将校はいたが、戦後に粛清された将校がいた、ということは聞いたことがなかった。

メコンデルタでは、元サイゴン軍佐官クラス将校への解放軍政治委員の政治学習が行われていた。解放軍と戦った人たちはどんな思いで聞くのか。1975年

粛清はまったくなかったが、アメリカの新植民地主義へ協力した罪など、これまでの意識を改めるための「政治学習」が行われていた。説教をしているのは解放軍の政治委員だった。サイゴン市内で一般兵士、メコンデルタで佐官級を対象にした二つの学習を見た。一般兵士、尉官、佐官、将官など位によって学習期間が違うとのこと。

一般兵士は望んでいないのに徴兵で入隊させられている。共産主義に反対はしても自分の生活、家族の方が大切だったと思う。戦争に敗けたことは口惜しいかもしれないが、生きて終戦を迎えることができたことに喜びを感じ、心配は今後の収入、就職のことではないかと想像した。

佐官級の「学習教室」を見た。大佐も二人いるという。やはり政治委員が説教をしていた。社会主義と資本主義と異なった国造りを目標にして戦争を続けてきた。くり返すがそこには兵士同士の

殺し合いがあり多数の民衆が命を失った。お互いに言い分はあるだろう。だけど片方は負けてしまった。勝利者の言い分を聞く立場しかない。

戦闘のなかで聞いた指揮官の言葉は、多くの殺人を命令するものだった。農村に対する爆撃や砲撃によって殺された人のなかには子ども、若い人も大勢含まれている。たとえば若い解放軍の兵士や、農村の娘であればその人たちは恋をし、結婚し子どもが生まれ、次の世代へ命を継ぐことができただろう。座って説教を聴いている軍司令官は確実にそういった若者の命を奪った。

私は解放軍より政府軍の方がつき合いは長いので、親しみを感じている。でも彼らは間違っていたと思う。ベトナム戦争はアメリカが共産主義を否定し共産主義の拡大を防ぐために起こした戦争だった。たしかにアメリカと戦った北ベトナムと南ベトナム解放民族戦線の中心人物は共産主義者だった。しかし彼らは、共産主義を拡大するためにアメリカと戦ったのではなく、その前にベトナムを独立させるという前提があった。

紀元後四〇年、中国支配から独立しようと立ち上がったチュン・チャク、チュン・ニ姉妹は共産主義者ではなかった。二人がハイ（二人）バー（婦人）チュン＝チュン姉妹と呼ばれた頃、マルクスもレーニンも存在していなかった。ハイ・バー・チュンはベトナム独立のために中国と戦った。今、ハイ・バー・チュンの名のついた通りはベトナムの各市にある。私が戦争中住んでいたところもサイゴンのハイ・バー・チュン通りの近くだった。

フランス支配、日本支配に対しベトナム民族主義者たちは、支配者からの独立のために戦った。

一九七五年、サイゴンが陥落しアメリカ支配が終焉《しゅうえん》したのは共産主義と独立戦争の意義が合っていたからだろう。

アメリカが恐れたベトナムの共産主義はアメリカ敗退後は資本主義になっている。時代に動かされた南ベトナム軍司令官たちが説教を聞いていた。その人たちの表情から粛清を逃れた安堵《あんど》感があるように思えた。説教に納得した軍人たちはいなかったろうと思った。

サイゴン市内を歩いていると人びとのざわめきがあった。近づくと一人の男が倒れ、射殺したと思われる男が、ピストルを握っていた。倒れた男は血にまみれて死んでいた。何枚か撮影した。解放側と思われるピストルを持った男が撮影をやめろと言った。対文連からもらった取材許可書をかざしてもピストル男は見もしなかった。明らかに興奮していた。死体の上に「強盗懲罰された」と走り書きされた段ボールの切れはしがのっていた。収入の道がなく、ひったくりや、店から商品を奪う犯罪が多発していた。スリも多かった。解放側は厳しく取り締まっているようだが人の物を奪って露店で売って生活費にするようだった。

解放軍は戦争に勝つことを優先し、勝利後の政策を考えていなかった。ハノイ労働党の予想よりサイゴンの陥落が早かったことも、混乱をきたした結果となった。

ベトナムにある外国商社はアメリカからの支援金が途絶えて、商業はまったく機能しなくなっていた。

勝利した北ベトナム政府は、アメリカの影響を受けた資本主義制度から、国が企業、農業に関わる北ベトナムのような国家計画経済にしようと計画した。しかし、それは南ベトナム農村の生産意欲を奪い成功しなかった。

サイゴン陥落後一カ月過ぎていたが都市に住む人びとへの生活方針は示されていなかった。

サイゴン郊外にある軍人墓地に寄った。戦争中、何度か撮影に来たことがある。当時、戦死した息子の墓の前で嘆く父親、母親、戦死後、墓石もなく盛り上がった土の前で顔を伏せたままの妻、呆然《ぼうぜん》と座り込んでいる小さな娘もいた。次の戦死者を待つ墓穴が並んでいた。

サイゴン陥落前に戦死したのだろう埋葬した土の上に黄地に赤い三本線のベトナム共和国旗をかぶせてあった。旗は雨風にうたれ破れていた。そうした墓が並んでいたが人影はまったく見えなかった。

終戦を前にしての死は残念だったろうと思った。拠点の死守を命じた大統領は金塊を持って外国へ逃げてしまっていた。

サイゴンにあるチーホアの監獄には収容されている人はなく、管理者だけでひっそりとしていた。戦争中は一万人ぐらいが狭い部屋に閉じ込められていたとのこと。その多くはサイゴン政権に反対する政治犯だった。サイゴン陥落後、みんな解放されて家庭や故郷へ戻った。

監獄に入れられていた人の話を聞くとひどい状況に鳥肌が立つようだった。捕らえた人に仲間の住所や武器の隠し場所を白状させようと拷問する。立たせて眠らせない、指にクギを打ち込む、体に電気を流す、手足をしばって逆さ吊りにする。最近、政治犯に残酷な仕打ちをしたことで「トラの檻」と名が知られたコンソン島へ行ったが、見通しをよくした天井から石灰や汚物をまいたとのことだった。ベッドがなく床に眠る、囲いのないトイレ、腐敗寸前の食事、そして拷問。監獄の中は想像を絶する状況だったようだ。監獄は各地にあり拷問によって多くの政治犯が殺されたという。

監獄の壁に血で「チュー政権打倒」の文字が書かれていた。政治犯を痛めつけた監吏たちはサイゴン陥落前後、先を争って海外へ脱出しようとした。

メコンデルタを回った。解放軍の攻撃から逃れようとして撃墜されたヘリコプターが水田の中にあった。周囲には苗が植えられていた。ミトーはデルタの入口となる。サイゴンから近いので日本からのお客さんを時に案内した。映画俳優の殿山泰司さんと一緒に行ったこともある。途中、ベンルック、タンアンの橋はサイゴン軍に厳しく警備されていた。今、兵士の姿はなかった。

バスに乗った「国際報道団」は、六三年一月にヘリコプター、戦車、装甲車などアメリカ支援の兵器で武装したサイゴン政府軍が大敗したアプバクに案内された。解放戦線軍の大勝としてベトナム戦争史に残されている。サイゴンから近い場所としても当時注目をあびた。

臨時革命政府も国際報道団に見てもらいたかったのだろう。私も戦争史としてはよく知っているが現地へ行くのは初めてだった。バスの入れない道を歩いたが、現在は普通の村があるだけだった。巨大な米軍基地だったところはその後、南ベトナム軍、解放軍の基地として引き継がれたところがあるが、ここは激戦のあった場所として名をとどめるだけになっている。

次にベンチェ省に行った。メコン川はベトナム国内で二本の本流のほかいくつも支流が流れている。今はミトーとベンチェの間を流れるメコン川に橋が架かっているが、当時はフェリーだけだった。

ベンチェは六〇年一月一七日、女性のグエン・チ・ディンに率いられたゲリラで、初めは七人だったが政府軍の陣地を襲撃するにしたがって人数も武器も増え「ベンチェの蜂起」としてベトナム戦争史に残されている。私たちが訪ねた時、ベンチェ省軍事委員会では「中部ではクアンガイ省、南部ではベンチェ省の人民がいちばん早く立ち上がって戦いました」と語っていた。ディンはその後、南ベトナム人民軍の副司令官となった。ミトー、ベンチェの市場にも野菜、魚、肉などが沢山並んでいた。

モーカイという町では大勢の子どもたちが国際報道団を迎えた。銃を持ち黒い作業服姿の女性たちもいた。皆、手を振って心から外国人の来訪を喜んでいるようだった。戦争が終わって本当に良かったと思った。もう一本のメコン川を渡ってメコンデルタ最大の都市カントーに着いた。戦争中にも泊まったことのある、船着き場沿いのこぢんまりとした国際ホテルに泊まることになった。ホテルの前は私が勝手に思い込んでいる「世界一の露店市場」である。

朝、日が昇る様子を眺めた。スピーカーで早朝から革命を祝う放送を流していた。デルタ各地から、屋根まで沢山の農産物と水産物、農民、漁民を乗せた水上バスが船着き場に続々とやってくる。露店の列が以前に見た時より長くなって、ホテル玄関を通り越して並んでいた。戦争がなくなって危険なく農漁業に専念でき、兵士になっていた夫や息子が帰ってきて労働力が増えたためだと思った。露店市場の横には商店が並び農民、漁民が帰りに買っていく茶碗、箸、スプーン、懐中電灯、ランプ、石鹸《せっけん》、歯磨きなどの生活用品がある。子どものおもちゃや化粧品もあった。

「国際報道団」の行程すべてを中心になって手配してくれたのは革命政府外務委員会国際局新聞部のブイ・フー・ニャンさんだった。ニャンさんは臨時革命政府代表とともにパリ会談にも行っている。ニャンさんはベンチェ省で生まれたが、成人となってから解放闘争に身をおいたので一〇年以上故郷に戻っていないということで、わずかな時間を見つけてずっと会っていなかった母親に会いに行った。

## 従軍当時に取材した人と再会

この取材旅行を機にニャンさんと親しくなった。私が戦争中、一九六六年、クチにある米第二五歩兵師団のヘリコプターに乗って「ある村の作戦」を撮影した。二五師団は沖縄生まれの土池《どのいけ》敏夫一等兵、幸地達男軍曹がいたので何度も従軍していた。その時、目の前で叔父が撃たれ農民が殺される様子をじっと見つめていた少女がいた。少女の写真は「戦争を見る瞳」として写真集にも使用した。

戦場撮影では目的地がどこかも分からずヘリコプターで兵士とともに移動する。兵士も分からないのだ。この時は、クチ師団基地のヘリポートに集まった兵士たち、目標の村に降下するヘリコプター、ヘリコプターから飛び降りる兵士、撃たれた農民、銃を構える兵士、壕に手榴弾《しゅりゅうだん》を投げて殺した兵士を紐《ひも》でひきずり出す兵士、そういった状況を撮影した。

戦後、その村へ行き少女に会いたいと思ったが村がどこか分からない。ニャンさんに相談したら、後になって長野県の家に手紙と写真が送られてきた。村の場所、撃たれた農民、少女の最近の様子など細かく撮影して、作戦のあった日付、少女、農民の名前もある。完璧だった。さすが元解放軍の新聞担当と思った。

「戦争を見つめる少女」の名はファン・チ・ソーさんと言った。「ある村の作戦」は一九六六年一二月一二日、場所はハウギァ省チャンバン郡ロクフン村ロクビン集落。少女はこの時、一〇歳、一九五六年生まれ。倒れていた農民はグエン・ヴァン・ノー。横たわったノーを励ましているように思えた妻はファン・チ・ト、その腕に抱かれていた男の子はグエン・ヴァン・カム。これもすべてニャンさんの調査だった。

一九九一年五月、対文連は名称がプレスセンターに変わっていた。ニャンさんの調べに基づいて、グエン・クイ・クイさんと一緒に「ある村」を訪ねた。二五年ぶりだった。ソーちゃんはソーさんとなり三五歳。三歳の長女を抱いていた。年老いたソーさんの母親が横にいた。夫とは離婚していた。「二五年前、村が襲われた時のことは一生忘れることができない」と言った。銃声、アメリカ兵の叫び声が聞こえてとても怖かった、「自分も殺されると思った。お母さんを縛ろうとしたので皆で守った」と。

防空壕に逃げて、手榴弾を投げ込まれて殺されたバイ・チャウさんは遠くの村からノーさんを訪ねてきていたとのこと。恐らく労働党の人だったろう。その後も村には何回も米軍の攻撃があったという。ソーさんはノーさんの妻トさんの姉の娘だった。

ノーさんは七発の機関銃弾が肩、腕、足に当たったが致命傷とならず捕虜としてヘリコプターで連行されることになった。基地へ連れていかれたらどうなるか分からない。家へ帰って手さげ籠に必要品を入れ長女のトゥーちゃん（七）を連れて自分も夫と一緒に行くと米兵に頼んだ。でも米兵に追い返された。とぼとぼと母と二人の子が連れだって帰る後ろ姿を望遠レンズで撮影した。今、写真を見ると、戦争の悲しみが表れていると自分でも思う。

ノーさんはヘリコプターで第二五師団のドンズー基地へ連れていかれた。三日間、基地で尋問された後、ビエンホアの米軍基地で銃弾でくだかれた左足を切断手術、ビエンホア病院からロンビン収容所に移り調べられたが非戦闘員とし五カ月後に釈放された。

ノーさんは村へ帰って次男のクーさんが生まれた。片足を失っているせいか農業に専念できず昼間から酒を飲んで妻をいじめたので、妻のトは三人の子を連れて村を出ていったとソーさんが話した。私は、ノーさんが足を失わなければ妻と離婚することもなく息子や孫と会うこともできたろう、これも戦争の後遺症と思った。

村には実に未亡人の多いことに気がついた。政府軍、北ベトナム兵も含めた解放軍、合わせて約一四〇万人が戦死している。全員が結婚しているわけではないが、仮に四分の一の兵士が結婚していても三五万人が未亡人になったことになる。

ノーさん（五五）は母親（七八）と、妹のグエン・チ・テン（四三）とその息子と一緒にいた。テンさんの夫は解放軍の兵士で戦死した。ノーさんの元妻トさんはタイニン省のズオン・ミン・チャウ県で農業局に勤めているとのことで会いに行った。ノーさんが撃たれた時や、その後のことを聞きたかった。

でも、トさんと会えなかった。トさんに抱かれていたチャム君（二七）は結婚して赤ちゃんが生まれていた。チャム君は農業をしていた。母は親戚の家に行っているとのことだった。親戚の家に行ってみると、今日は来ていないというので私たちに会いたくないのかもしれないと思った。

次にソーさんと会ったのは二〇〇八年二月だった。「ある村」を訪れるとソーさんは引っ越したということだったが、ノーさんがいた。松葉杖はなくにじり寄るように移動していた。母親は亡くなり妹のテンさんが近くに建てた家に住んでいた。七〇歳になったノーさん一人で以前の古い家に住み、わずかな年金で暮らしているようだった。不自由な体で妹の世話を受けているのだろう。戦争に打ちひしがれたみじめな印象を受けた。子どもや孫がときどき会いにくると聞いて救われたような気持ちになった。

ソーさんが住んでいるという場所はチャンバンの市街から近いところだった。日曜日だったので縫製工場に勤めている長女、高校生の次女、夫がいた。大きくはないがレンガ造りの清潔な家だった。ソーさんは市場で雑貨を売っているとのことで、夫が迎えに行った。以前に「ある村」

の出来事の沢山の写真を渡してあるので家族も私のことを知っていた。

ソーさんの家は三方が広くひらけて横に小川が流れている。自転車に乗り急いで帰ってくる様子が遠くに見えた。一七年ぶりの再会にソーさんは私の手をとるようにして喜んでくれた。九一年に再会した時には、六六年の撮影していた時の私のことは覚えていないと言った。正面から顔の表情を大きく写したが、銃弾が飛んでいる状況でカメラマンに気づくどころではなかったのだろう。

九一年に渡した写真を幼い時の記録として大事にしているのだろう。二〇〇八年の再会の喜び方からそのように感じた。ソーさんを表紙にした九八年刊行『ベトナム報道35年』写真集をくいいるようにしてページをめくっていた。

二〇一九年。枯葉剤関連の取材中の帰りに寄ると家は留守だった。同行していたフィン・ゴック・ヴァン元戦争証跡博物館長が近所の人からソーさんの携帯電話の番号を聞いてソーさんに電話した。ソーさんは長女の家に次女とともに来ているが、事前に連絡をもらっていないので会えなくて残念だった、次女に孫一人、長女の出産も近いとのことだった。次回、ベトナムへ行った時、孫も含めたソーさん家族全員の記念写真を撮りたいと思っている。これは報道カメラマンの喜びである。

それにしても、「ある村の作戦」の少女がいまでは携帯電話を持ち、孫がいるということに時の流れを感じた。時と言えば「ある村」を探しあててくれたニャンさんは亡くなった。モーター

ゲリラたち。私が従軍している時には、解放軍兵士の姿は捕虜か死体でしか見ていなかった。終戦になって大勢の解放軍兵士が姿を見せた。クチ　1975年

バイクに乗っている時、トラックと衝突したとのこと。バイクの事故死は多い。初めて北ベトナム訪問の時から長く取材手配をしてくれたグエン・クイ・クイさん、ホー・モン・ディエップさんも病気で亡くなった。病気ではあるが高年齢にも達していた。

七五年六月、メコンデルタ訪問の後、「国際報道団」はクチへ行った。戦争当時、米軍はカンボジアから近いクチ周辺を「鉄の三角地帯」と呼びC戦闘ゾーンに指定して米第二五歩兵師団を中心に激しい攻撃を加えた。クチのゲリラはトンネルを張りめぐらせて戦った。私も第二五師団に従軍中、至近距離から銃撃を受けたことがある。ファン・チ・ソーさんの家も鉄の三角地帯の中だった。

戦争が終わって大勢現れたゲリラ、解放軍兵士たちを見て驚いた。米軍の敵を探す作戦に従軍中でも、見えない場所から銃弾が飛んでくるが、敵

の姿は見えなかったからである。私たちを撃っていたゲリラはあなたたちだったかもしれない、と冗談で言うと「あなたは生きていられて良かった」と笑っていた。

クチから帰って皆で臨時革命政府フィン・タン・ファト首相に会った。ファトは一九一三年メコンデルタで生まれ、一九六〇年、解放戦線副議長・書記長となった。ファト首相は会見で「一〇〇万人以上の人がふるさとへ帰ることができた。南部は戦争中に六〇万トンのコメを輸入していたが、来年からは輸出できるようになるだろう」など将来の展望を語った。明るくよく話をする人という印象だった。

サイゴンを離れることになったファト首相を撮影したことによって、南北の主だった政治家を撮影することができた。だが残念なことは、七二年に初めてハノイへ行った時にはホー・チ・ミン主席は六九年九月に亡くなっていて、撮影することができなかった。

もうひとつ、ベトナム戦争取材中、私たちの強い関心は北ベトナム首脳よりも解放戦線のグエン・フー・ト議長についてだった。フー・ト議長の存在はジャーナリスト皆が知っていた。しかし、私の勉強不足かもしれないがフー・ト議長は戦争中、戦後とジャーナリストとの単独インタビューはしなかったように思う。

私はハノイから来た対文連のグエン・クイ・クイさんとブイ・フー・ニャンさんに言った。「ホー主席以外の人びとは撮影した。帰ったらベトナム戦争写真集の出版を考えているが、フー・ト議長がないのでぜひ撮影したい」と希望を伝えた。翌日、一人で来てくださいと言われて、サイゴンのフランス時代に建てられたと思われる住宅に行った。そこにフー・ト議長が一人でいた。

私の紹介は済んでいたのだろう。握手をして「私は沖縄で生まれたが、沖縄の基地、日本本土の基地がベトナム攻撃に使われて申し訳ありません。沖縄でも多くの人がB－52爆撃機出撃、ベトナムへの補給、兵士の訓練に沖縄の基地が使われることに反対していました。六九年二月に嘉手納基地包囲デモもしました」と言った。

フー・ト議長は「日本、沖縄の人民がアメリカ軍のベトナム攻撃に反対していたことはよく承知しています。私たちは日本の人びとの支援に深く感謝しています。私たちが勝利を収めたのも世界の人びとの支援のおかげです。日本の皆様にありがとうと伝えてください」。そして「これからハノイまで自動車で行くそうだが健康に気をつけてください」と言った。

## サイゴンから陸路でハノイへ

七月二六日、「国際報道団」と別れてクイさん、本多さんとジープでハノイまで行くことになった。ハノイまで約一八〇〇キロ。逆にハノイからクアンチ省のドンハまでは七三年に本多勝一さんと一号道路を通ったので、ドンハまでの一号道路走破が私たちにとって未知の世界となる。

ベンハイ川までにあるクイニョン、ダナン、フエ、クアンチは戦争中、何度も訪れたが、従軍、反政府デモなどの撮影であって旅行ではなかったので、いつも軍の輸送機、民間航空で移動した。

六月一三日、ハノイから航路サイゴンに入ってから一カ月半、今度は陸路ハノイへ向かう。ホテルマジェスティックから出発する時、顔見知りになった部屋の掃除係、レストランのウェイター、エレベーター係、フロントの女性、皆さんに元気でまた来てくださいと言われた。「さらばサイゴンよ、また、来るまでは、しばし別れの涙がにじむ」と昔の歌にたとえた。

サイゴン川に架かる橋を渡って一号道路に入るとあとはハノイまで一直線である。戦争中、サイゴンから近いトゥドック、ビエンホアまでは友人の車やバスで何度も来たので、懐かしい光景だった。サイゴン陥落は無血入城となり、サイゴン市の周辺では大きな戦闘はなかったので建物も壊れていなかった。

しかし、ビエンホアまでくると戦闘のあとが少し残っていた。少しというのは解放軍は主としてビエンホア空軍基地を砲撃したからだ。ビエンホア空軍基地はダナン、タンソンニャットと並び巨大な基地だった。

一九六五年六月、ビエンホアがゲリラによって迫撃砲攻撃された後、「北海道新聞」の小林金三さん（論説主幹）を案内した時、基地入口を撮影すると私服の軍警察と思われる人に基地内に連れて行かれ、フィルムを渡せと言われたことがある。フィルムを渡さなかったが、隊長のような人が面倒になったのか釈放してくれたことがあった。その間、小林さんは基地の入口でずっと待っていた。その後、小林さんとは小樽の「すえおか」という酒場でベトナムの思い出話をしたことがある。ビエンホアに第三軍管区の司令部も置かれていた。

ビエンホアを過ぎてスアンロクに近づくにしたがって破壊された家などが目立ってきた。一号道路の中央に壊れた大きな戦車が放置されていた。ジープから降りて撮影すると、クイさんが「あれは解放軍の戦車です」と言った。その横をトラックが通った。交通の邪魔になるが重いのでまだ撤去作業が行われていないのだ。その後、破壊されたアメリカ製戦車、装甲車、トラックなどを各地で見るようになった。サイゴン軍が撤退の際に壊した橋もいたるところにあり、横につくられた道を通った。

スアンロクで突然、激しい砲声が聞こえてまだ戦争をしているのかと思ったら、記録映画の撮影で解放軍がスアンロクを解放した時の状況を再現しているとのことだった。一号道路は一時交通規制が行われ私たちも撮影が終わるまでしばらく待っていた。勝利した解放軍の余裕を感じた。

ファンランを通過した。戦争中の一九六七年ここまでは民間バスで来たことがある。沖縄出身で元日本兵だった當間元俊さんが灌漑《かんがい》工事の仕事をしているとのことで会いに行った。沖縄の同胞と久し振りに会ったと歓迎してくれた當間さんの表情を思い出す。當間さんは工事を請け負っている日本工営の通訳としてベトナム労働者やファンラン役場との間に立っていた。

當間さんとチャム民族の村へ行った時、チャム民族の若い女性が民族衣装を着て踊ってくれた。優しく人格者でもあった當間さんは誰からも好かれていたが今はもう亡くなっている。ベトナムで会った古い友人たちが亡くなっていくのは、ベトナム滞在中を第二の青春時代と考えているので寂しいことだ。

一九世紀にフランスがラオス・カンボジア・ベトナムを植民地にした時、現在の地図が確定したが、それまでこの一帯は中国、モンゴル、ベトナム、チャンパ、カンボジア（クメール）、タイ（シャム）の国々が入り乱れて戦闘をくり返していた。

大雑把《おおざつぱ》に分けると、一五〇〇年ぐらい前までは中国国境方面からクアンビン省のドンホイあたりまでがベトナム。ドンホイからビントゥアン省のファンティエトまでがチャム民族のチャンパ王国、そこから南シナ海に接したカマウ岬まではカンボジアだった。チャンパ王国はベトナムに滅ぼされ、サイゴンも含めメコンデルタ地帯もベトナムに占領された。これはインドシナ半島戦国時代のことである。ファンランからずっと通路沿いのところどころにチャンパ王国の遺跡が見えるような旅になった。

ハノイへの旅、第一日はニャチャンに泊まることになった。サイゴンから約六〇〇キロである。ニャチャンホテルに泊まった。以前は米兵が利用していたホテルである。今は使われていないが二階にナイトクラブがあった。市街は破壊されずにほとんどの建物が残っていた。しかし、商店街ではサイゴン軍による略奪がひどかったという。

この現象はフエまで同じだった。解放軍の進撃が早く戦闘になる前にサイゴン軍が崩壊したことで市街戦にならず建物は残った。崩壊前に鍵をかけて避難した商店も、サイゴン軍によって商品や家財を奪われた。地元の歩兵師団でなく、私が従軍した激戦地を移動するベトナム海兵隊、空挺部隊の兵士の略奪がひどかったという。知っている兵士もそのなかにいたかもしれない。従軍中、彼らは私に対し優しく親切だった。戦争がそういった兵士の気持ちを変化させてしまったのだと思った。陥落後のサイゴン、メコンデルタで民間人に迷惑をかけないという規律を守っていた解放軍兵士と対象的だった。

ニャチャン市内ではファンラン市とのサッカーの対抗試合が行われており大勢の解放軍兵士、民衆が見物していた。郊外にあるチャンパ遺跡を見物に来ている人たちもいて平和を感じた。私たちも遺跡に入ってみた。アンコールワットで見たシヴァ神や女性を現すヨニ、男性のリンガなどがあってチャンパ王国があったところだと実感した。チャム族は王国当時、ベトナム、カンボジア、タイなどに大勢住んでいたようだが一九六七年頃、中部地区には七万を超す人口とのことだった。

ニャチャンの海は遠浅で海水浴に適していて今は大勢の観光客が訪れているが、その時は市民と解放兵士が泳いでいる程度だった。大きな漁港がありベトナムで有数の魚醤《ぎょしょう》ヌクマムの産地でもある。道路脇でビンに入れたヌクマムを売っていた。

クイニョンからボンソンの街へ入った時は暗くなっていたが、休憩してコカ・コーラを飲んだ。まだ戦時中の商品が残っていたのだ。ボンソンにはヘリコプター離着陸基地と大砲陣地があった。一九六五年四月、ベトナム海兵隊のヘリコプター作戦に従軍したのもこの基地だった。その後、米第一騎兵師団の前線基地となり私も何度か同行取材した。「デビィクロケット作戦」で農村を包囲して爆撃と機銃掃射を加えた時も、部隊はボンソンから出撃した。

ボンソンから近いタムクアンは通り過ぎた。ここでは、六五年四月、ベトナム海兵隊に従軍して、泊まり、町全体を解放軍に包囲され夜通し恐怖を感じていた。戦闘の後の市場でビンロウの実を売っていた一七歳の美少女、チャン・チ・ゴック・アンさんの生まれた町でもある。アンさんは今、ホーチミン市に住み布地を販売している。二〇〇五年に会った時、四人の息子と長女は成長して、長男の婚約者もいた。今、何人のお孫さんがいるだろう。彼女も戦争のなかを生き抜いて子ども、孫と命を継いできた。「命どぅ宝」（命こそ宝）である。今度全員記念写真を撮りたい。

ジープの窓から町の様子を眺めいろいろなことを思い出しながら旅を続けた。暗くなってクアンガイ省の中心地に到着した。小さなベトナム式ホテルに泊まった。日本式で呼べば旅館のようなところだ。

ベトナムの朝は早い。五時になると市内の大きなスピーカーから解放の意義を説く放送と革命の歌が流れる。これはメコンデルタでも同じだった。市場が動き出し、農民は田畑へ行く準備をする。商店は開店の用意をした。これは戦争中と同じだった。テレビの普及していない頃、人びとの寝るのは早かった。

翌朝、旅館でブンと呼ばれる米粉でつくったウドンを食べた。短い太めのウドンに熱い鶏のスープをかけ、香草を手でちぎって入れ青い小さなチャンというレモンを絞る。旨かった。

## 虐殺のソンミ村

米兵が大勢の村民を〝虐殺〟して日本でも広く知られた「ソンミ村」へ行った。死者の数字、村、人物の名前は一緒に行った本多勝一記者のその時の記録による。

現場はクアンガイ市から海の方へ約一五キロ、ジープで二〇分足らず。虐殺の村が市街から近いので意外だった。しかし、考えてみると政府支配の町から三キロも離れると競合区となって、夜はサイゴン政府の役人や兵士が少人数では入っていけない場所が多かった。一九六六年の五月頃、バスでタイニン省へ行く時、町から一キロもない一号道路(当時)の端に米兵たちが伏せて銃を構えているのを見て笑ってしまった。一般の人が歩いているところでも何も知らない彼らには敵地だったのだ。

ソンミ村は南ベトナム政府時代につけられた名で、今は元のティンケー村となっている。でも分かり易いようにここではソンミ村にする。村の革命人民委員長、労働党委員長が説明してくれた。虐殺が起こったのは一九六八年三月一六日。殺された人は五〇四人。虐殺現場のミライ村のツークン集落で四〇二人、コールイ集落一〇〇人、村を訪れていた人二人。

五〇歳以上の男二五人、女三五人。一六歳以上四九歳以下男ゼロ、女一六五人。一五歳以下の少年九五人、少女一二二人。生後五カ月以下の乳児三五人。妊婦二五人。破壊、焼かれた家二四九軒、殺された家畜(牛、水牛、豚)一万一三頭。青年、壮年がゼロなのは南ベトナム政府軍か解放軍に入隊か、海へ出漁していたなどと考えられる。

本多さんは生存者三人にインタビューした。ソンミ村虐殺は長く米軍上層部に隠されていたが六九年一一月一七日付の「ニューヨークタイムズ」が報道、一一月二二日付「朝日新聞」伴野特派員がソンミ村へ行った記事を掲載している。二九日付「赤旗」、一二月三日付「読売新聞」などが報道している。七〇年一月一九日号アメリカ写真週刊誌「ライフ」の虐殺現場の写真は衝撃的だった。

事件の起こった六八年、私はサイゴンに滞在していたがソンミ事件を知らなかった。しかしそれは私だけではなく、誰も知らなかったと思う。六九年は帰国していたが一二月八日、東京に留学していたベトナム人学生たちがアメリカ大使館に抗議デモをした様子を撮影し、一二月一六日号「アサヒグラフ」に掲載した。留学生たちはサイゴン政府側で仕事をしている親たちの子弟が多い。その彼らが「ベトコン」村の住民を殺したことに怒りの声をあげていた。抗議のコブシを上げながら涙を流している学生もいた。米兵に殺された同胞に同情したのだろう。

「ライフ」誌には、幼い弟を守るようにして道路上に伏せている子どもの写真がある。説明には米兵は二人の子どもが死ぬまで撃ち続けたと書いてあったが、ソンミ村にもその「ライフ」があるのを見た。実は兄の方は生き残っているという。

ツークン村に住む兄のドー・バア君（一二）は五人家族だった。父親はゲリラで負傷して捕まりコンソン島へ送られた。五歳だった事件の日、母は二歳下の妹、バア君は歩き始めた弟を抱いて庭の壕に避難した。アメリカ兵が来て親子四人を灌漑溝の方へ追いたてた。弟を抱いて転んだ。その時に撃たれたのではなく、起き上がってまた弟を抱いて大勢の人が集められている灌漑溝へ行って、そこで一斉射撃を受けて村の人とともに母、妹、弟も殺された。バア君は村民の死体の

「ライフ」誌にソンミ村の虐殺現場写真が掲載され世界で大問題となった。写真で弟をかばってうつ伏せになっていた少年ドー・バア君は当時5歳。両親、妹、弟を失って一人ぼっち、線香けむる部屋で寂しそうだった。ソンミ村　1975年

下になり奇跡的に生き残った。

七五年、全土解放で父親もコンソン島から帰ってきたが、監獄で体が弱り私たちが訪ねた一カ月前に亡くなったという。四人の線香台が並ぶ家でバア君は、私がこれまで見たことのない寂しそうな表情をしていた。孤児になってほかの集落の叔母の家の世話になっていた。

同じ集落のドー・チ・ドアン（七五）おばあさんは、夫、二人の息子、その家族の八人が殺され、ドアンさんと五歳になる孫の女の子が生き残った。バア君もいた灌漑溝には約一七〇人が追い込まれて、機関銃、自動小銃の一斉射撃を受け、手榴弾を投げ込まれたという。ドー・ホアイさん（四三）たちは農道に集められて一斉射撃された。母親と子ども二人、兄とその子三人が殺された。妻と長女

は市場に行っていて助かった。ホアイさんも首に重傷を負ったが生き残った。

本多さんの横で聞いていてもつらく、米兵に対する怒りが湧いてきた。肉親を失い、やっと父親が帰ってきたのにその父親も死んで、孤児となったバア君の力ないぼそぼそと話す声から、悲しみが伝わってきた。

ベトナムから帰って『ソンミ』（セイムア・M・ハーシュ著　小田実訳　草思社）を読み、ソンミ事件について詳細を知った。さらに最近、南山大学の藤本博ほか四人が訳された六〇〇ページの『ヴェトナム戦争 ソンミ村虐殺の悲劇』（明石書店）を読んだ。イギリスのテレビ局の番組のドキュメンタリー映画製作のために、マイケル・ビルトン、ケヴィン・シムの二人が事件を起こした小隊のウィリアム・L・カリー中尉ほか隊員、上層将校、ソンミ村の人びとほか、実に多くの証言を集めている。

兵士たちは、農村女性を子どもの前で強姦し殺した。兵士たちの蛮行、ソンミ事件をもみ消そうとする軍上層部、軽い刑となったカリー中尉と罪に問われない犯行兵士、カリー中尉を英雄視したアメリカ社会。この本は戦争とは何かを教えてくれる。六〇〇ページは私が印したマークで黄色くなった。

ソンミ村を撮影していると大勢の子どもたちが集まってきた。カメラに触ったり、カメラバッグを持ってくれたりする。カリー部隊に殺された子どもたちも生きていれば、これからいろいろな人生を送ることができたろうと、残念だった。

クアンガイの次の宿泊地はダナンである。途中、チュライ基地が見えた。以前は米第一海兵師団、ベトナム第二歩兵師団、韓国海兵隊などが使っていた。今は解放軍が駐留していた。使用されない米空軍のシェルターが並んでいた。ダナンはサイゴンに次ぐベトナム第二の都市である。戦争中は米海兵隊プレスセンターがあったところで、よく利用した宿泊施設、バー、レストランがあった。ここのプレス担当将校に取材目的を話すと、前線の海兵隊に合流するヘリコプターを手配してくれたものだった。

当時、第一軍管区司令部があったので南ベトナム政府軍兵士、チャイナビーチで休戦を過ごす米兵、米軍基地で働くフィリピン人、日本人などで市内は雑然としていた。

解放軍の攻略に対しダナンは守備の要衝だった。第三師団、海兵隊、空挺隊がフエから続く一号道路のハイヴァン峠など四方を固めた。しかし、フエ、タイグエンの陥落でサイゴン政府軍は浮き足立っていた。戦車隊とともに攻めてくる解放軍を見て海兵隊リン司令官、第一軍管区チュン司令官はヘリコプターで逃亡、残った一一万の兵士はダナンを守ることが出来ず戦死、捕虜となった。海軍基地、ダナン飛行場も占領された。

今は外国人はいなくなり静かだった。昔のプレスセンターに寄ってみたが倉庫があるだけで人影がなかった。南ベトナム最後の宿泊地はフエである。ダナンから一駅だけ列車体験をした。各所で鉄道の復旧作業が見られたがダナン－フエ間が部分開通していた。午前、午後一日二回往復するとのこと。貨物車に乗っている人もいた。一四両編成で最後尾の一両は老人、妊婦、幼児専用だった。お客はそれぞれにワイワイと語り合っていた。

古都フエの中心に香川《フォン》が流れ阮《グエン》王朝時代の宮殿が残り、各時代の皇帝の廟もある。戦争中、私もときどき、気分転換にフエに来てフォン川のほとりにある小さなフエホテルに泊まって、川を眺めながらコニャックソーダを飲んだ。管理人夫婦と高校生の一人娘も感じの良い人たちだった。北部のハノイ、中部のフエ、南部のサイゴンは歴史上ベトナムを代表する場所である。フエは仏教徒の多いところである。

フォン川のほとりにある七層の塔で知られるティエンムー寺には、六三年六月一一日、ゴ・ディン・ジェム政権の仏教徒弾圧に抗議して焼身自殺したティク・クアン・ドゥック師が乗った自動車が置かれている。ドゥック師はこの自動車に積んだガソリンを被って火をつけた。

解放軍は七五年三月二一日、フエ攻撃を開始した。フエを守備していたサイゴン軍歩兵第一師団、第一四七海兵旅団は大混乱となった。南への一号道路は封鎖されたのでトゥアンアン軍港方向へ戦車、装甲車で行って軍艦での脱出を図ったが、１３５ミリ砲撃によって壊滅状態になった。トゥアンアンのトンミイ基地には破壊された戦車、装甲車が散乱し、沢山の軍服が波打ち際の鉄条網にかかっていた。

サイゴン、メコンデルタで改造学習を受けるサイゴン軍将兵の姿、破壊されたアメリカの誇る近代兵器の残骸を見て、ベトナム戦争というひとつの時代の終わりを感じた。

七三年に訪れたクアンチ省の南ベトナム最北端の町ドンハを通った。その二年前には米軍の爆撃で町全体が破壊されていたが新しい建物も増え戦争の傷跡から立ち直っていた。解放から二年が過ぎて人びとの生活も安定しているようだった。七三年に南北ベトナムを分けたタクハン川は、もう「境界」ではなくなっていた。

七三年には、ベトナム民主共和国の旗が立ちサイゴン軍兵が守っていたタクハン川の南から橋を渡ってベンハイ川へ向かった。地雷の埋まった非武装地帯だったところでは農作業をしている人の姿が見られた。解放後二年間で撤去されたのだろう。

ベンハイ川に到着した。七三年に渡った浮橋は無くなり頑強で大きな橋がかかっていた。新しいヒエンルオン橋である。南の戦場で凱旋《がいせん》し北の故郷へ帰るトラックが次々と橋を渡っていった。後ろには兵士が大勢乗っている。撮影していると手を振って応えていた。喜びに満ちた笑顔だった。

南の戦場で命を失った兵士は大勢いただろう。無事に家に帰ることができてよかったね、と祝福の気持ちで見送った。

ベンハイ川。北ベトナムと南ベトナムを別《わ》ける軍事境界線（北緯一七度線）として、ベトナム戦争を表すひとつのシンボルとなっていた場所である。私自身にとっても、六四年八月に初めてベトナムの土を踏んでから一一年、貴重な体験をした人生の歴史を象徴する川だったと言いたい。いろいろな思いを込めてヒエンルオン橋を渡ってハノイへ向かった。

## あとがき

ベトナムへ行ったのは私の意思ではなく、偶然だった。一九六四年八月、米軍が初めて北ベトナムを爆撃した「トンキン湾事件」が起こって、ニュースカメラマンとして勤務していた香港の映像プロダクションからドイツのテレビ局の仕事で出張を命ぜられて、サイゴンへ行った。

当時の私は最終目的地をアメリカにした無銭旅行者で、香港はその第一歩の土地だった。その時までベトナムでは戦争をしているくらいの知識で、ベトナムへの関心はなかった。一〇月には「ニューヨーク教育テレビ」の仕事で再びベトナムへ行ったことで、香港の次はベトナムで戦場を取材しようと決めた。好奇心から戦争とはどんなものか知りたいと思ったことが、大きな理由だった。

そして六五年一月八日、サイゴンへ向かった。ベトナムに住み六八年一二月二八日に日本へ帰国するまで南ベトナム政府軍、米軍に同行して撮影を続けた。

二六歳から三〇歳までの四年間にわたるベトナム戦争従軍生活で自分はどう変わったか。①世界一周無銭旅行計画者から報道カメラマンとなった、②多くの戦争犠牲者を見て強い反戦意識が生じた。

六八年の末に帰国してからも、二〇一九年までほぼ毎年ベトナムへ行っている。そうやってカメラマンとしてひとつの国の変化を長期間記録できることは喜びである。六九年からは、戦時下のベトナム、カンボジア、国境紛争、ベトナム軍のカンボジア侵攻、中越戦争、そしてドイモイ（刷新）政策による国の発展、枯葉剤被害者などを撮影している。

## 七五年に戦争終結して以降のベトナムに関する私の撮影と意見

①北ベトナム軍の攻略時、ベトナムを脱出しようとした南ベトナムの人びとの気持ちが、心情的に統一を願っていた私には理解できなかった。北ベトナム軍、解放戦線の人たちは恐ろしくないことを私は知っていた。

②予想外に早くサイゴンが陥落して、南ベトナム解放後の方針を持っていなかった北ベトナム政府と解放戦線は、ポートピープルを生じさせたように、その後の方針を誤ったと思う。

③ジュネーブ協定以前から南ベトナムに住んでいたベトナム人、外国人は新政権のコントロールする国家計画経済政策に付いていけなかった。ベトナムの独立のためにベトミンに入ってフランス軍と戦い、ベトナム人女性と結婚し子を育てていた元日本兵たちはサイゴンの日本商社で働いている人が多かった。その人たちは政権が変わってもベトナムに残りたいと考えていたが、すべての外国人とともに国外への退去を命じられた。

④ベトナム人、華僑、外国人などの企業家が国外に出されたので、残ったベトナム人たちに働き口がなかった。アメリカの援助を受けていた一〇〇万人を超える元サイゴン軍兵士たちも収

入を失った。多くの人びとがボートピープルとなってベトナムを脱出した。

正式出国には受け入れ国の証明書を提出し、財産の持ち出し制限などの厳しい条件があった。私も八六年九月、旅客船ピースボートが南シナ海で二二人のボートピープルを救出するところに居合わせた。元サイゴン軍の兵、労働者、その家族で子どももいた。皆、食料、水が少なく悲惨な状態だった。戦後一一年が過ぎても命がけで国を出る人たちがいたのだ。

シャッターを下ろした商店街ドンコイ（前トウヨー）通り。現在はホーチミン市一の商店街。 1980年

カンボジアのポル・ポト軍に殺害されたベトナム農家の家族。キエンジャン省　1978年

カンボジア領内で作戦をするベトナム軍。 1979年

⑤八六年一二月以降、市場経済（ドイモイ）を取り入れてからベトナムは大きく変化した。八七年二月、北部中国国境から南部先端のカマウ省まで自動車で縦断した時、ハノイから近いニンビン省の観光地には、若者も含め大勢の人が小舟に乗ったり寺院を回って楽しんでいるのを見た。各所に小さな食堂が並び金を売る店もあった。ベトナム人にとって金は財産となる。そして現在の繁栄に至っている。各市内をオートバイが走りアジアでいちばん活気ある国だと思っている。日本からの航空便はいつも満席である。

⑥七八年一二月、ベトナム軍のカンボジア侵攻でプノンペンのポル・ポト政権はタイ国境に逃避し、ベトナムにアメリカ、日本そのほか西側世界から批判が集中した。八〇年、国連はポル・ポト首相の民主カンボジアを承認したのでベトナムは孤立した。当時、ポル・ポト政権による民衆虐殺やポル・ポト軍のベトナム攻撃は、日本では報道されていなかった。

カンボジアの鎖国政策で外交官、ジャーナリストも入国できずカンボジアの状況が伝わらなかった。外国で虐殺が報道されても同じ民族での大量虐殺はないという考えなどからだった。アメリカに勝ったベトナムが小国カンボジアを攻撃した。だから虐殺からの解放ではなく侵略と見る人が多かった。その中にはベトナム戦争でアメリカを批判していた人たちも含まれていた。

本多勝一さんとともに七八年二月にハノイへ行った時、ファン・ディン・ビン対外文化連絡委員長からサイゴン陥落四日後にカンボジア軍がベトナムのフーコック島とトーチュー島を攻撃し、七七年四月三〇日には大規模攻撃によってアンジャン省のベトナム人が一〇〇〇人以上殺されたなど、ポル・ポト軍のベトナム攻撃の話を聞いた。

七八年三月、タイニン省の攻撃された町、アンジャン省とドンタプ省でポル・ポト兵捕虜、戦死兵を撮影、キエンジャン省では三〇人ぐらいのベトナム農民の虐殺死体を撮影した。タイニン省のカンボジア難民キャンプで本多さんが大勢の人からポル・ポトの虐殺の話を聞いた。（『カンボジア大虐殺』本多勝一　朝日新聞社）

中国軍侵攻で避難してきた人びと。ベトナム、カオバン省　1979年

こうして私たちはポル・ポト軍の虐殺とベトナム攻撃を知ったが、この時多くの日本人はこの虐殺を知らなかった。七八年一二月、ポル・ポト政権が崩壊した時、虐殺は終わったと喜んだが、ベトナム軍の侵攻には複雑な気持ちだった。

プノンペンほか都市や町の住民を農地・荒野に移動させての重労働に食事を満足に与えず餓死者が多いということは、難民キャンプで知っていたが虐殺を直接に見ていないので実感が伴わなかった。翌七九年五月、無人のプノンペンを歩き、政治犯を殺害し、床に血が固まったツールスレン刑務所を見た。地方で、大勢の死体が埋まったまま腐敗して軟らかくなった地面を歩いて揺れを感じた時、身体が震え虐殺を実感した。この時のポル・ポト政権の虐殺報道に、虐殺を信じない人から多くの批

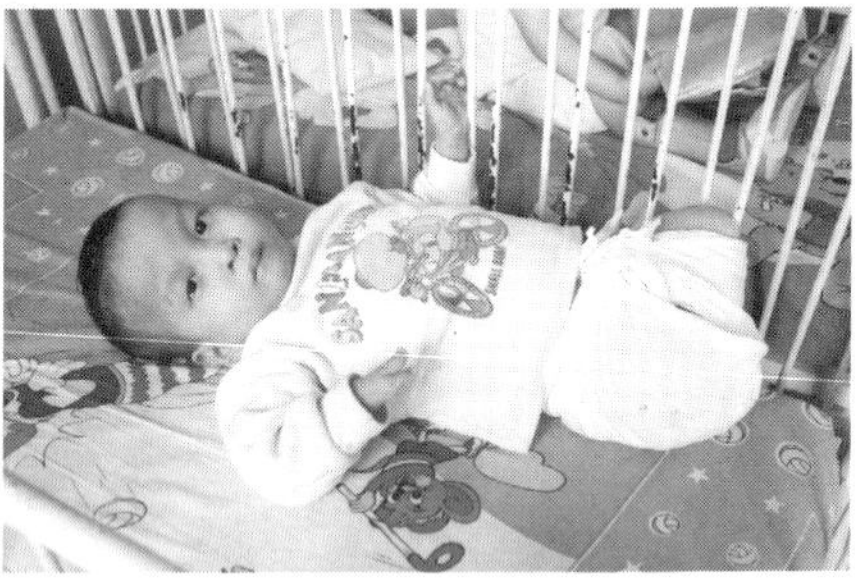

枯葉剤の影響を受けた子がいまも生まれている。
トゥーズー病院平和村　ホーチミン市　1996年

ゾクミョウ米海兵隊基地跡に建った小学校の生徒たち。ベトナム　2005年

判を受けた。翌八〇年、カンボジアを再訪した時、掘り出された骨が穴の周囲に並んでいた。

アンコールワットにはまったく人がいなかった。

二〇一八年、カンボジアへ行った時、ツールスレン、アンコールワットには大勢の観光客が訪れ、無人だったプノンペンも活気に溢れていた。ベトナムによる侵攻がなくポル・ポト政権が続いたら、カンボジアの復興は遅れていただろうと思っている。われわれ報道カメラマンは現場を見て物事の是非を判断する。

⑦一九七九年二月一七日、六〇万人の中国軍が六省にわたる国境から一斉にベトナムへ侵攻した。中国軍は三月一八日に撤退して中越戦争は終わった。私は四月にランソン省、カオバン省を取材した。ランソンの国境で行われた捕虜交換を見ながらベトナム戦争で中国はベトナムを支援

したが、中国が支援したポル・ポト政権を攻撃した報復として、今度はベトナムに侵攻するという自国の利益を優先する政策を感じた。戦争の原因はどの場合でも、〝国益〟だと思っている。

⑧八七年、米軍が枯葉剤を散布したベトナム南部カマウのマングローブ地帯ウーミンの森を撮影してから枯葉剤被害の取材を続けている。米軍は六一年に解放軍が拠点とする森林に枯葉剤を散布した。米軍とサイゴン政府軍が散布した量は八〇〇〇万リットル。

枯葉剤のエージェントオレンジに含まれたダイオキシンによって脳や体に先天性障害の影響を持った赤ちゃんが今でも生まれている。

ベトナム全体の統計はないが、ホーチミン市のトゥーズー産科婦人科病院で九三年からとっている詳細な統計を私は持っている。手元にある二〇一四年の表では六万三七〇五人生まれて先天性障害のある赤ちゃんが一〇三〇人。翌一五年は六万八八五四人誕生、先天性障害一六五一人と増えている。この傾向は今も変わらないが、最近は事前検査で胎児が明らかに障害を持っていると分かった場合は、病院と妊婦、家族と話し合って堕胎もするとのこと。

現在は戦後生まれの両親の孫に障害が現れている。戦争中直接被害を受けた親からは四代目となる。母親の胎盤、母乳から子に遺伝して五代、六代たてば、先天性障害児の誕生がなくなるという保証はない。二〇一九年も枯葉剤関連を取材した。アメリカの支援で元ビエンホア空軍基地の除染作業が始まっていたが、アメリカは枯葉剤と先天性障害の因果関係を認めず、補償を拒んでいる。

第一章から第五章までは、二〇一一年〜一三年に月刊誌「公論」に連載した。年月日の表示はその時のままにしてある。本書は朝日文庫『戦場カメラマン』を担当した田島正夫さんに大変お世話になりました。深く感謝しています。

二〇二〇年一月

石川文洋

## 年表（ベトナムの簡単な歴史を記す）

紀元前二五八年　アン・ズオン王《ヴオン》、コーロア（古螺＝ハノイ郊外）を首都として「アウラク国」（現在のベトナム北部）を建てる。
紀元前二〇七年　秦始皇帝の官吏、チョー・ダ（趙佗）による侵略。中国のベトナム支配始まる。
紀元前一一一年　漢の武帝、ベトナム支配。
紀元四〇年　チュン・チャク、チュン・ニの姉妹が蜂起して漢軍を攻略。ベトナムが独立。ハイ・バー・チュン（チュン姉妹）は英雄として現在ベトナム各地の通りに名を残している。
四三年　漢軍、ハイ・バー・チュンを倒し、再び中国支配。
五四四年　リ・ビが「ヴァン・スアン」国（ベトナム）を樹立。
六〇二年から　中国の隋、唐など中国支配が続く。
九三八年　ゴ・クエンがバクダン川で中国軍を破り、コーロアを首都に独立を果たし「ゴ朝」を建てる。
この間、約千年中国支配と独立の闘いがくり返された。
一〇一〇年　リ・コン・ウアンは首都をタンロン（ハノイ）に移した。一〇五四年、リ・タイン・トンは国名を「ダイベト（大越）」とした。現在、観光客がハノイ「文廟（ヴァンミュウ＝孔子廟）」を訪れるが一〇七〇年、リ朝によって建立された。
一二五八年、八四年、八八年とモンゴルの元軍の攻撃を受けるが撃退している。
一四〇七年　中国の明軍、ベトナム支配。
一四二七年　レ・ロイとグエン・チャイ軍は明軍を破り、翌二八年ハノイを首都にして「レ朝」を築いた。ベトナムはこれまで軍閥による内戦が続いていたが、レ朝に落ち着くと中部のチャンパ王国に侵略を開始。
一六五八年　グエン一族、チャンパ王国最後の拠点ファンティエトを占拠、チャンパ王国滅亡。
一六九六年　グエン一族、カンボジア領土であったサイゴン、ビエンホア地区を植民地にする。
一七八六年　タイソン（現ビンディン省）のグエン・フエ、南北統一し、一七八八年「タイソン朝」を建てる。

一八〇二年　カンボジア領であったミトー、ヴィンロンなどメコンデルタを占領していたグエン・フック・アインはタイソン朝を破りフエを首都に「グエン朝」を樹立。
一八〇四年　グエン朝は国名を「ベトナム（越南）」とした。この年に、ハノイの北部、フエの中部、サイゴンからメコンデルタまで現在に至る統一ベトナムが誕生した。
一八五八年　フランス・スペイン連合軍ダナンを占領。一八八四年フランスはベトナムを植民地にした。ラオス、カンボジアもフランス領インドシナに編入された。
一九一七年　ロシア一〇月革命。
一九三〇年　グエン・アイ・クオック（ホー・チ・ミン）が中心となり香港でベトナム共産党創立（同年インドシナ共産党と改名）。
一九四〇年　日本軍ベトナム北部へ進駐。
一九四一年五月　ベトミン（ベトナム独立同盟）結成。七月、日本軍南部進駐。
一九四五年三月　日本軍、仏軍を武装解除。日本軍管理下でフエを首都にバオ・ダイ帝「ベトナム」独立宣言。
八月　日本敗戦。ベトミンが八月革命。
九月二日　ホー・チ・ミン主席、ハノイで「ベトナム民主共和国」の独立宣言。
一九四六年一二月　仏軍、ハノイを攻撃して第一次インドシナ戦争が開始される。
一九四九年　サイゴンにバオ・ダイを元首として仏連合内ベトナム国樹立。
一九五〇年　朝鮮戦争勃発。米軍事援助顧問団（ＭＡＡＧ）サイゴンに設置。
一九五三年一月　アイゼンハワー大統領就任。
一九五四年五月七日　ディエンビエンフーで仏軍降伏。七月二一日ジュネーブ協定でベンハイ川の北緯一七度線を暫定軍事境界線とし、五六年の南北統一選挙を決める。
一九五五年一〇月二六日　統一選挙を拒否してサイゴンにゴ・ディン・ジェム大統領の「ベトナム共和国」が樹立。ベトナムは南北に分断。
一九六〇年一月　メコンデルタ、ベンチェでグエン・チ・ディン女史を中心に武装蜂起。
一二月　南ベトナム解放民族戦線結成。

一九六一年一月　米ケネディ大統領就任。トルーマン、アイゼンハワーのベトナムを失えば共産主義国が増えるというドミノ理論を引き継ぐ。
四月二九日　ケネディ大統領、米特殊部隊四〇〇人と軍事顧問一〇〇人の派遣を決定。ベトナム海兵隊、空挺隊、レンジャー隊を創設訓練。
一九六二年二月　米、MAAGを改組、MACV（米南ベトナム援助軍司令部）を設立。顧問団四〇〇〇人となる。司令官にポール・D・ハーキンス大将。
一九六三年一月　メコンデルタ、アプバクで南ベトナム政府軍大敗。
六月　クアン・ドゥック師、ジェム政権の仏教徒弾圧に抗議しサイゴンで焼身自殺。
一一月　ズオン・ヴァン・ミン将軍たちのクーデターで二日、ジェム大統領、ニュー顧問の兄弟が殺される。ケネディ大統領暗殺。ジョンソン大統領就任。
一九六四年　グエン・カン将軍、クーデターで首相。
六月　MACV司令官にウィリアム・C・ウェストモーランド大将就任。
八月二日、「トンキン湾事件」、五日、北爆（北ベトナム爆撃）。筆者は初めてサイゴンに行く。
一二月　ビンジアで政府軍大敗。
一九六五年一月　韓国軍第一陣二〇〇〇人、サイゴン到着。この時、筆者も香港からサイゴンへ移住しニュースの取材をした。
二月　解放軍、プレイク空軍基地を迫撃砲攻撃。この時も筆者はプレイクへ行った。米軍は報復措置として北ベトナムを爆撃。
三月二日からは連日、恒常的爆撃となった。
三月八日　米海兵隊三五〇〇人が初の戦闘部隊としてダナン上陸。
六月一八日　グエン・ヴァン・チュー国家指導委員、グエン・カオ・キ首相就任。
七月二九日　沖縄を発進した三〇機のB－52がサイゴン南方を爆撃。
一一月　カンボジア国境に近いイアドラン渓谷で北ベトナム軍と米第一騎兵師団が激突。
一二月二一日　米、枯葉剤散布を発表。

三一日　南ベトナムの米軍、一八万四三〇〇人。

一九六六年三月　カオ・キ首相、グエン・チャン・チ第一軍管区司令官解任。サイゴン、フエ、ダナンで仏教徒抗議デモ。

七月一九日　ホー・チ・ミン主席「独立と自由ほど尊いものはない」と国民に徹底抗戦を訴える。

一二月三一日　米軍三八万五三〇〇人。

一九六七年四月一五日　ニューヨークとサンフランシスコで約五〇万人のベトナム反戦集会。

五月　ストックホルムで行われた「ベトナム戦争犯罪国際法廷（ラッセル法廷）」でアメリカに有罪判決。

六月　北ベトナムで撃墜された米軍機二〇〇〇機。

八月　マクナマラ国防長官は「爆撃で北ベトナムを交渉のテーブルにつかせることはできない。北爆の拡大は無意味」と証言。

九月　グエン・ヴァン・チュー大統領、グエン・カオ・キ副大統領就任。

一一月　佐藤首相、米国のベトナム政策支持の日米共同声明。第二回ラッセル法廷。日本、タイ、フィリピン政府をアメリカの共犯者と有罪判決。

一二月三一日　米軍四八万五三〇〇人。

一九六八年一月三〇日　解放軍によるサイゴン、ダナン、フエなど各都市への一斉攻撃開始（テト攻勢）。

三月一六日　ソンミ村の住民に対する米軍の大虐殺（六九年一一月報道される）。

三月二二日　MACVウェストモーランド司令官更迭、後任にクレイトン・エイブラムズ大将。

五月五日　解放軍第二次都市攻撃開始。私も詳細に撮影した。

五月一三日　米国と北ベトナムによるパリ会談第一回本会議。

一〇月三一日　米ジョンソン大統領、北爆全面停止を発表。

一一月六日　米ニクソン大統領となる。

一二月の末、私は四年間のベトナム滞在から帰国。

一九六九年一月　北ベトナム、米国、南ベトナム政府、解放戦線による第一回パリ拡大会談開く。

三月六日　米軍五四万一五〇〇人、同盟軍七万二〇〇〇人と発表。

六月八日　南ベトナム共和国臨時革命政府樹立。ミッドウェー島でチュー大統領とニクソン大統領が会談。
七月八日　米軍撤退第一陣八一四人が米本土へ出発。
八月四日　キッシンジャー大統領補佐官とレ・ドク・ト北ベトナム・パリ会談特別顧問、第一回秘密会談。
九月二日　ホー・チ・ミン主席死去（七九歳）。
一二月一五日　ニクソン大統領、米軍の役割をサイゴン政府軍に肩代わりさせる「ベトナム化計画」を発表。

一九七〇年二月　ラオス愛国戦線勢力、ジャール平原制圧。筆者ラオス取材。
三月一八日　ロン・ノル将軍、シハヌーク国家元首解任クーデター（カンボジア）。
四月　ロン・ノル軍、在カンボジアベトナム人虐殺。筆者取材。米、ロン・ノル軍へ武器援助発表。
四月三〇日　米軍、サイゴン政府軍カンボジア侵攻作戦。筆者取材。

一九七一年二月八日　サイゴン政府軍ラオス侵攻作戦（ラムソン七一九号作戦）を開始するが敗退。
四月二四日　ワシントンで三〇万～五〇万人参加の反戦集会。米国防省、米軍死者五万四二八四人と発表。
六月一二日　「ニューヨークタイムズ」が国防総省秘密報告書を連載。米政府中止要請。最高裁は掲載を認める。
七一年、延べ一〇〇〇機が北爆。一一月三〇日の米軍一八万九五〇〇人。

一九七二年二月二一日　ニクソン訪中。
三月三〇日　解放軍春季大攻勢。
四月～五月　B－52を含む米軍機ハノイ、ハイフォン、紅河堤防爆撃。
五月二二日　ニクソン訪ソ。
一〇月二六日　北ベトナム政府、九項目和平協定と米国との交渉過程を公表。筆者北ベトナム取材。
一二月一八日　米、ベトナム戦争史上最大規模のB－52を含むハノイ、ハイフォン爆撃を開始。

一九七三年一月二七日　米、南チュー政権、北ベトナム、臨時革命政府、ベトナム和平協定に調印。
三月二九日　ニクソン、ベトナム戦争終結を宣言。
六月四日　レ・ズアン総書記、ファン・ヴァン・ドン首相訪中。
九月二一日　日本、北ベトナム国交樹立。
一九七四年一月～二月　西沙諸島、南沙諸島でサイゴン軍、中国軍と武力衝突。
八月八日　米ニクソン辞任、フォード大統領就任。
一九七五年一月六日　解放軍の攻撃によりフォクロン陥落。
三月一一日　バンメトート陥落。一九日　クアンチ省陥落。二〇日　チュー大統領、コンツム、プレイク省の放棄を発表。二五日　フエ陥落。二九日　ダナン陥落。三〇日　フォード大統領、南ベトナム沿岸難民救出を指令。
四月一七日　カンボジア・プノンペン陥落、ロン・ノル政府消滅。二一日　チュー大統領辞任。二八日　ズオン・ヴァン・ミン大統領就任。二九日　米人総引き揚げ、米大使館閉鎖。
四月三〇日　ミン大統領無条件降伏声明、サイゴン陥落。一七度線でベトナムが南北に分断されてから二〇年続いたベトナム戦争は終結した。
一二月二日　ラオス人民民主共和国樹立。スファヌボン大統領就任。
一九七六年一月五日　「民主カンボジア」樹立。四月一一日　キュー・サンパン元首、ポル・ポト首相となる。
二月六日　カンボジア、中国、軍事協定調印。
七月二日　南北統一・ベトナム社会主義国誕生。
一二月一四日　ベトナム労働党第四回大会でベトナム共産党と改称。
一九七七年四月三〇日　ポル・ポト軍ベトナム・アンジャン省攻撃、住民約一〇〇〇人殺害。
九月　ポル・ポト軍タイニン省攻撃、住民約一〇〇〇人殺害。ベトナム・カンボジア紛争始まる。
一二月三一日　民主カンボジア（ポル・ポト政権）ベトナムとの断交を発表。
一九七八年三月　華人（華僑）ほか南ベトナムでの私営商工業の禁止。
四月三〇日　華人の大量出国を迫害によると中国が非難。

六月　ベトナム、コメコン加盟。
七月　中国はベトナム援助打ち切り、技術者引き揚げ。
一一月　ソ連と友好協力条約締結。
一二月二五日　ベトナム軍カンボジア侵攻。
一九七九年一月一日　米中国交樹立。七日、プノンペン陥落、ポル・ポト派タイ国境へ避難。一〇日カンボジア人民共和国樹立（ヘン・サムリン政権）。
二月一七日　中国軍、ベトナムへ侵攻。
七月二一日　ボートピープルなど解放以来インドシナを脱出した難民が六月に一〇〇万人に達し、ジュネーブで国連難民会議開催。
一九八〇年六月二三日　タイ・カンボジア国境でベトナム軍とタイ軍が衝突。
一〇月一三日　国連総会、民主カンボジアの国連代表承認。
一九八二年七月一二日　タイ国境で反ベトナム三派の民主カンボジア連合政府樹立。大統領シハヌーク、国家幹部会議長キュー・サンパン、首相ソン・サン。
八月二一日　一九五四年のディエンビエンフー攻防戦で米が核使用を検討したことが、米国務相の外交文書で明らかにされる。
一九八三年一月　ホーチミン市で枯葉剤に関する国際シンポジウムが開催される。
一九八六年一二月　ベトナム共産党第六回大会で国営による工業重視から農業、日用品、輸出品生産に力を入れ、私営業者も認めるなどドイモイ（刷新）政策が提唱された。レ・ズアン書記長が死亡、新書記長にグエン・ヴァン・リン選出。
一九八八年一月　一〇〇％外資企業認めた外国投資法、土地の私的使用を認めた土地法などを公布。合作社を縮小し、南部の集団化をやめて農業の個別生産を促進するなどドイモイ政策を次々と決め現在の自由営業に結びつく。
六月三〇日　対カンボジア紛争でのベトナム軍の犠牲者は五万五千人と発表。
一九八九年五月　ゴルバチョフ大統領訪中、中ソ関係正常化。

九月二五日　カンボジア駐留ベトナム軍撤退。
　一二月二日　ブッシュ、ゴルバチョフ、マルタ島会談で東西冷戦終結宣言。
一九九一年一一月五日　ド・ムオイ書記長、ヴォー・ヴァン・キエト首相訪中、国交正常化を共同声明。
一九九二年四月二〇日　ベトナム新憲法。
一九九三年三月二四日　キエト首相、訪日。
一九九四年　「ベトナム通信」過去一〇年間の米国移住ベトナム人三七万人、うち旧サイゴン政権公務員と軍人九万七二四〇人、米越混血児八万五五一四人と報道。
一九九五年三月三日　「ベトナム通信」ベトナム戦争での軍人・民間人死者三〇〇万人、行方不明者三〇万人と報道。
　七月一一日　クリントン米大統領、ベトナムとの国交正常化を声明。
　七月二八日　ベトナム、ASEANに正式加盟。
　一一月七日　マクナマラ元国防長官ベトナム訪問、ヴォー・グエン・ザップ将軍と会見。
　一二月二二日　「ベトナム経済ニュース」誌、八八年から外国投資五四カ国総額一七八億ドル、順位①台湾（三〇億ドル）②香港（二〇億ドル）③日本（一七億ドル）④シンガポール（一六億ドル）、米国一〇位（五億五〇〇〇万ドル）と発表。

この年表は、『世界の教科書＝歴史』ベトナム社会主義共和国教育省編・吉沢南・古田元夫編訳（ほるぷ出版）、『東南アジア現代史Ⅲ』桜井由躬雄・石澤良昭著（山川出版社）、『ベトナムの詩と歴史』川本邦衛著（文藝春秋）、『ベトナム戦争の記録』（大月書店）、『年誌ベトナム戦争』（「世界」一九七三年四月号付録、岩波書店）、『世界政治資料』（日本共産党中央委員会出版局）、『東南アジア要覧』（東南アジア調査会）、『ヴェトナム戦争全史』小倉貞男著（岩波書店）、『ベトナム戦争全史』ガブリエル・コルコ著＝陸井三郎監訳（社会思想社）、『ベトナムロード』石川文洋著（平凡社）などを参考に著者がまとめた。

# 参考文献

一九八八年六月、『ベトナムロード』（平凡社）を刊行した時に約二〇〇冊の参考文献を記した。九七年、同書が文庫化された時、初版後購入した二〇冊を追加した。それから約二〇年、現在は三〇〇冊以上のベトナム関連の本が書棚にある。全部を記すスペースがないので今回、本を書くにあたり九七年以降に購入・頂いた本を記した。

『愛国とは何か』ヴォー・グエン・ザップ　古川久雄訳　京都大学学術出版会
『愛は戦いの彼方へ』バオ・ニン　大川均訳　遊タイム出版
『あの日、ベトナムに枯葉剤がふった』大石芳野　くもん出版
『美《うま》し国　ベトナム』福地曠昭　琉球新報社
『エスニシティ〈創生〉と国民国家ベトナム』伊藤正子　三元社
『輝ける嘘』上・下　ニール・シーハン　集英社
『観光コースでないベトナム』伊藤千尋　高文研
『キャパになれなかったカメラマン』上・下　平敷安常　講談社
『現代ベトナム論』日隈眞澄　本の泉社
『サイゴン　ハートブレーク・ホテル』平敷安常　講談社
『戦場の枯葉剤』中村梧郎　岩波書店
『戦争の記憶　記憶の戦争――韓国人のベトナム戦争』金賢娥　安田敏朗訳　三元社
『戦争記憶の政治学』伊藤正子　平凡社
『戦争特派員』ピーター・アーネット　新潮社
『戦争の悲しみ』バオ・ニン　井川一久訳　めるくまーる
『タイガーフォース――人間と戦争の記録』マイケル・サラ ミッチ・ウェイス　伊藤延司訳　ＷＡＶＥ出版
『同時代史としてのベトナム戦争』吉沢南　有志舎

『ドイモイの誕生』古田元夫　青木書店
『花はどこへいった』坂田雅子　トランスビュー
『ハノイから吹く風』中村信子　共同通信社
『ハノイの路地のエスノグラフィー』伊藤哲司　ナカニシヤ出版
『ハノイ&サイゴン物語』ニール・シーハン　菊谷匡祐訳　集英社
『ぶらりベトナム』森脇晶子　日本機関紙出版センター
『ベト・ドクと考える世界平和』尾崎望・藤本文朗編著　新日本出版社
『ベトとドクと日本の絆』藤本文朗・桂良太郎・小西由紀編著　新日本出版社
『ヴェトナム』坪井善明編　河出書房新社
『ヴェトナム新時代』坪井善明　岩波書店
『ヴェトナム戦争研究』藤本博　法律文化社
『ヴェトナム戦争ソンミ村虐殺の悲劇』マイケル・ビルトン　ケヴィン・シム　藤本博ほか訳　明石書店
『ベトナム検定』小高泰監修　めこん
『ベトナム戦争　新聞集成』上・下　1950~1975　新聞各紙主要記事　吉沢南監修　大空社
『「ベトナム戦争　泥」戦争と文学』開高健ほか著　集英社
『ベトナム戦争におけるエージェントオレンジ』レ・カオ・ダイ　尾崎望監訳　文理閣
『ベトナム戦争の「戦後」』中野亜里編　めこん
『ベトナム戦争　民衆にとっての戦場』吉沢南　吉川弘文館
『ベトナム戦争を考える』遠藤聡　明石書店
『ベトナム　地球の歩き方』ダイヤモンド・ビッグ社
『ベトナム〝200〟万人餓死の記録』早乙女勝元　大月書店
『ベトナムの風に吹かれて』小松みゆき　角川文庫
『ベトナムの枯葉剤』西村洋一　ミヤオビパブリッシング

『ベトナムの基礎知識』古田元夫　めこん
『ベトナムの現在』古田元夫　講談社
『ベトナムの障害者と発達保障』黒田学　文理閣
『ベトナムの戦後を行く　本多勝一集13』朝日新聞社
『爆発するベトナム経済パワー』沼田茂　東洋経済新報社
『ベトナム――不思議な魅力の人々』伊藤哲司　北大路書房
『ベトナムロード』石川文洋　平凡社
『ベ平連と脱走米兵』阿奈井文彦　文藝春秋
『北爆の下　本多勝一集11』朝日新聞社
『民族という政治　ベトナム民族分類の歴史と現在』伊藤正子　三元社
『メコンのほとりで』名越健郎　中央公論社
『物語 ヴェトナムの歴史』小倉貞男　中央公論社
『我々はなぜ戦争をしたのか』東大作　岩波書店
『ワンス&フォーエバー』ハロルド・G・ムーア　ジョセフ・L・ギャロウェイ　楠木成文訳　角川文庫
*The Vietnam EXperience*, Samuel Lipsman et al., Boston Publishing Company.
*The Vietnam War Almanac*, Harry G. Summers Jr., Facts on File Publications.
*Tim Page's Nam*, Tim Page, Thames and Hudson.

年表作成に参考とした文献は本文でも資料とさせていただき感謝しています。ケサンほか戦争に関する記事はボストンパブリッシングのベトナム・エクスペリアンス・シリーズ二〇冊とハリー・サマーズの『ベトナム戦争年鑑（*The Vietnam War Almanac*）』を参考にしました。『東南アジア要覧』も調査努力に改めて敬意を抱きましたが年鑑発行が終了し残念に思っています。

本多勝一集11の『北爆の下』と13の『ベトナムの戦後を行く』は『ベトナムロード』でも参考文献として記しましたが、今回も参考にさせてもらいました。北ベトナム、戦争終結後のベトナムで一緒に行動をしていたものの、私は撮影に専念していました。

石川文洋（いしかわ・ぶんよう）
1938年、沖縄県那覇市首里生まれ。毎日映画社カメラマン助手。26歳の時に沖縄から貨客船に乗って香港へ。1965年1月から68年12月までサイゴンに住み、ベトナム軍とアメリカ軍に従軍。69年、朝日新聞社に入社し出版写真部部員、84年からフリーカメラマン。
写真集・著書に『ベトナム最前線』（読売新聞社　67年）、『戦争と民衆―写真報告　ベトナム・カンボジア・ラオス』（朝日新聞社　71年）、『戦場カメラマン』（朝日新聞社　86年、ちくま文庫　2018年）、『琉球舞踊』（創和出版　87年）、『ベトナムロード―南北2400キロの旅』（平凡社　88年）、『戦争と人間―フォトドキュメント・ベトナム』（創和出版　89年）、『報道カメラマン』（朝日新聞社　91年）、『災害と人間　普賢岳・深江町からの報告』（創和出版　94年）、『写真記録ベトナム戦争』（金曜日　96年）、『カラー版　ベトナム・戦争と平和』（岩波新書　2005年）、『私が見た戦争』（新日本出版社　09年）、『フォト・ストーリー沖縄の70年』（岩波新書　15年）、『報道カメラマンの課外授業　いっしょに考えよう、戦争のこと』（童心社　18年・全4巻）多数など。

朝日選書 993

ベトナム戦争と私
カメラマンの記録した戦場

2020 年 2 月 25 日　第 1 刷発行

著者　石川文洋

発行者　三宮博信

発行所　朝日新聞出版
〒 104-8011　東京都中央区築地 5-3-2
電話　03-5541-8832（編集）
　　　03-5540-7793（販売）

印刷所　大日本印刷株式会社


Published in Japan by Asahi Shimbun Publications Inc.
ISBN978-4-02-263093-3